飛田良文・佐藤武義――編集代表

シリーズ〈日本語の語彙〉1

語彙の原理

――先人たちが切り開いた言葉の沃野――

石井正彦――編

石井正彦・佐藤武義・宮田公治・山崎 誠・金 愛蘭・石黒 圭・木村義之
池上 尚・荒川清秀・横山詔一・庵 功雄・大谷鉄平・佐竹久仁子――著

朝倉書店

Studies in the Japanese Lexicon

Volume 1

Fundamentals of the Japanese Lexicon

The Wealth of Language Handed Down by Our Forebears

Edited by Masahiko Ishii

編集代表

飛田良文《ひだよしふみ》

Yoshifumi Hida

1933年　千葉県に生まれる
1963年　東北大学大学院文学研究科博士課程単位取得退学
現　在　国立国語研究所名誉所員
国際基督教大学アジア文化研究所顧問
日本近代語研究会名誉会長
博士（文学）

佐藤武義《さとうたけよし》

Takeyoshi Sato

1935年　宮城県に生まれる
1965年　東北大学大学院文学研究科博士課程単位取得退学
現　在　東北大学名誉教授

刊行のことば

日本人が使用し、日本文化を創造し思考する言語が日本語である。日本語は、有史以来、固有の日本語だけではなく、多様な外国語との接触・混融によって現在の日本語に展開したと考えられる。

書き言葉の日本語の伝達の方法は歴史的に筆からペン・鉛筆・万年筆・ボールペン、そしてパソコンなどと変化し、これらを用いて、漢字・平仮名・片仮名・ローマ字などの文字を通して書き言葉の日本語を観察することが可能になった。

その結果、固有の日本語に外国語を混淆した実相が知られ、これらの語彙を和語・漢語・外来語そして混種語に分類して考察することが一般となっている。

しかし、この分類に従って日本語の展開の多様性を端的に知ることは、容易ではないと推測される。この『シリーズ〈日本語の語彙〉』全8巻は、現在の研究の最前線を踏まえ、新しい視点・成果を提示するために企画し編集したものである。

第1巻は、語彙研究の分野とその用語の定義を中心に扱い、先人の切り開いた語彙の沃野を展望する。

第2巻から第7巻は、日本人の誕生から今日まで、日本を代表する人々が残した記録を歴史的に特立し、第2巻 大陸人・貴族の時代、第3巻 武士と和漢混淆の時代、第4巻 士農工商の時代、第5巻 四民平等の時代、第6巻 日本語の規範ができる時代、第7巻 男女平等の時代、と区分した。各巻の文字の使用者層を明らかにして論述することにしている。

第8巻は、視点を変えて、語彙の地理的側面を浮き彫りにしようと試みた。日本語の語彙は歴史的な展開だけでなく、豊かな方言によっても彩られており、そうした面をクローズアップした。

目を転じると、多くの外国人が日本を訪れ、日本語を記憶し使おうとしている。正しい日本語、規範性のある語形と語義からなるその単語を、どのように表記するかが悩みになっている。日本語教育の視点からも、日本語の一語一語が正確に学習され、指導されなければならない。外来語は特に注意が必要である。同じ語形でも「老婆」は日本語では年老いた女性、中国語では女房、妻である。「経理」は日本語では会計係であるが、中国語では社長、支配人である。日本の漢語と中国語の語義は注意が必要である。こうした語義の「ずれ」を研究する対訳辞典の存在も忘れてはならない。また、英語のOxford English Dictionary（10 vols. 1884-1928）に該当するような大規模の歴史的国語辞典が日本にはまだ存在していない。日本人の生活・文化を記録した総合的な辞典を作成するためにも一語一語の語史研究は必要である。このような現代日本語の問題点を知ることにより、メールや手紙や電話などの日常の交渉や会話で、このシリーズが読者の言語生活の一助になることを願っている。

平成三〇年九月

編集代表　飛田良文
佐藤武義

序　語彙の沃野への誘い

石井正彦

語彙とはどのようなものだろうか。

語彙は、よく、宇宙の星雲や星団、銀河などにたとえられる。確かに、無数の星々が集まり、中心から周辺に渦状、放射状に広がる銀河は、厖大な数の単語が集まって、基本的な単語から周辺的な単語へと一定のまとまりをつくる語彙の様子をイメージするのにちょうどよい。

また、「語彙」の「彙」とは本来「からだをまるく引き締めて、多数の針が中心に集まったハリネズミの姿態」を表し、それが「中心にまるく集まる意」に転じたという（本書第二章参照）。「語彙」という単語もこの転義によってつくられたもので、直接ハリネズミの姿態にたとえられたわけではないだろうが、「中心にまるく集まる」という見方は銀河の比喩とも共通していて興味深い。

しかし、語彙をこうした自然物にたとえるのは、その厖大さやまとまり方をイメージするのにはよくても、肝心なことを想起させないという点で難がある。それは、語彙は人間がつくったものだ、ということである。言語が人間によってつくられたものである以上、語彙もそうであることはあたりまえのことだが、星やハリネズミの比喩はそのことを忘れさせてしまう。一方で、次の文章は、語彙とその要素である単語が人間の所産であることを明確に述べている。

> 日本語には一体いくつぐらい単語があるでしょうか。これにこたえるのは大変むずかしいことですが、とにかく、大きな辞書には、何十万もの単語がのっています。しかし、こんなにたくさんのことばが、ずっとむかしからあったとは思われません。アジアの東はしのこの島々に、日本人の祖先がすみついたのはいつのことかわかりませんが、それ以来何千年かのあいだに、すこ

しずつあたらしい単語をふやしてきたものでしょう。それがつもりつもって、いつのまにか何十万にもなったのです。一つ一つの単語をつくった人がどんな人だったかは、今ではもちろんわかりません。ただ、たしかなことは、日本のあらゆる地方、あらゆる職業の人が、「ことばづくり」をしてきただろう、ということだけです。（略）

夏のはじめごろ、汽車のまどから、どこまでもつづく田んぼをながめていると、この何千万本とも数しれないイネのなえが、いちいち人間の手でうえられたのか、とふと気がついておどろくことがあります。また、たかいところに立って、ちいさな屋根・屋根・屋根がずっとつづいているのを見おろしていると、やはりこの一軒一軒を多くの人たちがコツコツたてていったのだ、とあらためて人間の努力を考えなおすことがあります。大きな辞書につまっている何十万もの単語をまえにして、わたしたちはこれとおなじような感じにうたれ、名もしれない無数の人間の協力のとうとさを思わずにはいられません。

（宮島達夫（一九五七）『ことばの発展』福村書店）

著者は、大きな辞書につまっている何十万もの単語を前にして、その一つ一つの単語を、そして、その総体としての語彙をつくりあげた名もしれない無数の人間の努力と協力のとうとさを思わずにはいられないと記している。それは、何千万本とも数知れないイネの苗が植えられたどこまでも続く田んぼという例にもあるように、先人たちが切り開き、つくりあげてきた沃野にもたとえられるものであろう。

ただし、この沃野は、あまりに広大で、その全体を簡単に見通すことができない。また、その様子も、同じイネの苗が整然と並んでいる田んぼのような、単純で平面的なものではなく、一つ一つ異なる種類の作物（＝単語）が、縦にも横にも複雑に絡み合い、重なり合ったり、包み包まれたりする、我々が容易にイメージできない世界がそこには広がっているはずである。

本巻は、冒頭にも述べた、（日本語の）語彙とはどのようなものかという問題に、この語彙の沃野を支えている原理ないし原理的なものを発見・提示するという方法でアプローチしようとするものである。もちろん、右に述べたように、広大で複雑な語彙の沃野からそのような原理を導くことは簡単ではない。しかし、先の引用にもあるように、語彙が無数の人間の努力と協力の所産であるとすれば、そのような人間の営みのうちに、そうした原理につながる道筋（ルート）を見いだすことができるのではないか。すなわち、語彙について人間が努力し協力して行なうことと言えば、第一に、もちろん、単語の集まりとしての語彙をつくることであり、第二に、その語彙を時代の要請に合うように常に更新し、最適化することであり、第三に、これらのことを行なうために、個人＝言語主体そして言語社会が語彙を共有することである。本巻は、これらを足掛かりに、以下の三つのルートから語彙の沃野に分け入っていくことにしたい。

一、語彙がどのような原理の下につくられているのか、その基礎的な仕組みを明らかにする（第1部）。

二、語彙が時代の要請に適応すべくどのような原理の下にその姿を変えていくのか、その動態を明らかにする（第2部）。

三、語彙がどのような原理の下に個人に獲得され、社会に共有されるのか、その営為を明らかにする（第3部）。

以下、各部・各章の概要を紹介する。

第1部「語彙の基礎」では、単語の集まりとしての語彙がどのようにつくられているか、特にその「まとまり」がどのようにつくりあげられているか、その原理的な側面を論じる。

第一章「語彙の性質」（石井正彦）では、語彙のまとまりを考えるうえでその前提となる単語の概念規定、単語と語彙との関係、単語の語彙的な性質などを論じる。

第二章「語彙の分類」（佐藤武義）では、厖大な日本語の語彙を総体として扱うために単語の性質による語彙の分類が重要であること、なかでも、語の出自による分類と定義される「語種」の概念について、特に「和語」を他の語種と一貫して扱うための再規定が必要であることを論じる。

第三章「語彙の体系」（宮田公治）では、語彙のまとまりを、複数の単語が意味や形といった言語的特徴によって有機的につながっている「語彙の体系」と捉え、その原理的な側面として、体系の骨格をなすのは「意味」であること、体系であることを視覚的に提示する方法には「図」や「表」があることなどを論じる。

第四章「語彙の組織」（山崎誠）では、語彙のまとまりを、世界ないし現実を網羅的に区分する意味分野を用意したとき、単語がその意味分野の網の目（区画）にどのように分類・配置されるかというマクロな視点から捉え、シソーラスや類語辞典における意味分野の設定に関する原理的な問題を検討する。

第五章「語彙の構造」（金愛蘭）では、語彙の集合的な性質に基づく「量的な構造」について、語彙を「まとまりのない集合」と「まとまりのある集合」とに分けたときの、それぞれの量的構造の求め方を検討することによって、その原理的な側面を論じる。

第2部「語彙の動態」では、先人のつくりあげた語彙を、人々が時代の要請に適応するよう常に充実させ、発展させていく、その動態に関する原理を論じる。

第六章「語彙の運用」（石黒圭）では、そうした動態の基礎となる語彙の運用について論じる。個人が語彙を的確に運用するとはどういうことかを明確にすることによって、語彙を生活や時代に合ったものにしていく人為とそれによって現れる語彙の動態についての前提的な知識が得られる。

第七章「語彙の創造」（木村義之）では、人間の生活が拡大し、複雑化していくのに伴って新たな単語がつくりだされて語彙が充実・拡大する、その原理的な側面を、造語法を中心に、造語の主体である人間の動機や意識をも視野に入れつつ論じる。

第八章「語彙の変化」（池上尚）では、語彙体系の変化を誘発する一要因としての「意味変化」に注目し、感覚表現語が心情表現語へと変化する「情意的な相似」の例を挙げながら、変化の方向性をはじめとする原理的な側面を論じる。

第九章「語彙の交流」（荒川清秀）では、日中間の語彙交流を例に、「ことばの交流」とは何か、「ことばはどのようにして伝わるのか」「それはどのように受容され定着していくのか」といった原理的な問題が、最新の研究成果を踏まえて実証的に論じられる。

第3部「語彙の営為」では、先人のつくりあげた語彙を、個人の、そして、社会のものとしていく、その営みに関わる原理を論じる。前半の二章は語彙を個人のものとする営みに、後半の二章は語彙が社会化される営みに関するものである。

第一〇章「語彙の獲得」（横山詔一）では、人間が語彙を獲得・記憶するメカニズムを認知心理学や文化人類学などの知見に基づいて整理するとともに、獲得する語彙の量と質それぞれに影響する要因を論じる。

第一一章「語彙の教育」（庵功雄）では、子どもの日本語母語話者を対象とする国語教育では語彙の体系的理解が、成人の非日本語母語話者を対象とする日本語教育では語彙の拡張がそれぞれ課題になるとし、それぞれの語彙教育において特に語彙と文法との関わりを押さえることの重要性を論じる。

第一二章「語彙の流通」（大谷鉄平）では、専門語の流行語化現象とそれに対するメディアからの作用・影響を検討して、語彙がどのようにして社会に流通していくのか、その原理的側面を論じる。

第一三章「語彙の批判」（佐竹久仁子）では、語彙を社会の支配集団の世界観（イデオロギー）がはりついた単語の貯蔵庫と捉え、特に日本語語彙がジェンダー化されている様相を記述することによって、語彙の政治的側面とその維持や変化について批判的（クリティカル）に論じる。

以上、日本語語彙の沃野に迫る三つのルート（第1部～第3部）ごとに、各章の概要を紹介した。この三つのルートははっきりと分かれているものではなく、ところどころで交わったり、あるいは、重なり合ったりしているものである。それぞれの章の中にも、複数のルートにまたがっているものもある。本巻全体としては、大きく、第1部から第3部へと読み進むことを想定しているが、どの章から読んでもよいようにもなっている。読者のみなさまには、本書を通して、先人が切り開き、つくりあげた日本語語彙の沃野に分け入り、その豊かさに触れるとともに、場合によっては自ら新たなルートを開拓して未踏の地を発見されること、そしてなにより、この語彙の沃野をさらに豊かにする担い手の一人となってくださることを期待したい。

目次

第１部

語彙の基礎

第一章　語彙の性質

石井正彦

一・単語と文

アフリカのサバンナに生息するミドリザルは、天敵であるニシキヘビ、ワシ、ヒョウを見つけたとき、敵によって異なる警戒声を発し、それを聞いた仲間のサルたちも異なる警戒姿勢（下を見おろす、空を見上げる、木の上に避難する）をとるという（京都大学霊長類研究所編一九九二、一七三〜一七四頁）。このことは、サルの鳴き声にも任意に関係づけられた「意味」があるということ、つまり、サルも人間と同じように「ことば」によるコミュニケーションを行なっているということを示している。

しかし、サルの言語と人間の言語との間には大きな違いがある。サルの場合は、例えば〈ヘビが来た〉〈ワシが来た〉〈ヒョウが来た〉という現実をそれぞれA、B、Cという一つの記号（鳴き声）で表すというものだが、これでは現実が異なるたびに別の記号を用意しなければならない。これに対して人間の場合は、ある現実を一つの記号でまるごと伝えるのではなく、例えば〈ヘビ〉にa、〈ワシ〉にb、〈ヒョウ〉にc、〈来た〉にx、〈去った〉にyというように、現実を構成する要素にあらかじめ記号を与え、それらをその時々の必要に応じて、例えば〈ヘビが来た〉なら〝ax〟、〈ワシが去った〉なら〝by〟というように組み合わせて、全体としての現実を表現するという方法をとる。

この、現実の表現・伝達に先立ってあらかじめ用意されている素材的な記号が「単語」であり、それらを組み合わせて現実の表現・伝達に用いられる構成的な記号が「文」である。現実をまるごと表す記号しか持たず、結果として限られた数の現実しか表せないサルの言語とは違って、人間の言語は、現実を素材としての単語に分解し、それを文に再構成するという分析総合的な方法、つまり、手持ちの単語を使い回していくらでも新しい文を作ることができるという方法を獲得することによって、原理的には無限の現実を表すことができるようになったのである（宮島 一九九四、九六～九七頁）。

二．単語と語彙

サルの鳴き声は、現実を表現・伝達するという点では「文」に近い。その意味では、「単語」の存在こそが人間の言語をサルの言語から区別する主たる特徴であるといってよい。言い換えれば、複雑な現実をその要素・側面に分解してそれに記号を与えるということができるかどうかが、人間とサルとの決定的な違いだということである。

例えば、〈ワシが飛んでいる〉という現実があるとき、サルはそれをまるごと捉えることしかできないが、人間は、それを〈ワシ〉という実体と〈飛ぶ〉という動作に切り離して捉え、それぞれを表す単語を作ることができる。さらに人間は、〈飛んでいるワシ〉も〈木に止まっているワシ〉も同じ〈ワシ〉という実体であると認めて同じ単語で表し、また、〈ペリカンが飛んでいる〉のを見てもその動作が〈ワシ〉と同じ〈飛ぶ〉という動作であると認めて同じ単語で表す、ということができる。一つの現実をその要素・側面に分解すると同時に、それが別の現実の要素・側面と同じであると認め、それを同じ単語で表すということは、人間が目の前の生の現実を抽象し、一般化してその要素・側面を捉えているということを意味する。こうした抽象化・一般化された現実を《世界》、その要素・側面を《世界の部分》と呼ぶとすれば、単語とは《世界の部分》を一般的に表す記号であるということになる。

この、《世界の部分》を単語で表すという行為は、自動的に、また、他と無関係に孤立して行なわれるものではない。《世界》は連続的で複雑であり、それがどのような部分に分かれているかを人間にわかりやすく示しているわけではないからである。人間は自らの目で《世界の部分》を見いだし、それと他の《世界の部分》との関係を考えに入れながら、目指す《世界の部分》に単語を与えなければならない。同じタカ科の鳥でも比較的大きいものと小さいものとを異なる《世界の部分》として区別し、前者に「ワシ」、後者に「タカ」という単語を与えたり、両者をともに含むより大きな《世界の部分》に「鳥」という単語を与えたり、また、〈ワシ〉をより小さな《世界の部分》に分けて「オジロワシ」「イヌワシ」などの単語を与えたり、といった具合に、《世界の部分》を見いだして単語を与えるという人間の行為は、《世界》を部分に切り分ける（分節する）だけでなく、それらを関係づけて《世界》を組み立てる（構造化する）という面を持っている。つまり、単語は、《世界の部分》を表すとともに、他の単語と関係しながら《世界》を組み立てる記号であり、総体として、《世界》のあり方（構造）に裏づけられた「まとまり」を構成している。この、単語が集まって構成するまとまりを「語彙」という。

三. 単語の語彙的な性質

人間を取り巻く《世界》が拡大すると、人間はその新たな《世界の部分》に単語を与えて、その《世界の部分》について考えたり、伝えたりすることができるようにする。拡大する《世界》を表現・伝達したいという人間の言語的な欲求に応えて、語彙は常に量的な拡大と質的な充実を続けていくことになる。

語彙を拡大し充実させるために、人間はいろいろな工夫をしてきた。すでにある単語を別の《世界の部分》も表せるように転用したり、単語と単語とを組み合わせて別の単語を作ったり、外国語から単語を借りたり、それぞれの単語の使い方を定めて場面や状況によって使い分けるようにしたりというように、いくつかの方法を編み出して単語を増やしてきた。こうした新たな単語作りの方法はそれまでになかった新たなタイプの単語を生み出すことになるが、それは同時に、単語に「《世界の部分》を表す記号」という以上の新たな性質を与えることにもなる。

例えば、単語と単語とを組み合わせて別の単語を作るという方法で複合語という新たなタイプの単語が生まれると、それまでの単語は単純語としていわば再定義され、単語の組立て（語構成）という新しい性質がすべての単語に備わることになる（六．参照）。また、外国語から単語を取り入れるという方法で借用語という新たなタイプの単語が生まれると、それまでの単語は固有語として再定義され、単語の出自（語種）という新しい性質がすべての単語に備わることになる（八．参照）。このようにして、語彙の拡大・充実は、それを構成する単語の性質を発達させてきたのだが、この、単語が語彙を構成するために発達させた性質を「単語の語彙的な性質」という（これに対して、単語が文を組み立てるために発達させた性質を「単語の文法的な性質」という）。

以下では、単語の主要な語彙的性質として、意味、語形、語構成、位相、語種を取り上げ、それらが、語彙というまとまりを構成し、語彙を拡大・充実させるためにどのような特徴・性質を持っているかという点を中心に述べる。

四．単語の意味（語義）

人間は自らを取り巻く《世界》を切り分け、その部分部分に単語という記号を与えている。この、記号としての単語の内容面、すなわち、単語が表す《世界の部分》のことを「単語の意味」または（文の意味などと区別して）「語義」という。上述したように、《世界》とは生の現実を抽象し一般化したものであるから、単語の意味には「一般的（本質的・典型的）である」という性質がある。単語の意味が一般的であることにより、われわれは同じ単語をいろいろな文に使って、いろいろな現実を表すことができる。単語の意味の一般性は、単語が使い回しのきく素材的な記号であることを支えている。

単語の意味の、語彙の構成に関わる重要な性質の一つに「意味の転用（転義）」という作用がある。これは、すでに《世界の部分》を表している単語を使って別の《世界の部分》を表すようにする作用であり、意味の派生や拡張などとも呼ばれる。例えば、〈植物の枝や茎の先端に咲くもの〉を表す「花」という単語を、「花を植えた」のように〈花を持つ植物〉をも表すようにしたり、〈動物の口の中にある、ものを噛み砕くための器官〉を表す「歯」という単語を、「のこぎりの歯」のように〈道具の部分で、形が動物の歯に似ているもの〉をも表すようにしたりする作用である。もちろん、こうした作用は、名詞だけでなく動詞や形容詞にも及ぶし、転用の結果いくつもの意味が派生されることもある。意味の転用によって二つ以上の《世界の部分》＝意味を表すようになった単語を「多義語」という。

意味の転用のさせ方にはいろいろあるが、大きくは、もとになった意味（基本義）と転用された意味（派生義）とが《世界の部分》として直接関係を持つ場合と、持たない場合とに分けられる。「花」の場合は、〈植物の枝や茎の先端に咲くもの〉と〈それ＝花を持つ植物〉とは同じ実体の部分と全体という直接的な関係にあるが、「歯」の場合には、〈動物の器官〉と〈道具の部分〉とは《世界の部分》として直接的な関係はない。前者は、《世界の部分》の間の関係に基礎を置いてそれらを結ぶものであるが、後者は、本来無関係な《世界の部分》をメタファーなどの人間の認知機構で関連づけるもので、より柔軟で自由度の高い転用法といえる。いずれにしても、多義語は、異なる《世界の部分》を意味的に関連づけ、その両方を一つの単語の意味として共存させるという方法で、語彙を拡大・充実させているといえる。《世界の部分》というものが、独立にではなく、互いに関連しあって存在する以上、その関連性に応じて複数の《世界の部分》を多義語の下に関連づけて表すということは、語彙の構成上、合理的なことである。

五．単語の形（語形）

単語は、それを発音・知覚したり、想起したりすることのできる、一定の音形（音素ないし音節の連なり）を持っており、これを「語形」または「語音」という。語形の、単語の語彙的性質として最も注目される点は、それが基本的に、その意味（語義）と無関係に、すなわち、恣意的に定まっているということである。「花」や「咲く」という単語が／ハナ／／サク／という語形を持つのは、「花」「咲く」の意味には由来しない。語形が意味にしばられないおかげで、人間は、数多くの単語の語形を自由に決めることができるわけである。

数多くの単語を覚える側から見れば、語形が意味とのつながり（有縁性）を持っていた方が都合がよいようにも思える。しかし、言語音で意味を表現することは簡単ではない。日本語のオノマトペの語形には、「濁音は、鈍いもの、重いもの、大きいもの、汚いものを表し、一方、清音は、鋭いもの、軽いもの、小さいもの、美しいものを表す」「語根の重複（「コロコロ」など）は連続性を表すが、語根＋ッ（「コロッ（と）」など）は一回性・瞬間性を表す」などの有縁性があるとされるが（金田一一九七八、二〇頁）、このような方法だけで《世界の部分》のすべてを表すことはできない。もし、単語の語形が、常に、その意味を「直接」音声的に表現しなければならないとしたら、人間が作り出せる音声的なバリエーションは限られているから、数千、数万という単語の意味を区別することはとうてい不可能であろう。意味と語形との恣意的な関係性は、人間が数多くの単語を持つための大前提なのである。

とはいえ、完全に恣意的な語形だけでは、用意できる単語は固有語（八．）の単純語（六．）だけになってしまうから、その数には限界がある。また、数多くの単語を記憶するために、また、それらを組み合わせて作る文を長大なものにしないために、語形はあまり長くできない。日本語の語長は、四±一拍あたりが最も多く、安定しているといわれるが、そうなると可能な音節の組合せも限られるから、この点からも語形の数には限界が生じる。結局、語彙を構成する数多くの単語を区別するためには、別語でも同じ語形を持つ「同音語」を避けることはできないし、次節で述べるように、合成語のような二次的・相対的な有縁性を持つ単語も必要になる。一言語のまとまった語彙を作り上げるためには、語形の恣意性と有縁性とが、ともに必要なのである（斎藤・石井 二〇一一、一三頁）。

六．単語の組み立て（語構成）

単語の語形と意味との関係については、例えば「春風」という単語は〈春に吹く風〉だからそういうのであって、そこには必然的な理由（有縁性）があると考えることもできる。ただし、「春」と「風」にはそういう理由はないから、「春風」についていえる有縁性は二次的・相対的なものということになる。ここで、「春」「風」のような単語を「単純語」といい、それらを要素とする「春風」のような単語を「複合語」という。単語がより小さな要素から組み立てられていることを「語構成」というが、単純語は（それ以上小さな要素に分けることのできない）単一の要素から、複合語は二つ以上の要素から組み立てられているわけである（二つ以上の要素からなる単語には、「真っ‐白」「高‐さ」などの「派生語」もある）。

複合語は、二次的・相対的な有縁性があるために、その意味を理解しやすいという特徴を持つが、同時に、その意味が他の単語の意味とどのような関係にあるかを示すこともできる。「春風」は、その組立てから、〈春に吹く風〉であると同時に、「風」の一種（下位語）であることがわかるし、さらに、同じ「風」の一種である「秋風」「北風」「海風」「向かい風」「そよ風」などとは違った「風」（同位語）であるということもわかる。複合語には、単語の意味を表す働き（表現力）と、その単語の語彙における位置（他の単語との関係）を示す働き（表示力）とがあるということになる（森岡 一九七七、二〇五頁）。

ただし、複合語が表しているのは、句が表すような、要素の組合せから導くことのできる構成的な意味（字義どおりの意味）ではなく、それに基づくもののそれとは異なる一体的な意味であることに注意する必要がある。「春風」という複合語を、同じ組合せを持つ「春の風／春に吹く風」という句と比べると、句が〈春に吹く風〉ならどんな風でも表しうるのに対して、複合語はそのうちの〈春に南から吹く暖かくて心地よい風〉というより特殊化された意味を表していることがわかる。このことは、「強い春の風が吹き荒れて船が転覆した」の下線部を「春風」に置き換えると不自然になることからも確かめられる。複合語が一体的な意味を表すのは、それが、単純語と同様に、どのような意味すなわち《世界の部分》を表すかが先に決まっているからである（意味の所与性）。語構成とは現にある単語の内部構造ではあるが、それは要素と要素とを組み合わせて新しい単語を作る「造語」（語形成）の結果であり、語彙の拡大・充実に直接役立つ方法のように見える。しかし、それは、句のように、要素を組み合わせて新たな意味を作るというものではなく、一体的な意味として先にある《世界の部分》を表すために、その不完全な表示者として作られるものなのである。

七．単語の使い分け（位相）

語彙には一つの意味＝《世界の部分》を表す単語は一つあればよく、同じ意味を表す単語を二つ以上持つことは無駄なはずである。しかし、実際には、そうした同義語が数多く存在する。それは、それらの多くが、誰が使うか、どのような場合に使うかなどといった条件によって使い分けられるように用意されているからである。例えば、「食事」「ご飯」「めし」という単語は、その意味は同じだが、「食事」は文章（書きことば）で、「ご飯」と「めし」は会話（話しことば）で使うことが一般的だし、「食事」が会話で使われるときは改まった場面であることが多い。また、「ご飯」は普通の会話で使うが、「めし」は大人の男性がくだけた場面の会話でぞんざいに言うときに使うことが普通である。このような、同じ意味内容を表す複数の単語が様々な言語外的な条件によって使い分けられ、あたかも、一つの単語がそうした外的条件の違いに応じてその姿を変えているように見える現象を「位相」という。また、位相によって姿を変えると捉えられる単語を「位相語」といい、位相語の間には「位相差」があるという（田中　一九七八、二一二頁）。位相は、《世界の部分》を一般的に表すという単語の本質に直接関わるものではないが、単語の使い分けという方法で語彙を内的に充実させているといえる。

　位相を作り出す言語外的な条件には、大きく、表現主体に関わるものと、表現様式に関わるものとがある。前者は、使用者の性別、年齢・世代、身分・階層、職業・専門分野、所属集団などの差に基づいて、男性語・女性語、幼児語・若者語・老人語、職業語・専門語、学生語・軍隊語・泥棒語といった位相語を作り出し、後者は、話しことばか書きことばか、改まった場面かくだけた場面か、相手は誰か、言語使用の目的や形式は何かなどの差に基づいて、文（章）語、口（頭）語、雅語、俗語、敬語、書簡用語などの位相語を作り出している。同じ「使い分け」といっても、表現主体による位相は、同一人が男性語と女性語とを使い分けることがないように個人間の使い分けであり、その位相語も語彙の一部に限られているが、表現様式による位相は、一人が文章語と口頭語とを使い分けるというように個人内の使い分けであって、語彙の広い範囲に及んでいる。ただし、表現主体による位相の中でも、集団語の一種である「専門語」は語彙の拡大・充実に特別な役割を果たしている。集団語には、隠語のように、一般社会にもある単語を別の単語で言い換える位相語もあるが、職業的集団や趣味娯楽集団が用いる専門語は、一般語にはない専門的な概念や事物を表す膨大な数の単語を持っており、高度に分業化した現代社会では、その多くが一般社会にも進出して、一般語の語彙を拡大することにも役立っているからである。

八．単語の出自（語種）

一つの言語の語彙には、その言語が本来持っている単語(固有語)と、外国語から取り入れた単語(借用語)とが混在しているのが普通である。人間は、外国文化に触れ、そこに新たな《世界の部分》を発見すると、それを表す単語を取り入れて自らの語彙の拡大・充実を図るからである。外国語の単語を(翻訳せずに)取り入れることを「借用」というが、借用は語彙を拡大・充実させる最も直接的で効果的な方法である。

固有語か借用語かという単語の出自による違いを「語種」というが、日本語の語種は、大きく、固有語の「和語」と借用語の「漢語」「外来語」とに分けられる。借用語を漢語と外来語とに分けるのは、古く中国から取り入れた漢語が、主に近代以降に西欧から取り入れた外来語と違って、すでに借用語と感じられないほど日本語に同化しているからである。

語種は、本来、単語の出自という語源的な情報にすぎず、それだけで単語の語彙的性質ということは難しい。にもかかわらず、語種が単語の語彙的な性質と見なされるのは、すでに見た意味・語形・語構成・位相といった語彙的性質において同様の特徴を持つ単語のグループを作り上げているからだと考えられる。つまり、和語・漢語・外来語というのは、これらの語彙的性質の束のような存在なのである。例えば、語形の面では、和語には①拗音、②語頭の濁音・半濁音、③長音、④語頭のラ行音、⑤語中・語尾のハ行音、⑥エ列音、⑦促音、⑧撥音が少ないが、漢語・外来語には多く(玉村 一九八四、二二頁)、また、漢語の語長は短く、外来語のそれは長いといった違いがある。意味の面では、和語は、自然物・自然現象をはじめとして、日常生活でよく用いられる基本的、一般的な意味を表す単語に多いが、漢語は、古くは中国、新しくは欧米諸国という先進国から輸入した文化・文物・知識を表す単語として、人間活動や抽象的関係などの意味分野に多く、外来語は、明治以降の近代化の過程で借用したものが多く、漢語に比べれば歴史が浅いため、その意味分野はまだモノの領域に限られる傾向が強いといった違いがある。(表現様式に関わる)位相の面では、一般に、和語は日本固有の本来語として広く使われてきたために日常語的であるが、漢語はかつて正式・公式の文章であった漢文で使われてきたために文章語的であり、外来語にはそうした文体的な特徴はないという違いがある。このほか、語構成の面でも、特に和語・外来語と漢語との間には大きな違いがある。和語・漢語・外来語のこのような違いは、日本語の語彙が、大きく、本来語の和語に、まずは漢語、次いで外来語を加えるという順序で拡大してきた、その歴史的な過程を反映したものである。

九．語彙の体系的な性質

二．で述べたように、語彙とは単語が集まって作り上げる「まとまり」である。この「まとまり」は、単語の語彙的な性質ごとに認めることができるし、そのまとまり方も「連鎖」「系列」「組織」「構造」などと様々に捉えることができるが、最も基本的な捉え方は、それを「意味の体系」とするものである。ここで「体系」とは、「各部分が有機的にむすびついて一つの全体をつくっているもの」（宮島 一九九四、七頁）、「各要素が張り合っている統一体」（泉井 一九三五、一一頁）などといわれるものである。単語が《世界の部分》としての意味を表し、語彙がそれによって組み立てられた意味の《世界》を表しているとすれば、語彙が体系としての側面・性質を持つことは当然である。

そうした意味の体系の基礎にあるのが、二つの単語がその意味に基づいて構成する張り合いの関係である。これには、両方の意味が一致する「同義関係」、一方の意味範囲が他方の意味範囲を覆う「上位下位関係」、一方が他方の部分である「全体部分関係」、両方の意味が部分的に重なる「類義関係」、両方の意味が重ならないが同じ分野で隣り合う「隣接関係」、両方の意味が同じ基準の上で対立する「対義関係」などがあるが、これら二単語間の意味的な関係は、さらに、三つ以上の単語間の関係につながっていく。例えば、「熱い：寒い」という対義関係は、「暖かい」「涼しい」さらに「ぬるい」「冷たい」などとともに、より複雑な類義関係を構成しているし、「着る」の下位語である「はおる」は、「かぶる」「かける」「はく」「しめる」「はめる」などと類義関係を構成し、また、「脱ぐ」と対義関係を構成している。「木：松」という上位下位関係は、さらに上位に「植物」や「生物」を、下位に「赤松」や「黒松」などを、それぞれ、つなげていくことができる。このようにして単語は、その意味の張り合い関係を一つひとつ広げていき、より大きな意味の体系、例えば、同義語・類義語をはじめとして意味的に共通ないし関連する単語が所属する「意味分野」を何段階かにわたって構成し、最終的には一言語の語彙全体にわたる意味体系を作り上げている。

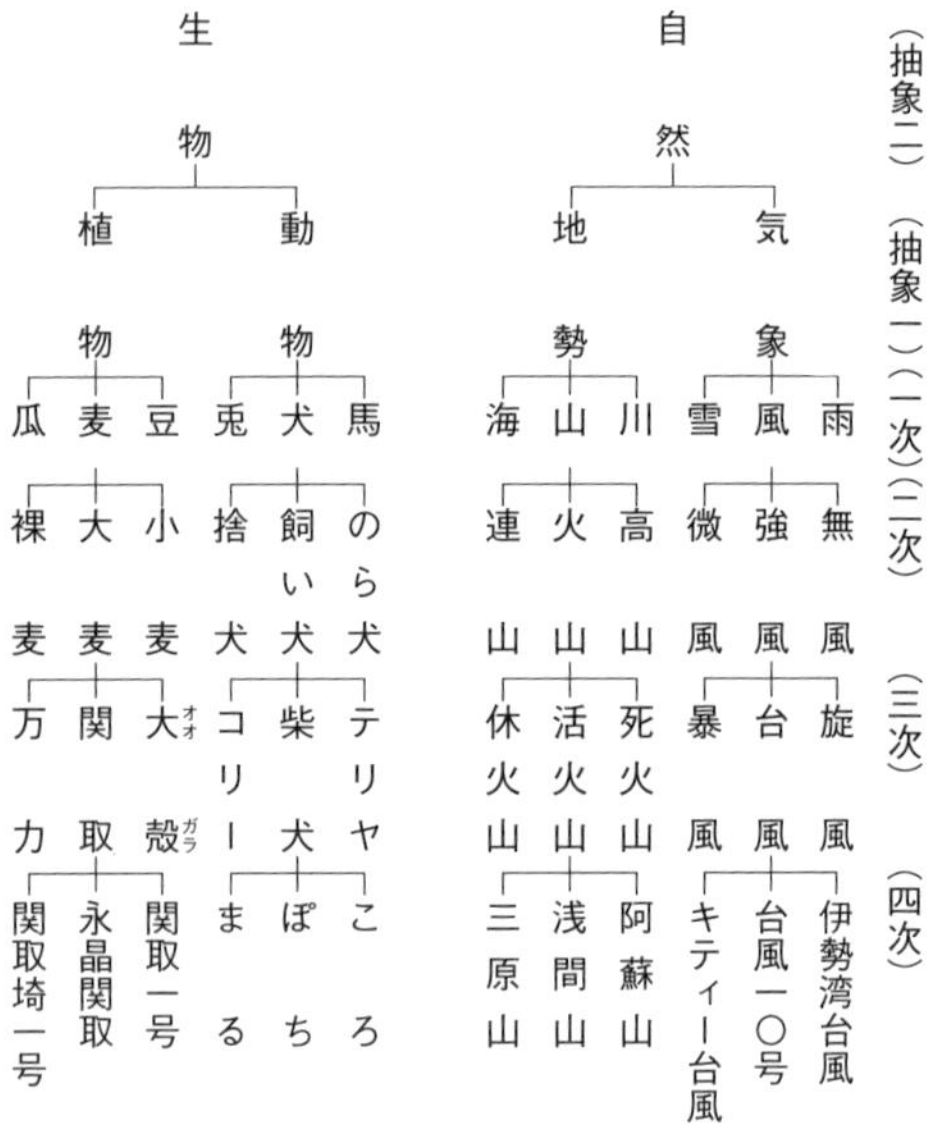

図1－1　抽象度に基づく名詞の意味体系（森岡 1977）

ただし、こうした意味の体系に他の語彙的性質が関係していることを無視することはできない。図1－1は、日常語の名詞のまとまりを、類概念を表す一次名を中心とし、その上下に抽象と具象の階層が広がっていく意味の体系として捉えたものだが、体系の中心にある一次名には和語の単純語、その種概念を表す二次名には「種差＋類概念」という構造を持つ和語・漢語の複合語、抽象度の低い三次名以下には外来語も、抽象度の高い抽象名には漢語というように、意味と語種・語構成とが協同して語彙の体系を作り上げているからである。

一〇．語彙の量的な性質

人間は、日常の言語生活で、単語を組み合わせて文を作り、文を重ねて文章や談話にまとめ、情報を伝達したり考えをまとめたりしている。その際、どのような単語を使うかは、文章・談話のその箇所にふさわしいものが、語彙の中から、単語の語彙的な性質やそれに基づく語彙の体系性を考慮しながら、選択・決定されるはずである。つまり、単語の語彙的な性質や語彙の体系性は実際の単語使用にも反映している、言い換えれば、実際の文章・談話に使われた単語の「集合」もまた、単語の語彙的な性質を反映した「まとまり」すなわち「語彙」と考えることができる、ということになる。そうした反映の様子は、個別の文章・談話にも表れているはずであるが、大量の文章・談話を集めて、そこに使われている単語の集合について統計をとってみると、よりはっきりとした現象として見いだすことができる。このような、実際に使用された語彙に見られる「量的な性質」を明らかにしようとする分野を「計量語彙論」という。

語彙の量的性質のうち、代表的なものは、単語の使用頻度に関するものである。例えば、図１－２は、国立国語研究所の「現代雑誌九十種の語彙調査」（一九五六年）で得られた約四万語について、使用頻度ごとの異なり語数の分布を見たものであるが、このような分布傾向は、雑誌だけに限らず、ある程度の規模の文章や談話であれば、どのようなものにでも見いだすことができるもので、折れ線の形から「L字型分布」と呼ばれている。つまり、一定規模の文章・談話に使われた語彙は、一回か二回というように少ない回数しか使われない多くの単語と、何回も繰り返して使われる少数の単語とに分かれるのである。この少数の高頻度語彙には、日本語の文章・談話であればどのようなものにでもよく使われる単語が含まれているが、計量語彙論ではこのような単語の集合を「基幹語彙」（林　一九七一、一〇～一一頁）と呼んでいる。

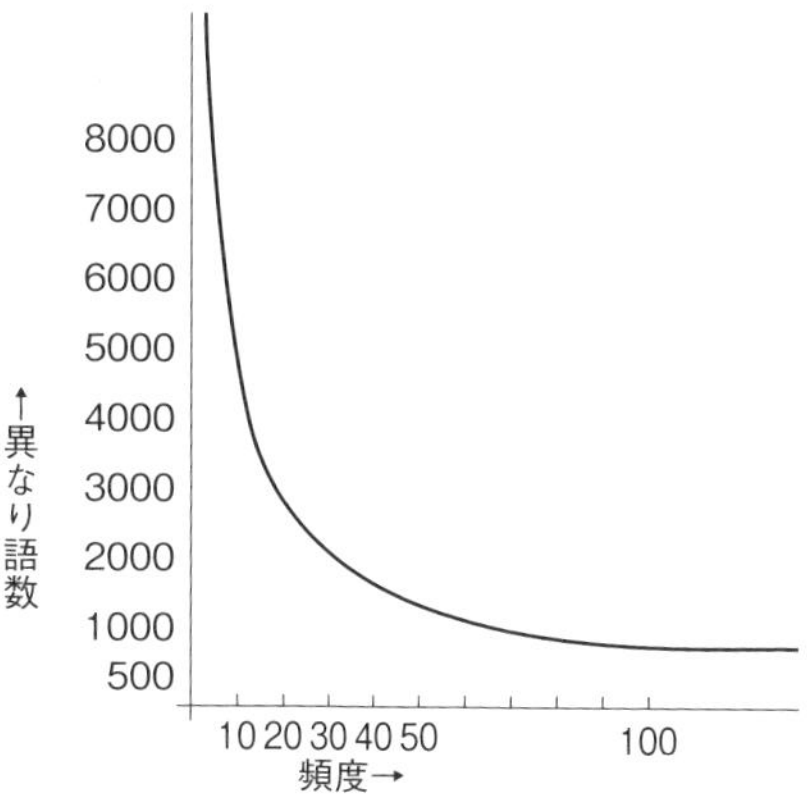

（「現代雑誌九十種の語彙調査」による）

図１－２　雑誌語彙の使用頻度分布（田中 1978）

問題は、このように量的に規定される基幹語彙がどのような単語から構成されているか、ということである。これについては、単語の語彙的性質の束と考えられる語種によって基幹語彙を分類してみるということが考えられる。基幹語彙の最も基幹的な部分には和語があり、それに次ぐ位置に漢語が、最も周辺的な位置に外来語が、という構図が予想され、実際、多くの語彙調査でそのような結果が報告されている。一方、これとは別に、文章・談話における機能の面から分類することも試みられている。例えば、寿岳（一九六七）は、①骨組み語、②テーマ語、③叙述語という分類を提案し、それぞれ、①日本語で書いたり話したりする以上絶対に必要な語、②

言語資料の内容によってその出現・使用が規定される語、③言語資料の叙述方法に関連して用いられる語、としている。この分類には「話し手がいかに事象を捉えたかに関係ある」単語をテーマ語と叙述語とに区分することの難しさがあるとされるが、基幹語彙の内実に迫るものとしてもっと注目されてよい。

文　献

泉井久之助（一九三五）「語彙の研究」『国語科学講座Ⅲ　国語学』明治書院
京都大学霊長類研究所編（一九九二）『サル学なんでも小事典―ヒトとは何かを知るために』講談社ブルーバックス
金田一春彦（一九七八）「擬音語・擬態語概説」浅野鶴子編、金田一春彦解説『擬音語・擬態語辞典』角川書店
斎藤倫明・石井正彦編（二〇一一）『これからの語彙論』ひつじ書房
寿岳章子（一九六七）「源氏物語基礎語彙の構成」『計量国語学』四一
田中章夫（一九七八）『国語語彙論』明治書院
玉村文郎執筆・国立国語研究所編（一九八四）『日本語教育指導参考書一二　語彙の研究と教育（上）』大蔵省印刷局
林四郎（一九七一）「語彙調査と基本語彙」国立国語研究所『電子計算機による国語研究Ⅲ（国立国語研究所報告三九）』秀英出版
宮島達夫（一九九四）『語彙論研究』むぎ書房
森岡健二（一九七七）「命名論」『岩波講座日本語二　言語生活』岩波書店

第二章　語彙の分類

佐藤武義

一・「語彙」の語源

「語彙の分類」を扱うにあたり、最初に漢語「語彙」の構成を考えることにする。

(1)「語」の解字

漢字の語源を単語家族という類型の語形に集大成した研究が藤堂明保の『漢字語源辞典』(昭和四十年(一九六五)九月、学燈社)である。この研究を漢和辞典として一般化したものが藤堂明保編『学研漢和大字典』(昭和五三年(一九七八)四月初版、学習研究社)である。本章では平成一三年(二〇〇一)四月刊の第三七版を以後使用することにし、『漢和大字典』と呼称する。

「語彙」について、この『漢和大字典』によれば、「語」を解字して、「言＋吾」となり、「言」は「辛(きれめをつける刃物)＋口」の会意文字で、口をふさいでもぐもぐということを音・諳といい、はっきりかどめをつけて発音することを言という」と解釈し、藤堂没後の藤堂明保・加納喜光編『学研新漢和大字典』(平成一七年(二〇〇五)五月初版、学習研究社、本書を以下使用する場合、『新漢和大字典』と略称する)と同じ記述を継承している。

また、「吾」を『漢和大字典』では「『口＋音符五(交差する)』の会意兼形声文字。語の語源だが、我と共に一人称代名詞に当てる」と解釈し、『新漢和大字典』でも「会意兼形声。『口＋音符五(交差する)』。語の原字だが、我とともに一人称代名詞に当てる」と同じ解釈となっている。

「言」「吾」それぞれの語の意味を考察した結果に従い、これを融合させた「語」の意味は、上記の両字典とも、「言」の「はっきりかどめをつけて発音する」意と「吾」の「口+音符五（交差する）」意とからなっている点から、AとBとが交差（または交互に）して話し合う言語行動と解釈している。

（2）「彙」の解字

「彙」の解字は、『漢和大字典』では、「胃は、まるい意を含む。彙は『彖（ぶた）の略体+音符胃（まるいいぶくろ）の略体』の会意兼形声文字で、からだをまるく引き締めて、多数のはりが中心にあつまった形を呈するはりねずみ。転じて広く、中心にまるく集まる意に用いる」とする。『新漢和大字典』でも同様の解釈を示している。一方、藤堂明保『漢和語源辞典』において本編Ⅷ NO.188-23の見出し語「彙・蝟」に、「『彙虫《はりねずみ》なり。豪猪に似て小なり。籀文彖の略体+胃の省声〈ママ〉』……蝟とも書く。全身を針で囲んで、丸い塊をなすので彙という。丸く一塊を成すのを彙集（蝟集）という。塊と同系」と説明をなしている。

本来ハリネズミの意味に用いたが、動物名から離れて、その形体である、広く、中心にまるく集まる意に意味主体が転向し、左の二字漢語のような例が見られる。

彙纂——いろいろの事がらをあつめ、分類して編集する。
彙集——種類によって分けてあつめる。
彙報——情報などをあつめて一つの基準によって分類した報告。
彙類——種類ごとにあつめる。

二.「語彙」の意味

『漢和大字典』『新漢和大字典』両者とも、「語」は、「AとBが交差（相互に）して話し合うこと」と定義している。すなわち、人間が対話している状況を想定して、その集団の中で交わされる言語の意味である。

「彙」は、からだをまるく引き締めて、多数の針が中心に集まったはりねずみの姿態から、一つの中心的核の要素とそれを取り巻く関連する要素との集合体となる。

この「語」と「彙」の熟合体「語彙」を言語学の用語としてまとめると、右の両『大字典』では、同文の「特定の言語または個人のならい覚えた言語体系の中で用いられる語の総称。またそれを分類して集めたもの」と定義している。

一言語または個人の有する語のすべてをまとめて「語彙」と定義すれば、この言語研究は、語彙論となる。つねに前提として「語の総体」を対象に、「語の総体」がその集団の中での運用を研究することになる。

一方、研究には分野を設定することが、一般である。言語研究においても、言語を構成している要素を文法・音韻・意味・文字などに分類し、それを総体として扱う分野が文法論・音韻論・意味論・文字論などと称される。

右のような研究分野を列挙した場合、語彙をその研究として「語彙＋論」→「語彙論」が当然成立する。この語彙論は、前提として研究対象を「語の総体」とする点から、その対象は厖大な語群となる。現代のように計量機器の発達するまでは、「日本語の語彙」と称した場合、本章の「語彙の定義」から考えて、日本語の総体を対象にするのではなく、個別的な単語を右の文法論・音韻論・意味論・文字論などの立場を何らの区別もなく混融させて論じることが一般的であったとみられる。

現代における計量機器の驚異的な発達により、「語彙の定義」に忠実に従って総体としての緻密な言語分析が可能になっている。

三．総体としての日本語の語彙

用語「語彙」を使用する以上、語の総体を前提としての「語彙」が研究対象になる。

一社会、一国の総体としての「語彙」を明らかにするためには、日本社会、中国社会、フランス社会のように、共通する社会の中で使用される言語として捉えられた語彙が、日本国の語彙、中国の語彙、フランス国の語彙などのように、独立した一国家から捉えられた語彙など、本家（分家としてスペイン語はアルゼンチン・ペルー、ポルトガル語はブラジルで使用される）の言語が挙げられる。

本章で扱う「日本語の語彙」は、日本列島全体で使用されている日本語の総体に該当する。

しかし、この日本列島を俯瞰的に眺めた場合、北は北海道から南は琉球諸島までに細長く位置し、日本語はこの列島の地域ごとに話されている方言から成り立っているといえよう。ただし、西欧の大規模に影響を受けた近代の前の時代の近世は、徳川家康が慶長八年（一六〇三）、江戸（後の東京）に幕府を開いて以降、徳川幕府が瓦解する慶応四年（一八六八）までの二六〇年余りの間、幕府は全国各地に藩を置いて大名に治めさせたため、藩ごとに方言が異なるようになった。

一方、全国を統治していた幕府は、その居を江戸に構えた点より、政治・経済をはじめ、日本のあらゆる文化活動の中心が上方から徐々に移行していった。江戸語も関東の言葉を中心にしながらも、全国の方言を加味して全国の共通語となった。特に明治維新以降にはそのような状況の中に欧米語が大量に移入されて今までの日本語では考えられないような多種多様な日本語に膨れ上がった。

四．日本語の語彙の分類

厖大な日本語の語彙を総体として扱う方法がいかになすべきか、日本語研究用語事典を刊行順にみると、現在まで種々提案されている。

A、国語学会編『国語学辞典』（昭和三五年（一九五五）、東京堂）において、林大は、「語彙」を「言語の単位形式たる語の総体」とし、（1）形態上の一般傾向の研究・語構成・語形交替また音韻配列の原則等の研究、（2）品詞構成・文法機能による分類、（3）語種構成、語の出自（原籍）による分類、語の借用に関する研究、（4）意味の各分野における語の分布の研究、同義語・対義語・同音等に関する研究、基本語彙の選定、などを挙げているが、構造的な論述にいたっていない。

B、佐藤喜代治編『国語学研究事典』（昭和五二年（一九七七）、明治書院）において、前田富祺は、言語表現の一つの単位である語を、その一つ一つではなく、総体として見るとき、語彙というとし、Aと同じ定義を示している。語の総体を対象とする点から、研究の分類として（1）語彙量の視点。研究対象での理解語彙と使用語彙の分布、文字資料の場合は範囲を限定しながら、延べ語数と異なり語数の偏向、そうしてこれらの使用度の高い語を例えば三〇〇〇語などと仮定して、これを基本語としての性格の研究、（2）語彙の出自より。出自は、語彙が生まれた土地・国を指示し、日本語では、和語・漢語・外来語・混種語の四種に分類して研究、（3）語彙の品詞ごとの分布。名詞類、動詞類、形容詞類、感動詞類に分類し、使用度からの研究、などとともに（4）語彙の語構成、（5）語彙の意味、（6）語彙の位相論などを挙げている。

C、国語学会編『国語学大辞典』（昭和五五年（一九八〇）、東京堂出版）において、樺島忠夫は、語彙について、A、Bと同じ内容であるが、時代・人・作品など使用の範囲を限って、そこに使われる語を考えるとき、その語の集合を語彙というと、具体的に定義している。語彙の分類をBのように体系的に触れられないが、（1）使用語彙と理解語彙に分かれ、使用度が高く、数値が限られた語群を基本語彙としている、（2）語は意味的に、上位・下位の関係、同義語・対義語、類義語などの関係を持って存在する、（3）位相によって変化する語の存在などを指摘する。また、（4）語の出自からみて、和語・漢語・外来語に分けられるとする。現在これらを総称して「語種」の用語に定着しつつある。（5）語種の名称の下に名詞・動詞・副詞・助詞・助動詞・接続詞・接尾語などを挙げている。これらは文法論の中で総体を加味した研究に対応させるものであろう。語種の現在の指示の方向を考慮して、語彙の「品詞」ごとの分布などとすべきであろう。

D、飛田良文（主幹）ほか編『日本語学研究事典』（平成一九年（二〇〇七）、明治書院）において、前田富祺は、Bの担当でもあり、定義はそれとほとんど同じであるため、ここに挙げないが、語彙の分類はBを進展させていて、（1）語彙計量論。使用率から使用順位の高下、基本語彙などの研究、（2）語彙体系論。語相互の意味関係からの体系化、体系性の明確な部分語彙とそれほどでない部分語彙との解明、（3）語彙の性格。新語、廃語、死語、古語、雅語、俗語、流行語、待遇表現、方言、位相語の分野、（4）語種と語構成。固有の日本語を和語として、外国から入った語を外来語とするが、中国からの語を漢語として特立し、これらが混交した混種語を加えての論述としている。

E、佐藤武義・前田富祺編集代表『日本語大事典』上下（平成二六年（二〇一四）、朝倉書店）において、石井正彦は、「語彙」を語（単語）が集まって関係するまとまりと定義する。語彙を構成する語が相互に何らかの形で関係し合っており、そのような語の間の関係が、語彙を一つの統一ある全体、すなわち、語彙体系としてまとめあげていると述べている。

従来、語彙は語の集合体とするのが一般であるが、石井は語の集合体とするだけでなく、「関係するまとまり」を加えることで、語彙の定義のイメージを具体的に示したのではなかろうか。

石井は、この定義をもとに、分類を名称には定着していないものもあると断りながらも、（1）語形論、一定の形（発音）を持つ、（2）意味論、一定の意味（語義）を持つ、（3）語形成論、一定の構造（単純語・複合語など）を持つ、（4）様式論、一定の文体的価値を持つ、（5）位相論、ある位相に属する、（6）語種論、その出身に応じて一定のグループ（和語・漢語など）に属する、と六種に分類している。

F、日本語学会編『日本語学大辞典』（平成三〇年（二〇一八）、東京堂出版）においても、石井正彦は、「語彙論」の中で、Eと同様の論述をなしている。

語種を分類するにあたり、「語種」という術語を用いているが、Aにおいて林大は、分類の事項として「（3）語種構成、語の出自（原籍（筆者注、外国語出））による分類、語の借用に関する研究」を挙げて、後文において「語種構成としては、語の借用関係を論ずるもの、すなわち外来語の研究が目立ち（時に文物伝来史の姿を呈する）」とし、「語彙」項目も林が担当し、「語の本籍から論ずる時、普通に、和語・漢語・外来語に分ける」と敷衍している。林は、日本語の語彙の基本は和語・漢語・外来語であり、後の研究において、これらの混融した混種語を加えた四種を日本語の語彙と考えることになる。この「語種」の用語が語の出自（原籍）による分類と定義され、現在も受け継がれている。ただし、漢語・外来語について、漢語は中国音で示された漢字音の語を指示し、日本語文で漢語なしでは成立しない状況から、外来語に含めないのが一般である。外来語は中国出自で近世期に日本に移入された中国語や他の諸国語を指示する。

ただし、和語の扱いも、出自の項目での扱いである点から、外国語扱いとなるはずなのに、和語を日本語古来の語とするのが一般である。「漢語」「外来語」を、出自上、外国からの移入とすれば、和語も同様に、出自上、外国からの移入としなければならないのに、そのように扱わないのは、どうしてであろうか。

　術語「和語」の定義を、「漢語」「外来語」が「出自」「外国語」という基本語を根底に据えている点に対応させて、「和語」を同じく漢字音か、その他の古代東アジアの言語音かを移入したという視点に変更し、定義に基本語「出自」「外国語」を必須条件にして「和語」の定義・用例の実態を述べる必要があろう。

　以上の点から、従来の語種の定義が曖昧であると考え、これらを明らかにするため、「和語」を節を改めて述べることにしたい。

五．「和語」の、語種の中での位置

「和語」を複合語としてこのまま考えても埒が明かない。基本に戻って「和語」を分析して「和＋語」の二字漢字に分けて、特に「和」の吟味が重要である。日本では「和」は後の表記で、本来は「倭」である。この「倭」の吟味によって「倭語」の位置が明らかになろう。この「倭」についてはすでに論じているのでその要点を述べることにする。

（1）中国での「倭」

「倭」の語義を知るためには、最初に漢和辞典を参看することになる。諸橋轍次『大漢和辞典』（昭和三〇～三四年（一九五五～一九五九）、大修館書店）を主に使用した。ほかに藤堂明保編『学研漢和大字典』（昭和五三年（一九七八）、藤堂没後に改訂された藤堂明保・加納喜光編『学研新漢和大字典』（平成一七年（二〇〇五）、学習研究社）、尾崎雄二郎ほか編『角川大字源』（平成四年（一九九二）、角川書店）、影山輝國編集主幹・伊藤文生・山田俊雄・戸川芳郎編『新明解現代漢和辞典』（平成二七年（二〇一五）、三省堂）は必要な場合、随時使用した。

　なお、研究書として、藤堂明保『漢字語源辞典』（昭和四〇年（一九六五）、学燈社）、加納喜光『漢字語源語義辞典』（平成二六年（二〇一四）、東京堂出版）も使用した。

　『大漢和辞典』によれば、「倭」の字義を音とともに挙げると、

［一］音「ヰ」①したがふさま。（用例省略、以下同じ）
②廻つて遠いさま。倭遅（筆者注「回つて遠いさ

ま」）を見よ。
③透・委・〓・威に通ず。
④みにくい。仳に通ず。倭傀（筆者注「容姿の醜い女」）を見よ。
[二] 音「ワ」やまと。古、中国人が日本を呼んだ称。
[三] 音「ワ」きりさげがみのさま。倭墮（筆者注「切り下げ髪」）を見よ。

の大枠三種の音・義に分けている。『大漢和辞典』のこの三分類は、中国での歴史的変遷に従って分類したもので、音が「ヰ」から「ワ」に転じていることを示している。

原初的な意味は「[一] 音『ヰ』」である。意味内容に従い、分類した①②③は人の手で河川の流れや道が屈曲して流れたり、どこまでも続いていたりするさま、そして転義として、従う、従順である意味に用いていたのに対し、④ではすらりとした肢体を備えている人ではなく、屈曲のある醜い人を、特に「倭」の構成要素「委」に「女」を含んでいる点から、容姿の醜い女の称にしたものとみられる。

しかし、容姿の醜い女だけでなく、容姿の醜い男にも、そしてそのような容姿の人の一般称にも転用する必要にも迫られたのであろう。「ヰ」音では、あくまでも容姿の醜い女の称が優先的に理解されるのが主体であったからである。特に男女を区別せず、人の一般称としての容姿の醜い者を明示するために、「倭」の字形を変更するか、「倭」の音を変更するか、の二者択一となる。「倭」の字形の変更では「倭」の字義と過不足なく含意できる字形（言語学上では、字形が異なれば意味は同一にはならないはず）は容易ではない。そこで、字形「倭」をそのままにして、その音の変更が合理的であれば、変更が許容される点から、音「ヰ」から近似の音「ワ」に変更されたのである。

(2) 中国での「倭」の「ヰ」音から「ワ」音へ

この事情を経過して、『大漢和辞典』の三分類の二番目の分類「[二] 音『ワ』」である。ただし、「やまと。古、中国人が日本を呼んだ称」と意味づけしている。「[二] 音『ワ』」の原初の意味を「日本」と考えるのは、当を得た意味づけであろうか。

『大漢和辞典』をはじめ、現今の漢和辞典、国語辞典はすべて、「日本」である。研究書でも研究対象の国・地域内に「倭」を限定したり、単純に「日本」と論じたりしている。「倭」の「[二] 音『ワ』」の項目の根本的な分析が疎かにされ、かつ中国・朝鮮半島・日本での相関性の歴史を常時鳥瞰的に捉えることが等閑視されている。これらを是正するために、「ワ」音の「倭」が述べられる視点を確実に念頭に置かなければならない。

以下において「ワ」音の「倭」の歴史を述べることにする。

（3）「ワ」音の「倭」の歴史

この「ワ」音の「倭」が紀元前から中国で用いられているようである。この時期は、日本の縄文時代や弥生時代に該当する。

このような時期に中国の政権のある華北に日本の情報が伝わっていたであろうか。簡単に伝わるようなことはなかったと思われる。

それにもかかわらず、前項で述べたように、現今の『大漢和辞典』をはじめ漢和辞典や国語辞典、そして中国の『漢語大字典』（四川辞書出版社・湖北辞書出版社、一九八六）まで、「ワ」音の「倭」の原初の用例に「日本」の意味を与えている。

しかし、「ワ」音の「倭」が紀元前から中国で用いられているとすれば、「ワ」音の「倭」の原初の意味が「古代日本」であったであろうか。いわゆる日本の縄文時代（時期指示に諸説あるが、『広辞苑』（第七版）の「紀元前一万年前後～前四世紀」による）に中国の華北に日本の情報が伝わって、「倭」を「古代日本」と理解するしか術がなかったのであろうか。言葉が生まれたとき、まずその集団の中で一般化し、次第に周辺に伝播するはずで、その時期から「ワ」音の「倭」が日本を指示するはずはなかったであろう。

日本の縄文時代に、中国の華北で、他の意味を排除して日本を最初の意味として用いていたと考えるのは不可解と言わなければならない。藤堂明保『漢字語源辞典』では、

背が丸く曲がって低い人　（六一八頁）

と解釈している。この意味が中国の華北で最初に用いられていたであろう。そして、中国の華北を中心に蔑称の意味を加えながら、多分、中小部族集団の一般名称の呼称となったのであろう。

伝承ではあるが、後世の後漢の王充（二七～八九－一〇一）の『論衡』（九〇年頃成立）に、

周之時、天下太平、〔倭、脱字か〕人来献暢草、暢草、亦草野之物也。（周の時、天下太平にして、〔倭〕人来りて暢草献ず、暢草も、亦草野の物なり）

（巻五、異虚篇）

周時、天下太平、越裳献白雉、倭人貢鬯艸。（周の時、天下太平にして、越裳、白雉を献じ、倭人、鬯艸を貢す）

（巻八、儒増篇）

などの「倭人」の例が見られる。いずれも西周の成王（前一一世紀頃の王、日本では縄文時代）の治世の事績の伝承を記録したものである。「越裳」はベトナムの古代南部の国名であり、「倭人」の登場する「暢草」と「鬯艸」との「暢」と「鬯」は、通用字関係である。「暢草」と「鬯艸」の語義は、熱帯アジア原産の香木である鬱金《うこん》とされている。「倭人」「越裳」は中国の南部からインドシナ半島にいたる地域の民族で、四夷（東夷・西戎・南蛮・北狄）の中の南蛮である。「越裳」のように、中国に国家名として知られている場合は、それを使用し、国家を形成していない中小部族集団は総称として、蔑称「倭人」を用いたと考えられる。ただし、四夷の南蛮のみを「倭人」と称したのではなく、東夷・西戎・北狄でも中国において認知されていない国家未形成の中小部族集団を蔑称の「倭人」と称したはずであるが、文献には南蛮の例のみ現存することになったと考える。

当然、この「倭人」が日本人を指示することにはならないのである。

（4）東夷の中の「倭」

前一一世紀頃において、中国の四辺の四夷の「倭人」は、それぞれの中小部族集団の総称として、中国では、前述の藤堂の解釈のごとく「背が丸く曲がって低い人」を基本として、体軀の低く貧相な取り柄のない集団と考えての蔑称に用いたものと推定される。

しかし、四夷の中で、東夷が中国の政治の中心地に隣接しているという地理上の条件から、中国にとって、東夷の、中国の満州地域や朝鮮半島が、古代から政治経済をはじめ、多くの分野にいたるまで関心事になっていた。一方、他の三夷（西戎・南蛮・北狄）は中国の華北からみて、地理的に隔離・荒涼している点から、その関心は東夷に比べて著しく低かったとみられる。

結局、中国に、東夷の国名、地域名、そこに住居する住民などをはじめ、様々の情報が詳細に伝えられた。そうして、その中に「倭」「倭人」がみられるのは時期的に、前四、五世紀頃に至ってからかと思われる。

戦国時代末から前漢初頭（前三世紀？～前二世紀？）に成立かとされる、神話を加えた現存最古の地理学書の『山海経』で、その中に、

蓋国在鉅燕南倭北、倭属燕。（蓋国は鉅燕の南、倭の北にあり。倭は燕に属す）（十二、海内北経）

と記されている。

「鉅燕」の「鉅」は、大きい意で大国である燕を意味する。燕は、中国の戦国時代に、現在の河北省・遼寧省・朝鮮半島北部等を領有していた国で、戦国時代の七雄の一つである。蓋国は、古代中国の民族濊貊《わいばく》による国（中国東北部から朝鮮半島中東北部）で、その燕の南に位置し、かつ倭の北にあると記述している。蓋国（濊貊）は北部が燕、南部は倭に挟まれていたのである。蓋国（濊貊）の南部は、朝鮮半島の中・南部に該当し、その中の一部に倭が位置していたことになる。特に倭は朝鮮半島の南部の地域に居住している集団の総括名であろう。

（5）『漢書』の「倭」

中国の正史の『漢書』は、前漢の高祖が前二〇二年天下を統一してから平帝の時、王莽が政権を奪った紀元八年までの歴史を記した正史。後漢の班固（三二～九二）が著したものを妹班昭が兄の死後、補足して完立したのが永元四年（九二）頃かとされている。「東夷」「倭人」の記述を見ると、

然東夷、天性従順、異於三方之外、故孔子悼道不行、設以桴於海、欲居九夷、有以也。夫楽浪海中有倭人、分為百余国、以歳時来献見云。（東夷、天性従順にして、三方〈南北西＝南蛮・北狄・西戎〉の外〈外夷〉と異なり、故に孔子、道の行われざるを悼み、桴、海に設け、九夷に居せんと欲するは、有なるか。それ、楽浪の海の中に倭人有り、分ちて百余国為《た》り、歳時に来たりて献上し見《まみ》えたりという）（地理志、八下）

とある。「楽浪」は前漢の武帝が前一〇八年に衛氏朝鮮を滅ぼして朝鮮半島の北部から中部に置いた四郡（玄莵、楽浪、臨屯、真番）の一つで、今の平壌《ピョンヤン》周辺の地域である。楽浪郡は東部の日本海側の海岸地帯を含んでいず、

「楽浪」を字面どおりに解釈すれば、朝鮮半島の西海岸の沿岸から中部にいたる地域の島嶼に「倭人」が居住していたのである。なお、「九夷」は、中国では、最初「九」を多くの、数々の意に用いたが、後に「九」に実数をあてるようになり、『爾雅』（前二世紀頃成立）の、後漢の李巡（二世紀の学者）の注に、「東夷」に限定して、

玄菟、楽浪、高麗、満飾、鳧臾（「鳧更」とも。「鳧臾」は「扶余」か）、索家、東屠、倭人、天鄙

の九種の名称を挙げている。「玄菟、楽浪」は、前漢の武帝が前一〇八年に朝鮮半島中・北部に置いた四郡の内の二郡であり、「高麗」は、西暦紀元前後に建国した高句麗、「満飾」は、中国東北部の満州族の古名であり、「鳧臾」は「扶余」とすれば、中国東北部から朝鮮半島北部に前一世紀ごろに建国したツングース族の国名（地名）である。「天鄙」は『大漢和辞典』に「東夷の九種族の一」とあるのみで、現実の所在は不明である。「索家、東屠」は、同じく『大漢和辞典』では立項されていない。

「倭人」は、中国東北部から朝鮮半島に居住する中小部族集団が、一々華北の中国に伝えられず、すでに述べたように、それらをその他全部の総称として「倭人」を使用したものであろう。

四夷の中の「東夷」を細分化して「九夷」に分け、詳述した理由は、「西戎・南蛮・北狄」に比べると、「東夷」は、中国の中心地の華北に隣接していて、東夷の情報が中国に的確に伝えられたからであると推定される。特に「東夷」と指摘される中国東北部から朝鮮半島までの地域において、西暦紀元前後から数々の有力な国々が興亡し、その興亡が隣接の中国に重大な影響を与えたため、中国は、他の「西戎・南蛮・北狄」と比べ、最大の関心を払うべき地域であった。このため、中国では、この地域の国名、地域名のほか、中小部族集団の総称をも「倭人」と称してまでも指示しなければならなかった。

当然、中国の華北にとって「倭人」「倭」は必要な場合、朝鮮半島全体の指示であって、その半島の南端から二〇〇〇キロメートルも離れている日本の指示になるはずはない。

(6)『三国志』以降の正史と『三国史記』の「倭」

中国の正史の順では、『漢書』の次が、『後漢書』にあたるが、『後漢書』の成立時よりも、次の『三国志』の方が成立が早いため、『三国志』を先に触れる。西晋の

陳寿（二三三～二九七）の撰になるものであるが、成立年代は不明である。後に南朝宋の裴松之（三七二～四五一）が補注を加えたものが伝わり、この注が高く評価されている。

　倭人在帯方東南大海之中、依山島為國邑。舊百餘國。漢時有朝見者。今使譯所通三十國。（倭人、帯方の東南、大海の中に在り、山島に依りて國邑を為す。舊百餘國あり。漢の時に朝見する者有り。今、使譯の通ずる所三十国なり）　（巻三十、魏志、東夷伝、倭人条）

と、倭人の居所を記している。すなわち、居所は「帯方の東南、大海の中に在り」とある。「帯方」は、後漢末の建安九年（二〇四）ごろ楽浪郡の南半分を割いた郡であり、朝鮮半島中部の西海岸である。

　中国の華北の視点によって、そこから「東南」の「大海」の果てに倭人が居住していると記述しているのである。「東南」は日本海方向の「大海」の果てである点から、そこが日本であることに疑念がない。

　この直後に、有名な「倭」の地理の「従群至倭、循海岸水行、歴韓国、乍南乍東、到其北岸狗邪韓国。七千餘里、始度一海、千餘里至對馬国」（〈帯方〉群従り倭に至るには、海岸に循いて水行し、〈諸〉韓国を歴て乍ち南し、乍ち東し、其の北岸狗邪韓国に到る。〈郡より〉七千餘里にして、始めて一つの海を渡り、千餘里にして對馬国に至る）と、「對馬国」が現れたところで、以下日本列島に関する長文のため省略する。

　正史の「倭」は、成立上『三国志』の次に『後漢書』、そうして『宋書』『隋書』『旧唐書』（「日本」を加える）は「倭」「倭人」「倭国」という項目名のもとに記述している。『旧唐書』以降、『新唐書』『宋史』『元史』『明史』では「日本」「日本国」と交替している。

　一方、朝鮮半島の現存最古の史書『三国史記』は、金富軾らが編集し、一一四五年に成立した史書である。一二世紀は日本では院政期で、かなり後になってからの編集であり、史料としての価値に問題がある。別稿で述べたが、『三国史記』の冒頭の新羅本紀は始祖の記事から現れているが、文脈から西暦紀元以前の例は、いずれも朝鮮半島内の中小部族集団としての総称名「倭人」と解釈される。

　西暦紀元以後の最初の例として、

十一年倭人、遣兵舡百餘艘、掠海邊民戸。發六部勁兵、以禦比。楽浪謂内虚、來攻金城甚急。（十一〈一四〉年倭人、兵舡百餘艘を遣わし、海邊の民戸を掠む。六部〈六村〉の勁兵を發して、以て此を禦ぐ。楽浪、内の虚なるを謂いて、金城に來攻すること甚急なり）

（新羅本紀第一、南解次次雄十一年〈十四〉）

とあるが、「倭人」が「兵舡百餘艘」で新羅の海辺の村落を襲い、楽浪の漢の軍兵は、新羅国内の警備が手薄だと考え、慶州の金城を猛攻したのである。倭人と楽浪の漢の軍兵との二手で新羅を攻撃したことになる。倭人が「兵舡百餘艘」で新羅を攻撃したことになるが、これを日本人と考えれば、朝鮮半島南端から最短でも九州の北端までの朝鮮海峡の二〇〇キロメートルをどのようにして「兵舡百餘艘」を整えて渡海できるものであろうか。

現在では、手漕船でも堅牢に作られているのに、この海峡周辺で遭難し、乗員が白骨死体で発見される場合もある。二〇〇〇年も前の西暦紀元前後であれば、想像できないような貧弱な船であり、そのような形態の船が「百餘艘」の船団を組んで海峡を渡海できるであろうか。これは、朝鮮半島周辺の中小部族集団であり、日本列島に居住する日本人ではなかったのである。

この例に次いで「倭」の例を検討する。

脱解、本、多婆那國所在也。其國在倭國東北一千里。（脱解〈新羅の第四代の王〉、本、多婆那國の所在なり。其の國、倭國の東北一千里に在り）

（新羅本紀第一、脱解尼師今即位前紀〈五七年以前〉）

の例である。新羅の第四代の王、脱解は「多婆那国」の生まれで、この国を受けて「其の国」と言い、「其の国」は「倭國の東北一千里に在り」としている。この「倭国」の位置が何処かとなる。

漢字の本拠地である中国の華北では、朝鮮半島の中小部族集団を「倭」「倭人」と称するのが一般であるが、西暦一世紀以降になるとおおむね「倭国」と国名を付した場合、日本の指示になったようである。

歴史上、朝鮮半島の中・南部の辰韓・弁韓・馬韓に中小部族集団の総称「倭」を加えた、国の拡張と縮小の時代から、朝鮮半島の北部から南下した高句麗と新羅・百済など諸国の時代に対し、中国ではこれらの国名を公的に使用し一般化した。この結果、朝鮮半島の中・南部の中小部族集団の総称「倭」をことさら使用する必要がなくなり、その代わり、朝鮮半島の南端から海彼にある日本列島を「倭」と称するようになったのである。

中国の華北で、「倭」を日本列島の呼称に転用するようになった時代（『広辞苑』第七版によれば、日本の弥生時代〈紀元前八～七世紀前後から二～三世紀頃まで〉）からで、東アジア大陸文化の影響を受けて水稲耕作や金属器の使用が始まる時代である。

この「倭」を構成している民族は、先進の東アジア大陸文化を携えて朝鮮半島や中国から日本に渡海した民族であろう。一方、弥生時代の前の時代は縄文時代で、現在までの研究では、紀元前一万数千年から紀元前一千年（または紀元前八～七世紀前後〈『広辞苑』説〉）頃までと考えられ、全日本列島に縄文人が居住している。しかし、中国の華北では、日本列島の縄文人を認知していず、単なる未開人ぐらいの理解しか有していなかったのではなかろうか。

六．倭語の定義

中国の華北では、日本列島を「倭」、そこに渡海して居住する大陸人を「倭人」と称した。しかし、この「倭人」を大陸人と説明するだけでは不十分である。大陸から渡海して日本列島に居住する「倭人」とは、朝鮮半島に有力な国家が興亡し、その中に含まれていた中小部族集団の不満分子、その国家に同調できない者、新天地で活躍を求める意欲のある者など、政治家・宗教家・学者・文化人などの知識人を指す。エリートなのである。

日本列島を「倭」、渡海した大陸人を条件付きのエリートな「倭人」とした場合、日本列島内で話される言語は大陸人の用いる「倭語」となるであろう。

以上をもとに、「倭（和）語」の意味と用法を述べることにする。

すでに述べたように、語種という出自の観点から日本語を分類すると、倭（和）語・漢語・外来語・混種語に分類するのが一般である。その根底にあるのは外国から移入された語とされているが、倭（和）語は、本来の日本語とか日本の固有語などと考えられている。これは出自の観点に対応していない。この分類は現在まで引き続いている。辞典類、研究書にいたるまで同一の意味解説である。

ただし、杉本つとむ・岩淵匡編著『日本語学辞典』

（平成二年（一九九〇）一〇月、桜楓社）において「和語」を「日本語の中で漢語・外来語に対して、固有の日本語（ただし厳密な証明はできない）として区別するときのもの」と解説している。「厳密な証明はできない」という注記は重要な指摘である。筆者は「倭（和）語」の定義に日頃納得していなかった時期であったので、「倭（和）語」のこの注記が機縁になって、中国から日本までの「倭（和）語」の語義の歴史を検討することになり、前節まで述べてきた。以下、「倭」・「和」で、「和」は後の日本での用字であるため、結論まで「倭」を使用する。

渡海した大陸人を「倭人」とすれば、当然「和語」ではなく「倭語」でもって考えることになる。とすれば、日本列島の中で、「倭人」である大陸人が「倭語」を使用することになる。その「倭語」は何を指示するかというと、朝鮮半島南部の中小部族集団の使用する言語は朝鮮語であるはずだが、書き言葉としては中国語（漢語）を使用し、仮称「倭化漢字語」（現在でいうと「朝鮮語化漢語」のこと）とすると、これを用いて、この日本列島の中で、無文字社会の日本先住民と交渉したのではなかろうか。

日本語の語彙の特徴として音節数が少ないとされている。これは取りも直さず、日本先住民（縄文人か）の語彙（縄文語とする）の音節数が少なかったことの反映であり、「う（鵜）、え（榎）、か（蚊）、き（木）、す（巣）」などの一音節語、「あき（秋）、あさ（朝）、あめ（雨）、あゆ（鮎）」などの二音節語、「あぶら（油）、あられ（霰）、いかり（錨）、いらか（甍）、いろこ（鱗）」などの三音節語などが挙げられ、四音節語以上の音節語は著しく少数になっている。日本語は開音節（子音＋母音）語であるうえに、語の音節数が右に挙げたように少ない点から、語の音節の配列が単純になっているため、渡海人（朝鮮半島南部の中小部族集団の倭人と諸国家を形成している朝鮮人、そしてそれらの中にいる中国人）と日本先住民とが協力して、日本先住民語を仮称「倭化漢字語」（朝鮮語化漢語）に対応させて定着させたものである。ただし、これらは、経文、公文書、詩文など文化を形成する漢語とみられる。

現在まで日本語を語種に分けると、

①和語　②漢語　③外来語　④混種語

の四種に分けるのが一般である。②以下は問題にならないが、「①和語」は、単に固有日本語とか日本原始語とかと定義して、この定義に対し、前述の杉本・岩淵編著『日本語学辞典』、浅野敏彦解説「和語」（佐藤・前田編集代表『日本語大事典』）においてこの定義に疑問を呈したことは前代未聞の発展的な発言であった。しかし、「和語」の意味づけができず、結論が従来どおりになったことは惜しいかぎりである。

結局、現在まで筆者が納得いくような「和語」の定義がなされていなかったと言わなければならない。

本章での語種（出自）による語彙を分類すれば、図2－1のように表示される。

「倭語」の定義が煩わしいと考え、整理して示す。

朝鮮半島・中国大陸から渡海した大陸人（朝鮮半島南部の中小部族集団の倭人と諸国家を形成している朝鮮人、そしてそこにいる中国人など）と日本先住民とが協力して、日本先住民語を、仮称「倭化漢字語」（朝鮮語化漢語）に対応させて定着させたもの。「倭化漢字語」（朝鮮語化漢語）の内容は、経文、公文書、詩文など文化を形成する漢語が主体と考えられる。

と定義しておく。

「倭化漢字語」（朝鮮語化漢語）が日本に移入され、これらの文化語が日本古代語の中に蓄積されて多様な古代日本語を形成したものと推測される。『万葉集』・記紀・風土記をはじめとする以後の文芸、漢文の用語（漢文訓読語も倭語に編入）、政治経済の用語など、この後後の語種においても最初の倭語の受容の方法を端緒に、漢語ばかりでなく外来語を多量に受容するようになり現在に至っているのである。

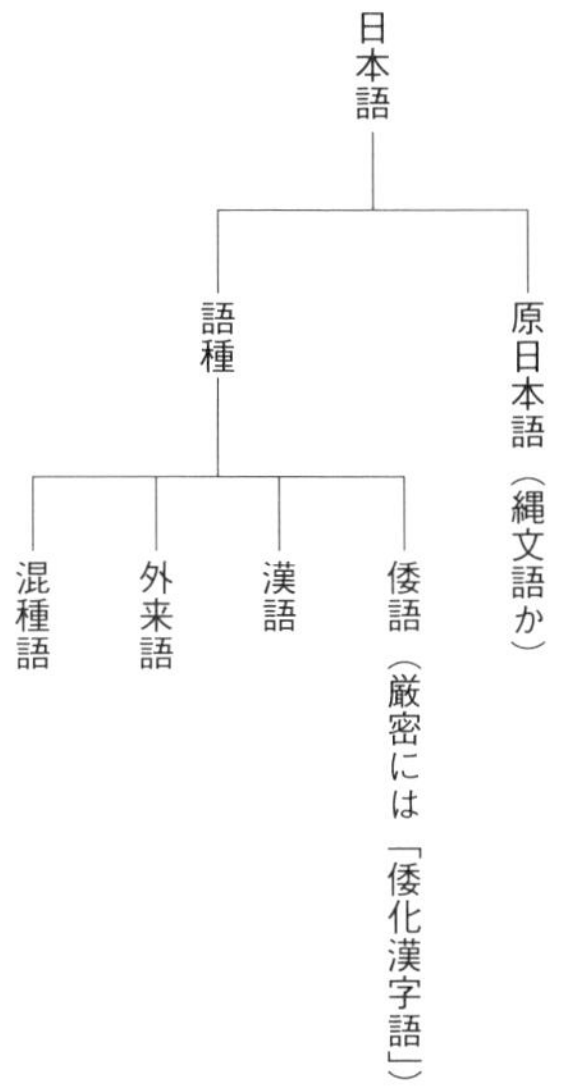

図2－1　語種（出自）による語彙の分類

文　献

〈術語辞典〉
国語学会国語学辞典編集委員会編（一九五五）『国語学辞典』東京堂

佐藤喜代治編（一九七七）『国語学研究事典』明治書院
国語学会編（一九八〇）『国語学大辞典』東京堂出版
杉本つとむ・岩淵匡編著（一九九〇）『日本語学辞典』桜楓社
飛田良文（主幹）・遠藤好英・加藤正信・佐藤武義・蜂谷清人・前田富祺編（二〇〇七）『日本語学研究事典』明治書院
佐藤武義・前田富祺編集代表（二〇一四）『日本語大事典』上下、朝倉書店
日本語学会編（二〇一八）『日本語学大辞典』東京堂出版

〈漢和辞典・中国語辞典〉
諸橋轍次（一九五五〜一九五九）『大漢和辞典』大修館書店
藤堂明保編（一九七八）『学研漢和大字典』学習研究社
藤堂明保・加納喜光編（二〇〇五）『学研新漢和大字典』（藤堂没後）
尾崎雄二郎・都留春男・西岡弘・山田勝美・山田俊雄編（一九九二）『角川大字源』角川書店
影山輝國編集主幹、伊藤文生・山田俊雄・戸川芳郎編（二〇一三）『新明解現代漢和辞典』三省堂
漢語大字典編輯委員会編（一九八六）『漢語大字典』四川辞書出版社・湖北辞書出版社（中国）

〈資料〉
藤堂明保・竹田晃・影山輝國全訳注（二〇一〇）『倭国伝　中国正史に描かれた日本』講談社学術文庫
石原道博編訳（一九八五）『新訂　魏志倭人伝・後漢書倭伝・宋倭国伝・隋書倭国伝―中国正史日本伝（1）』岩波文庫
石原道博編訳（一九八六）『新訂　旧唐書倭国日本伝・宋史日本伝・元史日本伝―中国正史日本伝（2）』岩波文庫
佐伯有清編訳（一九八八）『三国史記倭人伝他六編―朝鮮正史日本伝1』岩波文庫
山田勝美（一九七六・一九七九・一九八四）『論衡』上・中・下（新釈漢文大系六八・六九・九四巻）、明治書院

〈研究書〉
井上秀雄（一九九一）『倭・倭人・倭国―東アジア古代史再検討』人文書院
井上秀雄（一九九一）『古代朝鮮』講談社学術文庫［原本は一九七二年、日本放送出版協会より刊行］
藤堂明保（一九六五）『漢字語源辞典』学燈社
加納喜光（二〇一四）『漢字語源語義辞典』東京堂出版
石井正彦「語彙」『日本語学大辞典』
浅野敏彦「和語」『日本語大事典』

〈本章執筆者の関係研究〉
［口頭発表］
「古代歌語研究の視点―万葉集の用語と漢詩語との相関性を求めて」二〇〇五年一一月一二日、日本語学会二〇〇五年度秋季大会〈担当：東北大学〉公開講演会、於仙台市民会館［発表予稿集に概略がある。］
「『倭』『倭人』は日本・日本人ではない」二〇一六年三月一七日、第三九四回東北大学国語学研究会
［論文発表］
「『倭』の字源と東アジアでのその展開」二〇一七年三月、日本近代語研究会編『日本近代語研究　六』ひつじ書房
「『和語』の定義」二〇一七年三月『国語学研究』五六

第三章　語彙の体系

宮田公治

本章では、語彙を体系的に観察・記述するための方法と、その課題を取り上げる。まず一.で、「体系」とは何かについて確認する。二.では語彙の体系を捉える際の手がかりとしてどんなものがありうるかについて、三.では語彙の体系の示し方について概観する。

一．語彙の体系とは

(1) 語彙における「体系」の必然性

「語彙」とは、複数の語からなる集合を指す用語であるが、「語」の単なる複数形ではなく、「現代日本語の語彙」「『枕草子』の語彙」「村上春樹の語彙」「植物を表す語彙」のように、特定の個別言語・言語作品・言語使用者・意味分野といった共通の基盤があることが前提となる。それがない単なる語の集まりは、「語群」ではあっても「語彙」とは呼べない。このような特定の語彙を観察・記述する方法として、「量的」「質的」という二つのアプローチがありうる。前者は、ある言語（方言）や言語作品にどのくらいの数の語があるか、というような数量に着目する（本書の第五章「語彙の構造」も参照）。後者の質的アプローチは、特定の語彙に含まれる語がどのような意味や形を持っているかに着目するものだが、ある語に対する、意味や形による特徴づけは、他の語との相対的な関係の中で初めて明瞭に把握できるものである。例えば「あに」という語が持つ意味（男の・年上のきょうだい）や音形/ani/の特徴は、「あね」など他の関連語と対照することで認識できる。このように、語彙を質的に観察しようとすると、必然的に「体系」という観点が要請されるのである。

(2)「体系」とは

①「有機体」と「分類」

そこで次に、「体系」とはどのようなものかについて確認する。

①a．各部分が有機的にむすびついて一つの全体をつくっているもの　（宮島　一九七七）

b．systemというのは、要素がいくつか集まって1つの全体をつくっているのであるが、その際、その要素が雑然と集まって集合体をつくっているのではなく、要素と要素の間に一定の関係があって、それが積み重なって整合性のある全体をなしているものをいうのである。

（『言語学大辞典』「体系（system）」）

この二つの引用は同趣旨のこと、つまり、単なる集まりではなく「有機的に結びついた・整合性ある全体」、言い換えると「有機体」を構成しているということを述べている。この「有機体」について具体的にイメージするには、言語以外の次のような例がわかりやすい。

②a．人体の臓器（心臓、肺、胃、肝臓、……）

b．太陽系（太陽、水星、金星、地球、……）

c．球技のチーム（ゴールキーパー、ディフェンダー、フォワード、……）

d．家族（父親、母親、子ども、……）

いずれも、有限個の構成要素が独自の役割やポジションを担っている。そして、もし臓器を摘出したり選手が退場になったりと要素が一つでも欠けると、全体のバランスが崩れる。逆に、家族に子どもが生まれたり祖父母が同居を始めたりと、新たな要素が加われば、既存の要素群の役割やポジションも変更を迫られる。このように、個々の要素が全体の中に配置されることによってアイデンティティを持つような関係性が、「体系」である。

一方、雑多な対象群を人為的に「分類」した結果として構築される「体系」もありうる。

③a．生物種の分類（哺乳類、鳥類、両生類、爬虫類、……）

b．図書館の蔵書分類（総記、哲学、歴史、社会科学、……）

これらも、全体の中で独自の領域を与えられた有限の分類項目からなっているという点では「体系」といえる。しかし、前述の臓器群や太陽系などとは異なるのは、個々の要素（生物種や書籍）が集まって「有機体」を作っているとは言いがたい点である。生物分類や蔵書分類は、個々の生物種や書籍どうしが内的必然性をもって結びついているわけではなく、それらのあずかり知らぬところで、観察者たる人間が便宜のため分類のラベルを貼り付けたものにすぎないからである。

語彙に関しては、「有機体としての語彙」と「語彙分類」の両面がありうる。前者は、客観的な観察によって帰納的に観察・記述され、後者は（前者を踏まえつつも）演繹的に構築されるものである。本章では主として前者を対象とする。後者については、本書の第二章「語彙の分類」および第四章「語彙の組織」を参照されたい。

②「マクロな体系」と「ミクロな体系」

前項では、「語彙の体系」には、「有機体としての語彙」と「語彙分類」の二つがあることを見た。前者は、意味や形が緊密に関係しあった親族名称や色彩語彙など、特定分野の「ミクロな語彙体系」になる場合がほとんどであり、後者は『分類語彙表』（国立国語研究所編　一九六四）、『分類語彙表　増補改訂版』（国立国語研究所編　二〇〇四）、『日本語語彙大系』（池原ほか編　一九九七）に代表されるような、特定の個別言語が有する語彙すべてを射程に入れた「マクロな語彙体系」である場合が多い。もちろん、「マクロな語彙体系」を「有機体」として捉えるという試みもありうるが、十分な説得力と直感的（視覚的）なわかりやすさをもって示すには、課題が多く残されていると思われる。

二．体系の根拠

(1) 意味・指示対象・形

有機体としての語彙体系を、客観性をもって記述するためには、語どうしが結びついていることを示す根拠が必要となる。語は、「意味（概念・思想）」「指示対象」「形（象徴・記号）」の三要素からなるという見解が一般的だろう（オグデン・リチャーズ　一九二三など）。語彙の体系は、これら三要素のいずれか（もしくは複数）が他の語のそれと有機的に結びつくことで構成される。本章では、この三要素の中で最も重要なのは「意味」であり、「意味」を伴わずに「指示対象」どうし、「形」どうしが結びつくだけでは、体系とは言いがたいと考える。一方で、「意味」自体は捉えどころがないものなので、客観的に観察可能な「用法」を手がかりとして分析・記述するのが有効であることを例とともに述べる。

（2）指示対象の体系

植物や人体といった有機体の部位を指す日常的な語彙として、次のようなものがある。

④a. ね（根）、は（葉）、くき（茎）、はな（花）、……
　b. あたま（頭）、どう（胴）、て（手）、あし（足）、……

直感的に、これらが相互に意味的に関連している、と思えることは確かである。しかし、その「意味」とは、日本語に固有のものというより、指示対象たる植物や人体の物理的構造を引き写したものにすぎない。世界中のほとんどの言語には④に相当する語彙が存在し、それらを並べてみても同様の関連性を感じられるだろう。つまり、④の「体系」の根拠は言語外の指示対象にあり、その分析・記述は言語学者の仕事とはいえない（ただし、植物や身体のどの部位を語彙として切り取るか・切り取らないかは個別言語によって異なる場合があり、その比較対照は言語学の研究対象である）。

次のような上位語—下位語の階層的関係も、日本語の語彙の体系というよりは、指示対象の体系と見るべきものである。

⑤生物＞動物＞哺乳類＞霊長類＞ニホンザル

このように、具体物を指す名詞の場合は指示対象の体系を引き写したものになりやすい。

（3）形の体系

④と同様に指示対象自体が有機体をなしている語彙の例として、親族関係や数・色彩も挙げられる。ただし、これらはその一部の語彙に「形」の関連も見られる点が注目される。

⑥ani（あに）—ane（あね）
　ozi（おじ）—oba（おば）
　oi（おい）—mei（めい）

⑦hitotu（ひとつ）—hutatu（ふたつ）
　mittu（みっつ）—muttu（むっつ）

yottu（よっつ）—yattu（やっつ）

⑧siro（しろ）—kuro（くろ）

aka（あか）—ao（あお）※古代語では awo（あを）

⑥の、性別のみ異なる同一の親族関係を指すペアは、字数（拍数）が同じで、部分的に共通する形を持っている。⑦の和語数詞のペアは、上の倍数が下という関係にあるが、母音のみが入れ替わっていて、やはり形の上で共通の基盤がある。⑧の基本的な無彩色・有彩色どうしのペアも同様である。こうした形の上でのつながりは、日本語という個別言語に独自に見られるものであり、「語彙の体系」と呼ぶにふさわしい。

ただし、このような形の対応は、同分野のすべての語彙に見られるわけではなく、一部のみに見られる（例えば「いつ（つ）」と「とお」には形の対応はないし、「き（いろ）」や「みどり」にはペアを想定できる語がない）。この点から見ても、形の体系は、指示対象の体系をそのまま反映したものではなく、個別言語が独自に、その中の主要なものを取り出したものであることがわかる。

また、指示語（こそあど言葉）や自動詞・他動詞は「（文法的・語用論的な）意味」において有機的関連を持つ点で言語固有の体系をなしているといえるのだが、これらは形の上での対応も見られるのが特色である（⑩にはいくつかのパターンが存在する）。

⑨	これ	それ	あれ	どれ
	ここ	そこ	あそこ	どこ
	こちら	そちら	あちら	どちら
	こう	そう	ああ	どう
	この	その	あの	どの

⑩a．oreru（おれる）—oru（おる）

toreru（とれる）—toru（とる）

wareru（われる）—waru（わる）

b．kakaru（かかる）—kakeru（かける）

ataru（あたる）—ateru（あてる）

mazaru（まざる）—mazeru（まぜる）

c．otiru（おちる）—otosu（おとす）

deru（でる）—dasu（だす）

naoru（なおる）—naosu（なおす）

なお、「指示対象」や「意味」の支えがない、「形」のみ対応しているような語どうしを見ても、私たちはそれが有機的な「体系」とは感じないだろう。宮島（一九七七）は、形と意味が対応した「あに」―「あね」に対して、意味の関連のない「あみ」―「あめ」、「あじ」―「あぜ」といった語のペアを挙げて表を作成し、次のように述べる。

⑪この図式にあてはまる例がいくらでもみつかる。ただ、このような表をつくってみたところで、これらの単語の形についての理解がふかまるといったものでもないので、研究者の注意をひかないだけの話である。

「指示対象」や「意味」に加えて「形」の対応も見られる語彙は、言語固有の「体系」が明瞭に観察できて興味深い。しかし、そのような例はごく一部の和語の単純語に限られており（複合語や漢語の「形」は語構成論の研究対象である）、これから新たな体系が発見される可能性はほとんどないのが実情である。

（4）用法の体系

先の自動詞・他動詞や指示語は言語固有の「意味」においても有機的関係を持つと述べた。ただし、意味を観察・記述するためには、何らかの客観的な手がかりが必要である。それは、「用法」に求められる。つまり、その語が文（あるいは文章・談話）の中でどのように用いられるかに着目するというものである。この、「用法」の観察から「意味」の対立点を取り出し体系化するという分析方法は、まだまだ開拓の余地が残されている。

①共起する語

語の意味を用法から観察する代表的なアプローチは、他の語との共起関係（コロケーション）で、例えば「身につける物」を表す語彙は、いくつかの種類に分けられる（城生 一九八七）。

⑫a．シャツ、ベスト、コート、……
b．ズボン、パンツ（下着）、靴下、靴、……
c．帽子、ヘルメット、……
d．メガネ、たすき、……
e．マスク、サポーター、コンタクトレンズ、手袋、指輪、腕時計、……

一見すると、a．は上半身、b．は下半身、c．は頭といった具合に、装着する身体部位の違いという、それぞれの指示対象の機能による分類に見えるが、そうではなく、共起する動詞の違いに基づいている。すなわち、a.は「着る」、b.は「はく」、c.は「かぶる」、d.は「かける」、e.は「する（一部は「はめる」「つける」も可）」である。こうしたa.～e.の区分は、もちろん指示対象の物理的特性を反映してはいるが、日本語独自の体系である（英語ではa.～e.のほとんどで"put on"が使われる）。膝にサポーターを装着するときは下半身でも「はく」でなく「する（つける）」であるし、メガネとマスクはともに耳を利用して固定するが「かける」「する」という別の動詞を使う。また、「ストッキングをかぶる」のように、本来とは異なる装着方法も表現可能である。

　このように、指示対象そのものではなく、「共起する動詞」という言語的手がかりによって、名詞の体系を把握することが可能となる。

②構文

　構文とは「個々の動詞とは独立して存在する「意味と形式の対応物」」（ゴールドバーグ 一九九五）だが、ある語が特定の構文において使われるかどうかも、共起関係の一種といえる。例えば、⑩に挙げた自動詞・他動詞は、対格（目的語）「～を」を取りうるかどうかという、構文上の対立に基づいている。また、「～ている」をつけた形が「動作の継続」と「変化の結果」のどちらの意味になるかによって、アスペクトの観点から動詞を区分けすることができる（金田一 一九五〇、工藤 一九九五）。

⑬a. 動作（継続）動詞：店員が働いている。
　b. 結果（瞬間）動詞：花瓶が割れている。

　影山（一九九六・二〇〇一）などの一連の研究は自動詞・他動詞と⑬の観点を統合したもので、動詞が表しうる意味を〈行為〉→〈変化〉→〈状態〉に分解し、この三つのどの局面をカバーするかによって、以下のような類型を示した。これらは意味のみならず、様々な構文的特徴の違いに支えられている。

⑭a. 〈状態〉のみ：
　　状態動詞（自動詞）　ある、いる、欠ける、そびえる、似る、……
　b. 〈変化〉のみ、または〈変化〉→〈状態〉：
　　変化動詞（自動詞）　縮む、育つ、弱る、死亡する、……
　　移動動詞（自動詞）　流れる、転がる、進む、さまよう……

c. 〈行為〉のみ：
　活動動詞（自動詞）　働く、遊ぶ、さわぐ、暴れる、……
　働きかけ動詞（他動詞）　叩く、突く、蹴る、押す、なでる、……

d. 〈行為〉→〈変化〉→〈状態〉：
　状態変化他動詞　切る、縮める、築く、温める、壊す、……
　位置変化他動詞　置く、入れる、注ぐ、掛ける、……

また、形容詞における「感情（情意）形容詞」と「属性（情態）形容詞」の対立は、「私は～い（だ）。」と一人称主語を取りうるかどうかで判定される（西尾 一九七二）。

⑮a. 感情形容詞：うれしい、悲しい、嫌だ、好きな、苦しい、痛い、眠い、寒い、……
　b. 属性形容詞：楽しい、大きい、難しい、重宝だ、汚い、鋭い、冷たい、……

⑮とは異なる観点からの形容詞の体系化の例として、「～ことに」という評価文副詞の構文に収まるか否かの観察がある（宮田 二〇一二）。

⑯a. うれしいことに、妹が大学に合格した。
　b. *楽しいことに、友達と鎌倉へ遊びに行った。
　（*は不自然な文であることを示す）

この構文に収まらない形容詞の代表例は、以下のような事態を評価の対象とするものである。ここでは、評価対象となる節の統語構造や情報構造（焦点や新情報になるか）といった文法的な切り口に着目している。

⑰a. 非現実・未実現の事態：不可能な、ありえない、必要な、許されない、疑わしい
　b. 主格と時制を持たない事態：難しい、簡単な、楽しい、苦しい、好きな、嫌いな
　c. 無標の事態：自然な、当たり前の、普通の、もっともな、正しい、健全な

③文章・談話

ある語が複数の文（発話）を内容的に結びつける機能を持つ、「語彙的結束性」という現象がある（例文は庵（一九九五）による。＃は文脈上不自然であることを示す）。

⑱a．A：昨日久しぶりに著書を読んだよ。
　　B1：＃ああそうですか。　B2：えっ、誰の？
　b．先日ある本を読んだ。僕は前から｛著者／＃作家｝の言動に興味を持っていた。

（⑱a）の対話における「著書」は、唐突に使うことができず、（⑱b）の第二文における「著者」は、第一文の「ある本」を書いた人物を指している。「著書」も「著者」も、必ず〝ある特定の本の〟という限定つきで使われるため、同一文中にその限定がない場合は、先行文にそれがなければならない。類義語の「本」や「作家」は、このような限定が不要な点で対立する。庵（一九九五）は前者を「1項名詞」、後者を「0項名詞」と呼んでいる。

⑲a．1項名詞：著書、著者、犯人、院長、……
　b．0項名詞：本、作家、犯罪者、医師、……

なお、西山（一九九〇）および今井・西山（二〇一二）の「非飽和名詞」「飽和名詞」もほぼ同様の対立を指すものだが、これは文レベル（⑳などの構文で用いられるか）の観察によっている。

⑳a．カキ料理は広島が本場だ。
　b．この病院は彼が｛院長／*医師｝だ。

三．語彙の体系の示し方

複数の語が、意味や形といった言語的特徴によって有機的につながっているのが「語彙の体系」であることを見たが、それが体系であることを視覚的に提示する方法としては、「図」と「表」の二つに大別される。

（1）表

語彙をある言語的特徴から分類し、その結果を縦横の軸に配置して一覧したもので、「リスト表」と「マトリックス表」が代表的なものである。前者は、前掲の⑫⑭⑮⑰のように、各類に属する語（の代表例）を列挙したものである。後者は、音韻論でよく用いられてきたものだが、各類もしくは個々の語を複数の示差的特徴（±）

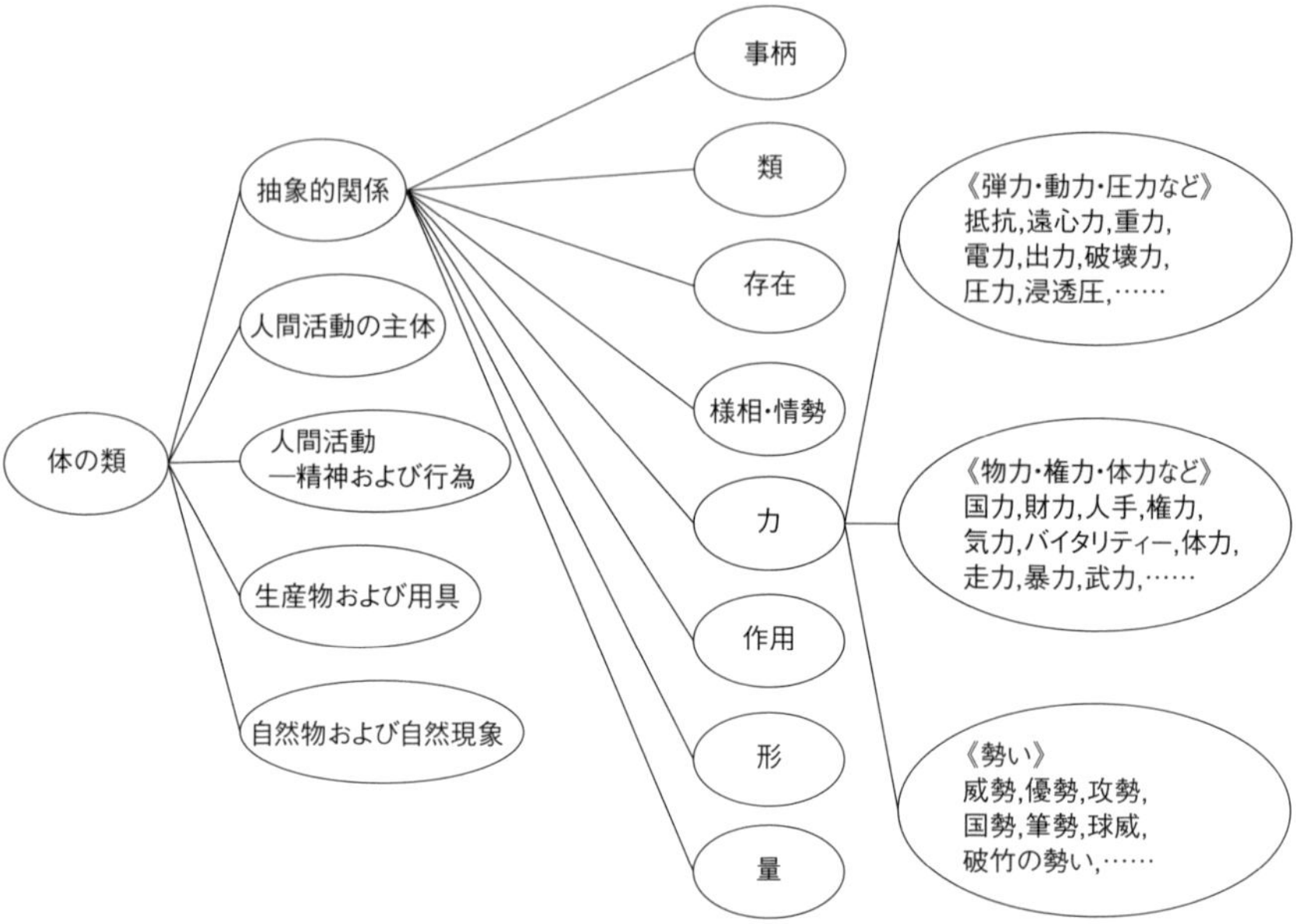

図 3－1　『分類語彙表』における名詞の階層関係（抜粋）

表 3－1　温度形容詞の体系

	高温(⇔低温)	物（⇔場所）	快（⇔不快）
あつい	+	±	±
さむい	−	−	−
つめたい	−	+	±
あたたかい	+	±	+
すずしい	−	−	+
ぬるい	−	+	−

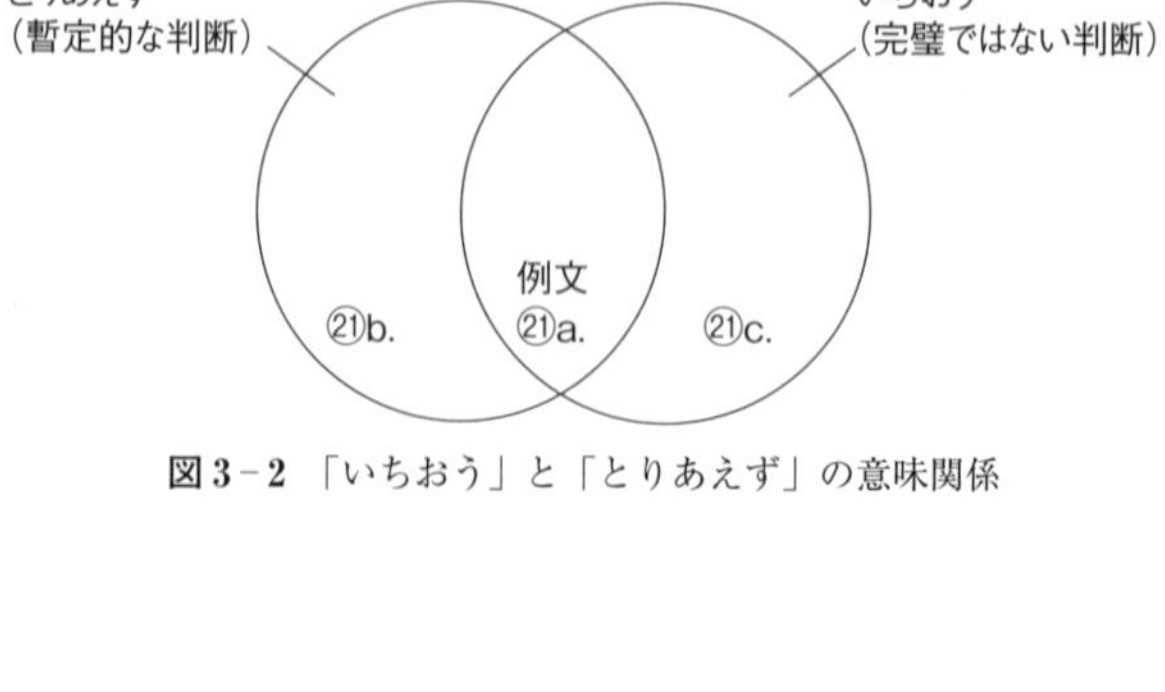

図 3－2　「いちおう」と「とりあえず」の意味関係

の組合せとして示した表で、表3－1は温度形容詞の例である。

いずれにしても、分類が網羅的かつ相互排他的なものになっていることが「体系」をなすための大前提である。

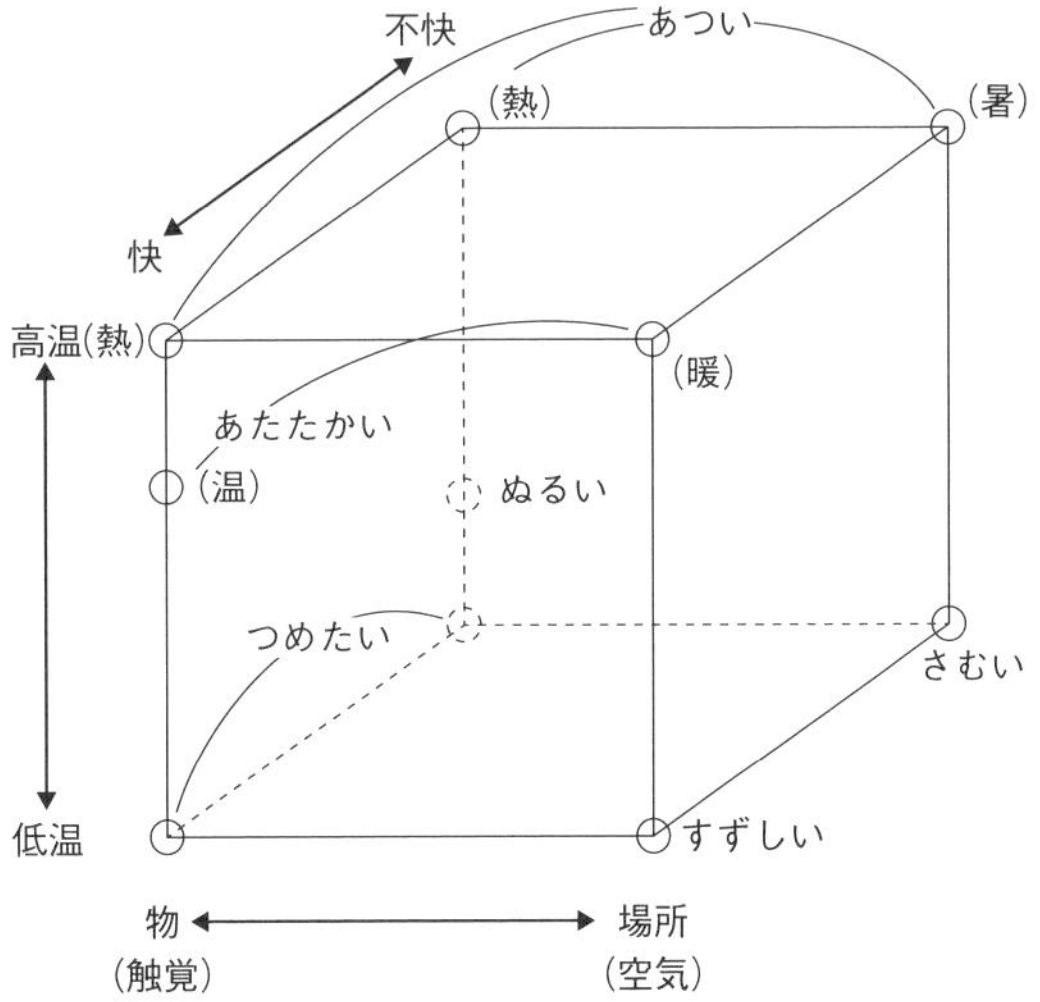

図３－３　温度形容詞の意味体系

（２）図

図とは、語どうしの関係を地図のように空間的に投射したものである。図３－１は、『分類語彙表』の名詞（体の類）の一部の階層関係を系統図で示したものである。系統図は、語彙の上位・下位・同位という階層関係を視覚的に示すのに向いているが、特に大量の語彙を分析対象とする場合、階層関係の設定は仮説的・演繹的なものとなることが多い。ただし、クラスター分析などの統計手法を用いて、類似度をもとに系統図を帰納的に作成することも可能である（内田・藤井二〇一五）。

ベン図は円の重なりによって語と語の意味関係を描くもので、類義語の比較など、ミクロな語彙体系の表示に向いている。図３－２は、「いちおう」と「とりあえず」の意味関係を示したものである。前者は「完璧ではない」、後者は「暫定的なものである」という留保の付け方が異なっており、㉑c．のように後から判断を変更する可能性がない場合は「とりあえず」を使うことができない。

㉑a．レポートは｛いちおう／とりあえず｝完成しました。
　b．｛*いちおう／とりあえず｝、ビール下さい。（居酒屋の注文）
　c．私、こう見えても｛いちおう／*とりあえず｝大学生なんですけど。

マトリックス表が示す示差的特徴の束をより視覚的に描くのに向いているのが多面体（正四面体、立方体など）で、九鬼（一九三〇）の図がつとに有名である。図３－

3は表3－1の温度形容詞を立方体上に配置したものである。

大量の語彙の関係をコーパスの計量から帰納して図示しようとする場合、系統図やベン図のようなシンプルな形には収束させにくい。そのような場合に向いているのが散布図である（馬・木山二〇一七）。

四．まとめ

本章では、「語彙の体系」とは複数の語が結びついた有機体であること、その骨格をなすのは「意味」であること、そして「図」や「表」で視覚的にわかりやすく提示できることなどを述べた。近年の文法研究・談話研究の進展を受けて、「用法」の観察に基づいて語彙を体系化するというアプローチは、様々な手法が開発される余地がある。また、統計学や認知科学などの知見も積極的に活用することで、さらなる発展が期待される。

文　献

庵功雄（一九九五）「語彙的意味に基づく結束性について―名詞の項構造との関連から」『現代日本語研究』二［庵功雄（二〇〇七）『日本語におけるテキストの結束性の研究』くろしお出版所収］

今井邦彦・西山佑司（二〇一二）『ことばの意味とはなんだろう―意味論と語用論の役割』岩波書店

内田諭・藤井聖子（二〇一五）「クラスター分析とフレーム分析による語彙のジャンル別特徴―「現代日本語書き言葉均衡コーパス」を用いて」『言語文化論究』三四

NTTコミュニケーション科学研究所監修、池原悟・宮崎正弘・白井諭・横尾昭男・中岩浩巳・小倉健太郎・大山芳史・林良彦編（一九九七）『日本語語彙大系』岩波書店

オグデン、C・リチャーズ、I（一九二三）『意味の意味』［石橋幸太郎訳二〇〇八、新泉社］

金田一春彦（一九五〇）「国語動詞の一分類」『言語研究』一五

九鬼周造（一九三〇）「「いき」の構造」『思想』九二・九三［『「いき」の構造 他二篇』（一九七九）岩波文庫所収］

工藤真由美（一九九五）『アスペクト・テンス体系とテクスト―現代日本語の時間の表現』ひつじ書房

ゴールドバーグ、A・E著、河上誓作ほか訳（一九九五）『構文文法論―英語構文への認知的アプローチ』研究社出版

国立国語研究所編（一九六四）『分類語彙表』秀英出版

国立国語研究所編（二〇〇四）『分類語彙表　増補改訂版』大日本図書

城生佰太郎（一九八七）『オタミミ・ベンベの言語学―語彙論への招待』日本評論社

西尾寅弥（一九七二）『形容詞の意味・用法の記述的研究』秀英出版

西山佑司（一九九〇）「「カキ料理は広島が本場だ」構文について―飽和名詞句と非飽和名詞句」『慶應義塾大学言語文化研究所

紀要』二二
馬瓊・木山幸子（二〇一七）「日本語オノマトペの心像性における母語話者と非母語話者の差異」『日本言語学会155回大会予稿集』
宮島達夫（一九七七）「語彙の体系」『岩波講座日本語九　語彙・意味』岩波書店［『語彙論研究』（一九九四）むぎ書房所収］
宮田公治（二〇一二）「評価文副詞「〜ことに」の制約―事柄の評価に関わる形容詞類の類型」『日本語文法』一二―二

第四章　語彙の組織

山崎　誠

一．語彙のなりたち

本章では、語彙がどのような組織から成り立っているか、すなわち語彙の構成について、主として意味を基準とする構成の観点から述べる。語彙の構成を捉える観点は、品詞、語種、意味（語義）などがあるが、意味を基準とした語彙の構成、すなわち語彙を意味分野に分類することをめぐる諸問題が本章の主題となる。

語彙が個別の語の集まりではなく、互いに関係性を持った集合であるという考え方は、すでに一般的になっていると言ってよいだろう。この考え方は、語彙が意味により分類されうることを示唆している。例えば、林（一九五七、一〇五頁）の「星座になぞらえた語彙表」はそれを視覚化しようとした試みであった（図４－１）。

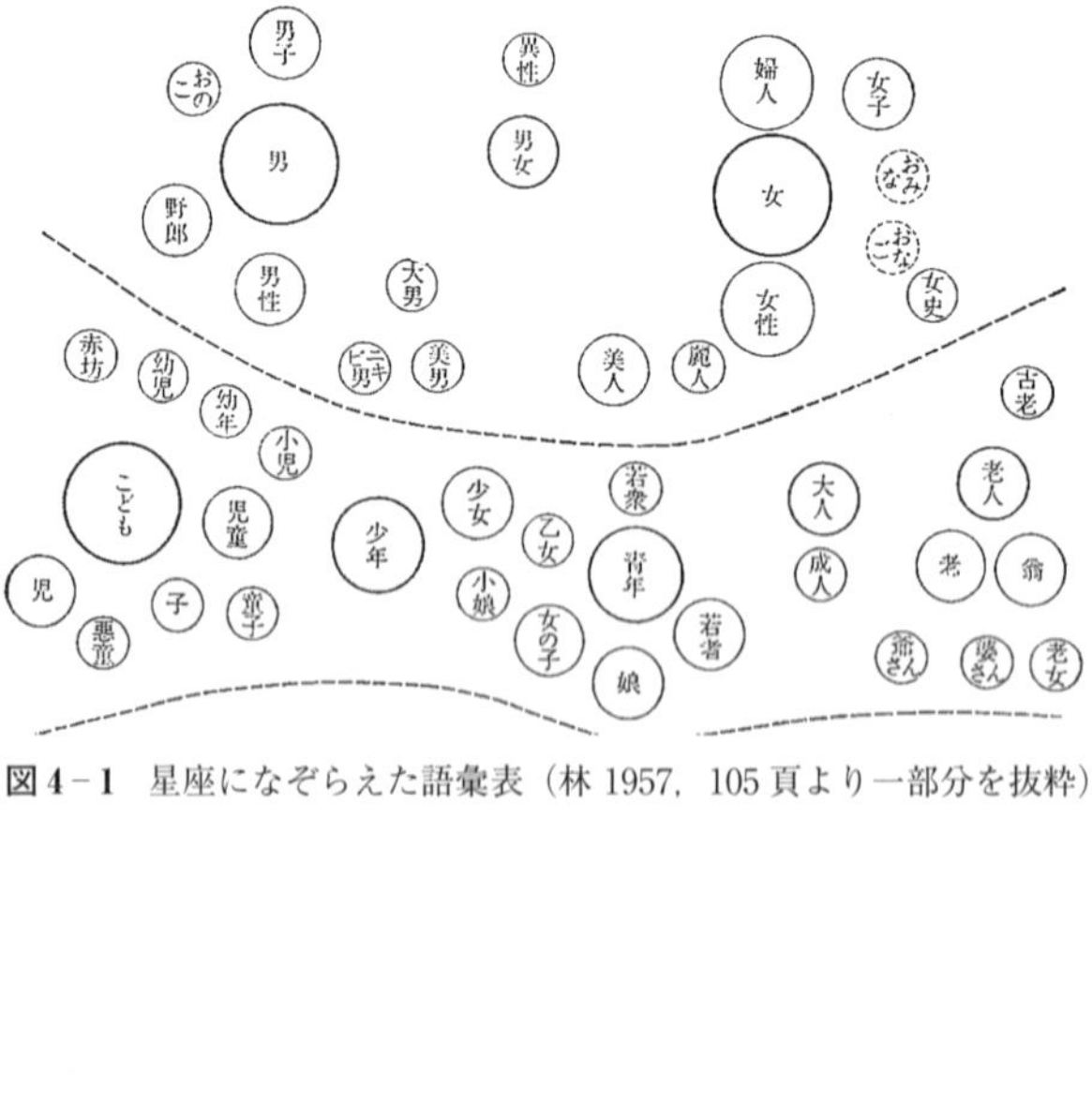

図４－１　星座になぞらえた語彙表（林 1957，105 頁より一部分を抜粋）

図４－１は比較的わかりやすい例だが、点線で分けられた領域が示すと推測される意味分野の名称やそこにどのような語が属すべきかといったメタ情報までは記述されていない。また、意味分野が複雑に絡み合ってくるような場合、二次元の平面で表すには限度があるだろう。実際のシソーラスでは、意味分野に番号を振るなどして、語彙を一次元の順序を持つ構造で表現しているが、これはあくまでも便宜上のことである。意味分野には本来的に順序性がないと考えられることから、一次元であれば、最初や最後などの順番を持たない構造、二次元であれば、中心や周辺などの絶対的な座標を持たない構造（例えば、球面上に語彙を書き表すなど）で表現するのが望ましいだろう。

二．意味分野

（1）意味分野と意味特徴[1]

意味分野とは共通する意味特徴を有する語群に付けられたラベルである。「白、黒、赤、青、黄色」という語群には〈色〉[2]という意味分野を付与することができ、「犬、猫、馬、牛」という語群には〈動物〉あるいは〈哺乳類〉あるいは〈人に飼われる動物〉というような意味分野を付与することができる。後者の例のように、共通する意味特徴は一つだけとは限らない。語の意味を意味特徴の束で表すとすると、意味分野は図４－２のような図式で抽出される。ｗ１～ｗ５の五語からなる意味分野があるとする。また、これらの語の意味を構成する意味特徴を［ａ］、［ｂ］、［ｃ］などで表す。これらのすべての語に共通する意味特徴は［ａ］であり、この［ａ］を意味分野〈ａ〉として抽出する。もし、語群がｗ１とｗ３だけであれば、共通する意味特徴は［ａ］と［ｂ］の二つであり、ｗ１とｗ５という語群を想定すれば、共通する意味特徴は［ａ］、［ｂ］、［ｃ］の三つとなる。このように、共通する意味特徴はどのような語群であるかによって変わる。語彙分類の実際を考慮すると、共通する意味特徴が複数ある場合、それらすべてを使った意味分野を設けたほうがよい。そうでないと、意味分野の識別がむずかしくなる。前述の「犬、猫、馬、牛」で言えば、これらの語群に付与する意味分野としては〈動物〉や〈哺乳類〉よりも〈人に飼われる動物〉を採用したほうがよいことになる。

意味分野とそこに所属する語との関係は、単に共通す

w1：[a]　[b]　[c]
w2：[a]　[d]
w3：[a]　[b]　[e]　[f]
w4：[a]　[c]　[g]
w5：[a]　[b]　[c]　[h]

図4－2　意味特徴を使った意味分野の抽出

る意味特徴があるだけではなく、語の意味における意味特徴の位置づけも考慮しなければならない。「ウイスキー」「カクテル」「やけ酒」「二日酔い」「酒豪」という語群を考えたとき、それらにはいずれも「酒」という意味特徴が含まれるが、この語群に〈酒〉という意味分野を付与するのは、一般的な語彙分類の観点からは妥当ではない。「ウイスキー」「カクテル」は酒の種類、「やけ酒」は飲み方の一種、「二日酔い」は飲酒に起因する体の状態、「酒豪」は酒に対する人の特性であり、それぞれ意味の基本的な部分が異なるためである。

(2)　意味分野の性質

　語彙分類（語義による語彙の分類）とは、対象となる語彙に所属する個々の語を意味分野に割り当てる作業である。したがって、語彙分類を行なうにあたっては、まず意味分野の一覧を用意しなければならない。この意味分野の一覧に関する要請として、①分類漏れがないこと、②同じ分類階層においては互いに排他的な分類になっていることの二つが挙げられる。前者は、分類しようとする語が割り当てられる意味分野が存在しない、ということがないようにすることである。後者は、〈A〉という意味分野の担う意味範囲と〈B〉という意味分野の担う意味範囲に重なりがないことである。例えば、同じ階層に〈集会〉と〈会合〉という意味分野があった場合、それらに所属する語は重複が多くなると想定され、意味分野としてはふさわしくない。これは、多義語の場合に、一つの語が複数の意味分野に所属することとは事情が異なる。ただし、意味分野が担う意味範囲は、明確に決められるものではなく、意味範囲の周辺的な部分では重なりが生じることは避けられない。

　意味分野を設ける際に考慮すべき点として、意味分野は、一定の意味範囲に対応しているわけであるから、意味範囲は想定できても、そこに所属する語がないという場合が考えられる。このような場合、その意味分野を設けないこともできる。例えば、平安時代の日本語の語彙を対象とするような場合、「コンピュータ」や「テレビ」などの現代的な意味分野は設けなくてよい。ただし、異なる言語体系の語彙[3]を比較するような場合は、どちらかにしかない存在しない意味分野も設けておく必要がある。

三．意味分野の変遷

本節では辞典やシソーラスを例として、どのような意味分類が行なわれてきたかを概観する。なお、以下の意味分野を挙げるに際して、旧字体は通用字体に改め、旧仮名遣いは現代仮名遣いに改めた。

（1）近代以前の国語辞典に見られる意味分野

歴史的には意味分野は国語辞典における見出しとして現れる。一〇世紀前半に成立した『倭名類聚抄』（源順撰）には、二十巻本の場合、三二の部が挙げられ、その中が二四九の類に分けられている。また、一二世紀後半に成立した『色葉字類抄』（三巻本）（橘忠兼編）では、見出し語を頭音によって分けたあと、二一の部に分類している。『倭名類聚抄』がほとんど名詞の分類であったのに対して、『色葉字類抄』では動詞や形容詞も収録されているため、それに対応した「辞字」「重点」「畳字」などの意味分野が登場している。以降、意味分野に大きな変更はなく、一五世紀中頃成立の『下学集』では一八の門、一六世紀末に成立した『易林本節用集』（平井易林）では頭音によって分類数が異なるが一二くらいの分類が施されている。意味分野の出現順としては、名称は「天」「天象」「天地」「乾坤」と異なるが、天地（宇宙）に関わるものが最初に現れて、次に人間界の事物、最後に言語という大きな構造が見てとれる。以下、各辞書の分類名を挙げる。

○『倭名類聚抄』（二十巻本）の意味分野
天部、地部、水部、歳時部、鬼神部、人倫部、親戚部、形体部、術藝部、音楽部、職官部、国郡部、居処部、船部、車部、牛馬部、宝貨部、香薬部、燈火部、布帛部、装束部、調度部、器皿部、飲食部、稲穀部、果蓏部、菜蔬部、羽族部、毛群部、鱗介部、虫豸部、草木部

○『色葉字類抄』（三巻本）の意味分野
天象、地儀、植物、動物、人倫、人体、人事、飲食、雑物、光彩、方角、員数、辞字、重点、畳字、諸社、諸寺、国郡、官職、姓氏、名字

○『下学集』（一六六九刊）東麓破衲　山脇同円増補
天地門、時節門、神祇門、人倫門、官位門、人名門、家屋門、気形門、支体門、態藝門、絹布門、飲食門、器財門、草木門、彩色門、数量門、言辞門、畳字門

○『易林本節用集』（一五九七）以降

乾坤、時候、官位、人倫、支体、草木、気形、衣食、食服、神祇、数量、名字、器財、言語

（2）現代のシソーラス・類語辞典の意味分野（『分類語彙表』以前）

日本語のシソーラスとしては『分類語彙表』（国立国語研究所 一九六四）が有名であるが、まず、『分類語彙表』以前[4]のものについて見てみよう。

土居（一九三三）では、基礎日本語一〇〇〇語を選定し、それらを以下の四三の意味分野に分類している。これらの意味分野は若干の変更を経て、土居（一九四三、三三三～三三七頁）に引き継がれている。この分類は体（からだ）から始まり、衣食住がそれに続き、次に自然や社会、動作などと続き、最後に言語が来るという特徴を持っている。

体、人、住居、着もの、道具、家の道具、食するもの、飲むもの、食事、自然、地の表面、鉱物、植物、動物、数と量、時、形、位置、関係、色、機械、工業、組織、知識、社会と文化、音楽、通信、旅、心、心の働き、行い、肉体の働き、自然の働き、状態、性質、一般、雑[5]、関係を表わす語、繋ぎの語、添えの語、語の頭に添える語、語の尾に添える語、挨拶

垣内（一九三八、三三七～三九八頁）では、小学国語読本巻一～巻四の体系的分類としてRoget（1852）の分類に従って分類している。また、同（1936, pp.119–120）では、小学国語読本巻一の名詞の分類としてOgden（1930）のBasic Englishによる分類の例を挙げているほか、独自の意味分類として、「動物、人倫、自然、数量、植物、器物、方向、家屋、身体、軍事、動作、心理、抽象、食物、色彩、金属、雑」を挙げている。ただし、この掲出順は異なり語数の順である。

田中（一九五六、四〇～一〇五頁）では、七種類の国語教科書に出現する語一二五四一語のうち、三種以上の教科書に登場する三四六九語を学習基本語彙として、それらの意味分類を行なっている。

その分類は以下のとおりである。この分類については、林（一九五七、一二五頁）でも触れられているが、学習を意図していることもあり、わかりやすいものとなっている。素朴なものであるが、各意味分野に記号が付与され、意味コードの先駆けとみられる。

A．事物の名称

1．自然にあるもの

（1）総称（2）空にあるもの（3）地の形（4）地にあるもの（5）自然の現象（6）動物（7）植物（8）からだ（9）音（10）その他

2．作られたもの

（1）総称（2）身につけるもの（3）食べるもの（4）すまい（5）ことばと文学（6）施設や建築（7）のりものや通信（8）ものの材料（9）図書（10）その他

3．社会的なことがら

（1）総称（2）人（3）できごと（4）ことばと文学（5）組織や制度（6）遊びやスポーツ（7）学習（8）経済

B．4．働き

（1）知的な働き（2）情意的な働き（3）相手のある働き（4）組織の中での働き（5）からだの働き（6）物に対する働き（7）自然的な働き（8）その他

C．5．状態

（1）総称（2）色（3）形状（4）自然の状態（5）心のようす（6）性質や態度（7）事物の状態（8）程度（9）その他

D．6．時

（1）総称（2）季節（3）一日の中の時（4）日のよび方（5）年のよび方（6）時の単位（7）時代のよび方（8）時のよび方

E．7．場所や方角

（1）総称（2）地形上の住所（3）地理上の場所や位置（4）近隣社会における場所（5）働きの内容を持った場所（6）身辺における位置（7）方角（8）場所一般

F．8．関係

（1）総称（2）順序的関係（3）位置的関係（4）方向的関係（5）対人的関係（6）その他

G．9．数量

（1）総称（2）数え方（3）単位（4）数量（5）総量

H．10．観念

（1）心（2）性状（3）社会（4）関係（5）人（6）能力（7）行為（8）昨日（9）事がら（10）その他

I．11．その他

（1）代わりのことば（2）つなぎのことば（3）あいさつと返事（4）ていねいないい方

表4－1　『分類語彙表』(1964) の分類（上位2桁）

1. 体の類	2. 用の類	3. 相の類	4. その他
1.1 抽象的関係	2.1 抽象的関係	3.1 抽象的関係	
1.2 人間活動の主体			
1.3 人間活動―精神および行為	2.3 精神および行為	3.3 精神および行為	
1.4 生産物および用具			
1.5 自然物および自然現象	2.5 自然現象	3.5 自然現象	

四．現代日本語のシソーラスに見られる意味分野

（1）『分類語彙表』の意味分野

『分類語彙表』（一九六四）の分類を表4－1に示す。分類語彙表には七八九の分類項目があるが、紙幅の都合で上位二桁のみを示す。『分類語彙表』は各分類項目に五桁の分類番号が付与されており、最初の一桁が品詞に対応、ピリオドを挟んでその下四桁が具体的な意味分類を表す。このように分類項目に子細に意味コードを付与したシソーラスは『分類語彙表』が最初であろう。

表4－1は、分類番号の上位二桁（品詞と部門）を示したものであるが、この構造は『分類語彙表　増補改訂版』でも変わらない。前述のように『分類語彙表』には各意味項目に意味番号と意味分野を示す分類項目名が付けられた。実際に意味的な分析を行なう場合に、五桁の意味分野では分類が細かすぎるということもあり、『分類語彙表　増補改訂版』では、上位三桁までの意味分類を「中項目」という階層と考え、それらに名称を与えるとともに、体の類、用の類、相の類の分類番号の対応をできるだけ並行的になるようにした。表4－2は『分類語彙表　増補改訂版』の中項目を示したものであるが、意味分類が各類にわたってほぼ並行的になっていることがわかる。

（2）『分類語彙表』以外のシソーラスの意味分野

二〇〇〇年前後に日本語のシソーラス（類語辞典）が相次いで出版された。ここではそのうち主なものをとり上げ、意味分野を概観する。

○『類語国語辞典』（大野晋・浜西正人編、一九八五、角川書店）

意味分野は一一〇個、図4－3のような体系となっている。分類のコンセプトは、「われわれを取り巻くこの

自然界と、その中に生きる人間、さらにその人間が生み出したもの」（同辞典見返しより）である。それぞれの分類項目には意味コードが付与されている。

○『類語大辞典』（柴田武・山田進編、二〇〇二、講談社）

一〇〇の意味分野を設け、図4－4のような構造で分類を行なっている。七桁の意味コードを付す。

○『日本語大シソーラス』（山口翼編、二〇〇三、第二版二〇一六、大修館書店）

意味分類は『分類語彙表』を参考にしている。意味分野（カテゴリ）数は約一〇四〇、四桁の意味番号を付す。

表4－2　『分類語彙表　増補改訂版』の中項目（国立国語研究所 2004，18 頁より作成）

	1　体の類	2　用の類	3　相の類
抽象的関係	1.10 事柄 1.11 類 1.12 存在 1.13 様相 1.14 力 1.15 作用 1.16 時間 1.17 空間 1.18 形 1.19 量	2.10 真偽 2.11 類 2.12 存在 2.13 様相 2.14 力 2.15 作用 2.16 時間 2.17 空間 2.19 量	3.10 真偽 3.11 類 3.12 存在 3.13 様相 3.14 力 3.15 作用 3.16 時間 3.17 空間 3.18 形 3.19 量
人間活動の主体	1.10 人間 1.11 家族 1.12 仲間 1.13 人物 1.14 成員 1.15 公私 1.16 社会 1.17 機関		
人間活動―精神および行為	1.10 心 1.11 言語 1.12 芸術 1.13 生活 1.14 行為 1.15 交わり 1.16 待遇 1.17 経済 1.18 事業	2.10 心 2.11 言語 2.12 芸術 2.13 生活 2.14 行為 2.15 交わり 2.16 待遇 2.17 経済 2.18 事業	3.10 心 3.11 言語 3.13 生活 3.14 行為 3.15 交わり 3.16 待遇 3.17 経済
生産物および用具	1.40 物品 1.41 資材 1.42 衣料 1.43 食料 1.44 住居 1.45 道具 1.46 機械 1.47 土地利用		
自然物および自然現象	1.50 自然 1.51 物質 1.52 天地 1.53 生物 1.54 植物 1.55 動物 1.56 身体 1.57 生命	2.50 自然 2.51 物質 2.52 天地 2.56 身体 2.57 生命	3.50 自然 3.51 物質 3.52 天地 3.53 生物 3.56 身体 3.57 生命
4　その他の類	4.11 接続 4.30 感動 4.31 判断 4.32 呼び掛け 4.33 挨拶 4.50 動物の鳴き声		

	9	8	7	6	5	4	3	2	1	0		
名詞 動詞　0	09 物象	08 物質	07 生理	06 動物	05 植物	04 景観	03 地勢	02 気象	01 暦日	00 天文	0 自然	0　A 自然
名詞 形容詞 副詞　1	19 程度	18 類型	17 価値	16 状態	15 時間	14 刺激	13 実質	12 数量	11 形状	10 位置	1 性状	1
名詞 動詞　2	29 関連	28 経過	27 情勢	26 増減	25 変質	24 変形	23 出没	22 離合	21 移動	20 動揺	2 変動	2
名詞 動詞　3	39 生産	38 操作	37 授受	36 労役	35 寝食	34 陳述	33 見聞	32 表情	31 往来	30 動作	3 行動	3　B 人事
名詞 動詞　4	49 悲喜	48 愛憎	47 栄辱	46 闘争	45 誘導	44 要求	43 意向	42 学習	41 思考	40 感覚	4 心情	4
名詞　5	59 神仏	58 人物	57 サービス的職業	56 生産的職業	55 役割	54 地位	53 仲間	52 親族	51 老若	50 人称	5 人物	5
名詞 形容詞 副詞　6	69 心境	68 境遇	67 才能	66 性格	65 対人態度	64 態度	63 身振り	62 姿態	61 容貌	60 体格	6 性向	6
名詞 動詞　7	79 人倫	78 社交	77 処世	76 習俗	75 報道	74 取引	73 統治	72 施設	71 集団	70 地域	7 社会	7　C 文化
名詞 動詞　8	89 娯楽	88 芸能	87 音楽	86 美術	85 文学	84 文書	83 言語	82 記号	81 論理	80 学術	8 学芸	8
名詞　9	99 機械	98 工具	97 標識	96 文具	95 家具	94 建物	93 衣類	92 食品	91 薬品	90 物資	9 物品	9

図 4－3　大野・浜西編『類語国語辞典』の分類体系

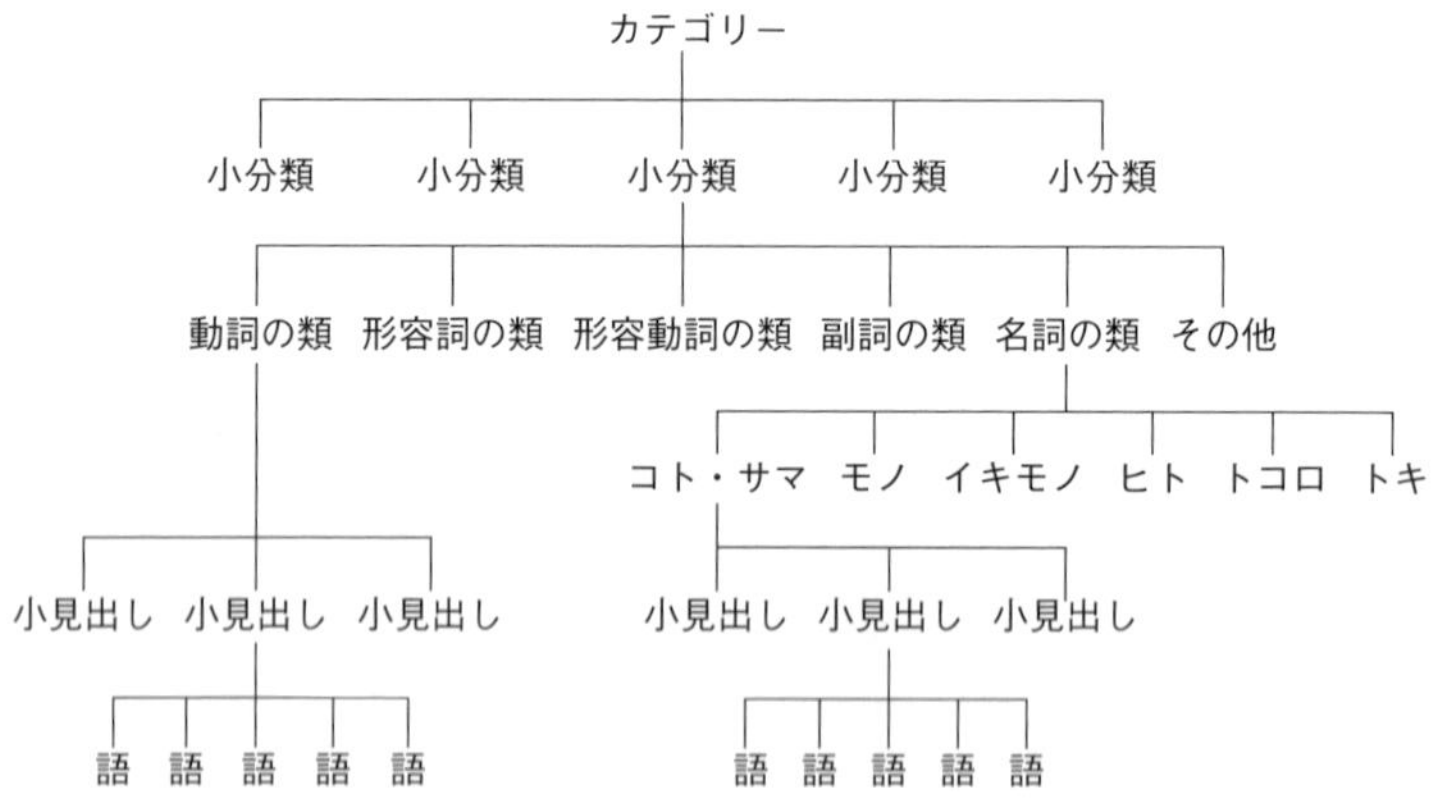

図 4－4　柴田・山田編『類語大辞典』の分類体系

○『三省堂類語新辞典』（中村明・芳賀綏・森田良行編、二〇〇五、『新明解類語辞典』の名で増補・再編集され、二〇一五年に刊行、三省堂）

全体を以下のように、「自然、人間、文化」に分け、さらに一八個のカテゴリ、その中を一〇九個の意味分野に分類している。それぞれに意味コードを付す。

Ⅰ　自然：A天文・気象　B物象　C土地　D自然物　E植物　F動物

Ⅱ　人間：G人体　H生理　I関係　J属性　K感性　L活動

Ⅲ　文化：M社会　N生活　O学芸　P産物・製品　Q抽象　R認定・形容

五．まとめ

本章では、シソーラス、類語辞典における意味分野を概観した。語と語との類義関係の認定と違って、意味分野は演繹的に決められる面もあり、意味分野の設け方は編者によって異なるのが現状である。「語義の世界の分類が、標準化されるまでにはまだほど遠いものであるために、研究者一人一人によって異なったものが試みられることになる」（林　一九五七、一〇三頁）という状態は当分続くものと思われる。日本語研究においては、『分類語彙表』がよく使われており、標準的なシソーラスとしての役割を果たしているが、問題点もある。『分類語彙表　増補改訂版』の刊行から一五年以上が経過し、新しい語・用法が追加されていないこと、また、追加する際にどの意味項目に入れたらよいか、その指針が示されていないことである。今後のシソーラスの安定的な維持・活用のためには、シソーラスを継続的にメンテナンスするための知識と技術が必要であろう。

注

(1)意義特徴、意味成分などの名称があるが、ここでは意味特徴を用いる。語の意味を構成する単位というくらいの理解で用いる。

(2)意味分野の名称を〈　〉で表す。

(3)多言語を含むパラレルシソーラスや方言と共通語、現代語と古典語など。

(4)「分類語彙表」という名称は、国立国語研究所（一九五三、二六七頁）、国立国語研究所（一九五八、五一頁）に既に見られるが、ここでは一冊の書籍として刊行された『分類語彙表』（一九六四）以前という意味で用いる。

（5）雑には、「雑（ざつ）　群（むれ）　旗（はた）　刃（は）　カード　軌道（きどう）　跡（あと）　影（かげ）　灰（はい）　粉（こな）　粒（つぶ）　漢（かん）　西洋（せいよう）」が収められている。これらの分類意図については不明。

文献

垣内松三（一九三八）『國民言語文化體系・第三巻　基本語彙學（上）』文學社

国立国語研究所（一九五三）『婦人雑誌の用語』秀英出版

国立国語研究所（一九五八）『総合雑誌の用語（後編）』秀英出版

国立国語研究所（一九六四）『分類語彙表』秀英出版

国立国語研究所（二〇〇四）『分類語彙表　増補改訂版』大日本図書

田中久直（一九五六）『国語科学習基本語彙―指導の実際』新光閣書店

土居光知（一九三三）『基礎日本語』六星館

土居光知（一九四三）「基礎語」『日本語の姿』改造社

林大（一九五七）「語彙」岩淵悦太郎ほか監修『現代国語学Ⅱ』筑摩書房

Ogden, C. K.（1930）*Basic English*：*A General Introduction with Rules and Grammar*. London：K. Paul, Trench, Trubner & Co.

Roget, P.M.（1852）*Thesaurus of English Words and Phrases*. London：Longmans Green & Co.

第五章　語彙の構造

金　愛蘭

語彙とは「単語が集まって構成するまとまり」であるから、「語彙の構造」とは、まずは、そうしたまとまりの様子（まとまり方）を広く指すものと考えてよいだろう。ただ、そのような単語のまとまり方には、それを「体系」と捉えうるような側面と、「集合」と捉えうるような側面とがあるものと考えられる。前者は、語彙を建物や機械のような構築物と考えて、その材料や部品である単語がどのように組み合わされて全体としての語彙を組み立てているかというような見方によって、後者は、語彙を群れや大気のような集合体と考えて、その要素や成分である単語がどのように混じり合いながら全体としての語彙を成り立たせているかというような見方によって、それぞれ、見えてくる側面であると言ってもよい。すなわち、語彙の構造には、語彙の体系的な性質に基づく質的な側面と、同じく集合的な性質に基づく量的な側面とがある、ということである。本章では後者の「量的な構造」に注目して、その原理的な側面について考える。前者の「質的な構造」については、本書の第三章「語彙の体系」第四章「語彙の組織」を参照されたい。

一．語彙のイメージ

語彙（のまとまり）を集合と捉えるというとき、集合の特性を生かして、図によるイメージを考えるとわかりやすい。集合は「定められた条件を満たす要素の集まり」であるから、その条件を範囲として円や四角で表し、その中に条件を満たす要素が同じ大きさの点でランダムに散らばっている図5－1のようなイメージが最も一般的であろう。これを語彙に当てはめれば、例えば「現代日本語の語彙」という条件を満たす数万の要素す

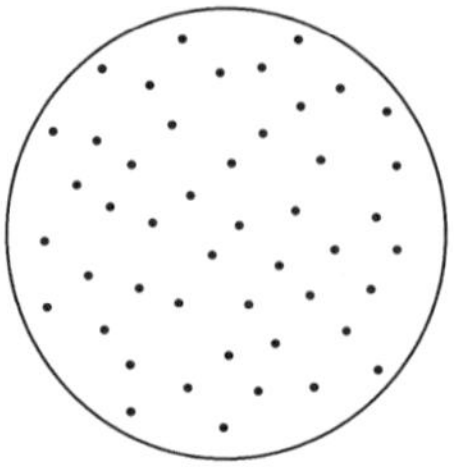

図5－1　集合の一般的なイメージ

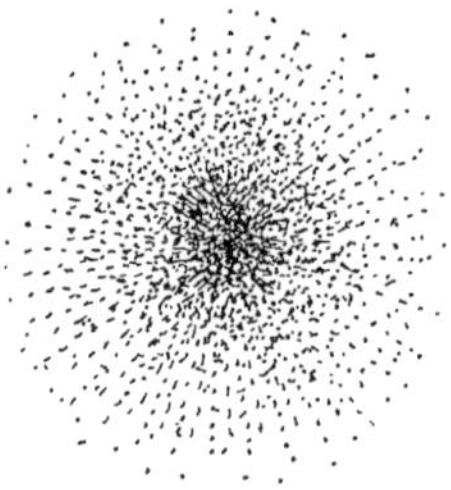

図5－2　語彙の集合のイメージ（星雲）

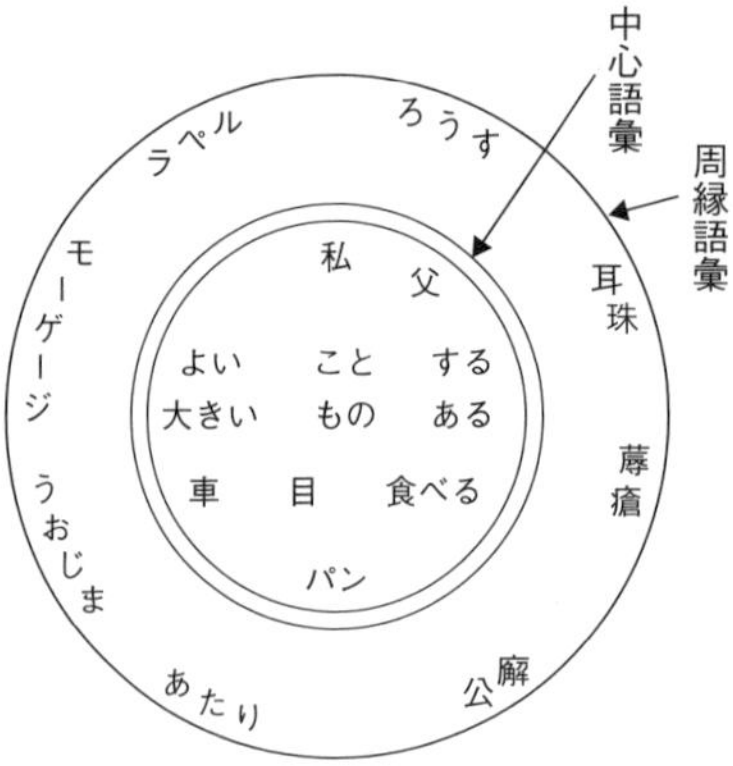

図5－3　語彙の集合のイメージ（同心円）

なわち単語が、集合の範囲を表す円の中に特にまとまりを作らず存在しているイメージである。

しかし、研究者によってこれまでに提案された語彙のイメージは、これとは異なるものである。次の三つの図は語彙を集合とみる立場からそのイメージを描いたものだが、興味深いことに、いずれもそこにある種のまとまりが描かれている。

図5－2は樺島忠夫によるもので、個々の単語は図5－1と同様に同じ大きさの点で表されているが、全体は中心部が密で外側に行くほど疎になる星雲のイメージとして描かれている。そして、「星雲の中心部に位置する語は、長い年月使われ続けてきた基本的な語であ」り、「星雲の周辺部に行くに従って、新しい語、生命の短い語が増し、特に周辺部には生まれてすぐ消える、はかない語が位置する」としている（樺島 一九八一、一四～一五頁）。図5－3は玉村文郎によるもので、平面上に同心円が描かれ、内側の円内に「中心語彙」、その外側に「周縁語彙」があるとする。中心語彙とは、「日常のいろんな表現においてよく用いられる語」「日常、一般の人々が広く使う語」「より多くの日本人が、よく使う語」であり、周縁語彙とは「使用の範囲が極端に狭く、

したがってまた、使用の回数が一般の人々の間では無視されるほど少ない」特殊な語である（玉村 一九八四、五七～五八頁）。図５－４は林大によるもので、全体がいくつかの意味的な領域に分かれていて、そこに所属する同義語や類義語のうち「使用率の大きな単語」が大きな円で囲まれ、その周辺に使用率の小さな単語がより小さい円に囲まれて配置された、全体として「星座表もしくは全天星図」のようなイメージである（林 一九五七、一〇四～一〇五頁）。

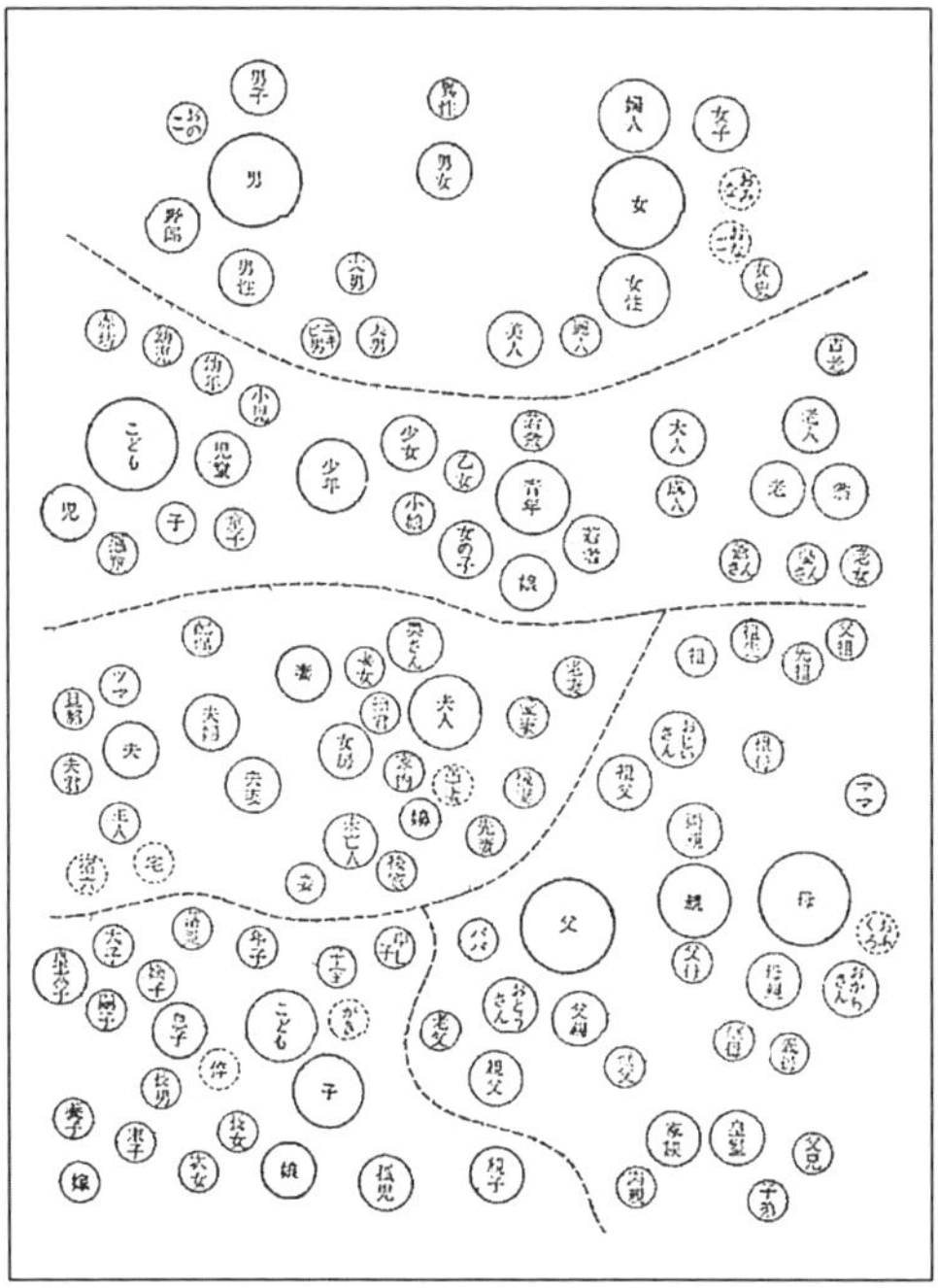

図５－４　語彙の集合のイメージ（星図）

これらはいずれも、語彙を、同じ大きさの要素がまとまりなく散らばる集合ではなく、ある単語は（全体ないし意味領域の）より中心部に配置されたり、より大きく描かれたりし、またある単語はより周縁部に配置されたり、より小さく描かれたりするといった、要素の間に何らかのまとまりがある集合とみている点で共通している。語彙を集合として捉えるといっても、ただ要素が集まっているというだけではなく、そこに何らかのまとまりを見いだそうとするところに、語彙がまさに構造を持つ集合であるという事実が反映しているように思われる。

二．異なり語数による語彙の構造

とはいえ、語彙を図５－１のような「まとまりのない集合」と考えることが間違いというわけではない。わかりやすい例が国語辞典である。現代語の国語辞典には日常使われるほとんどの単語が見出し語として収められているから、それを日本語の語彙の近似的な現れと考えても差し支えない。ただ、国語辞典の見出し語は、基本的に、すべて対等の資格（重み）で存在し、検索の便のために五十音順には並んでいるものの、特に関連性はないから、まとまりのない集合というイメージがふさわしい。

しかし、こうしたまとまりのない集合でも、見方を変えることによってそこにまとまりを見いだし、量的構造を求めることが可能になる。そのことを国語辞典について述べる前に、わかりやすい例として「日本の広域普通地方公共団体」という集合を考えてみよう。この集合は、北海道から沖縄まで四七の都道府県を要素とするが、これだけなら個々の要素の間には何らの関係もないから、図5-1のようなまとまりのない集合ということになる。しかし、ここに「地方区分」という視点を持ち込むと、この集合は八つの「地方」に分けられ、そこにまとまりが発生する。つまり、四七都道府県を全体集合Uとすると、それは八つの部分集合A～Hに分けられることになる。そして、「集合の大きさ」はその要素の個数で測ることができるから、各部分集合の大きさ（要素の個数＝都道府県の数）は次のようになる。

|A（北海道地方）|＝1、|B（東北地方）|＝6、|C（関東地方）|＝7、|D（中部地方）|＝9、|E（近畿地方）|＝7、|F（中国地方）|＝5、|G（四国地方）|＝4、|H（九州地方）|＝8

図5-5の円グラフはこの八つの部分集合の大きさの関係を百分率で表したものだが、これは部分集合A～Hの量的な関係（構成比）によって全体集合Uの量的構造を表したものと考えることができる。

このように、まとまりのない集合であっても、そこに全体集合と部分集合というまとまりを見いだすことができれば、集合の大きさを要素の個数で測ることによって、全体集合における部分集合間の量的関係という構造を導くことができるのである。

同じようにして、国語辞典の見出し語のような語彙についても量的構造を求めることができる。語彙の場合、要素の個数とは異なる単語の数すなわち「異なり語数」であるから、その量的構造は異なり語数によって表されるものとなる。例えば小学館の『新選国語辞典　第九版』（金田一編　二〇一一）には、裏見返しに「この辞典に収録した語の内訳」という情報が載っていて、固有名詞・慣用句などを除いた「一般語」七六五三六語の品詞

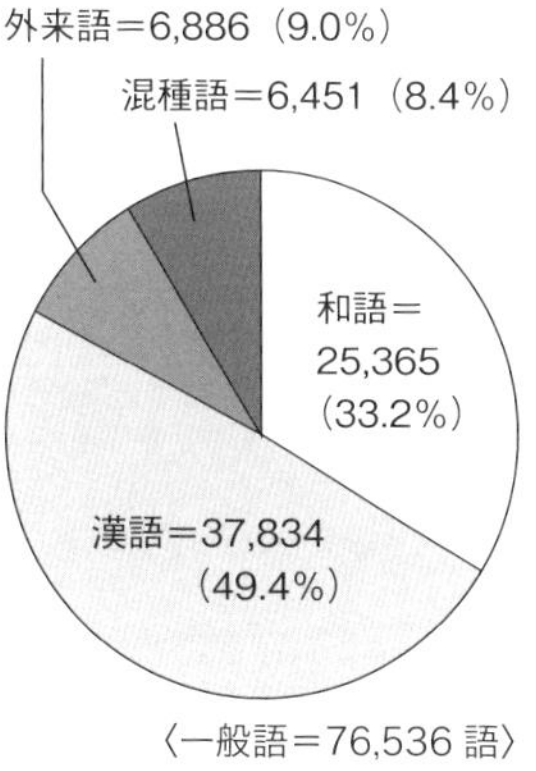

図 5－6　「一般語」の語種構成
（金田一編 2011）

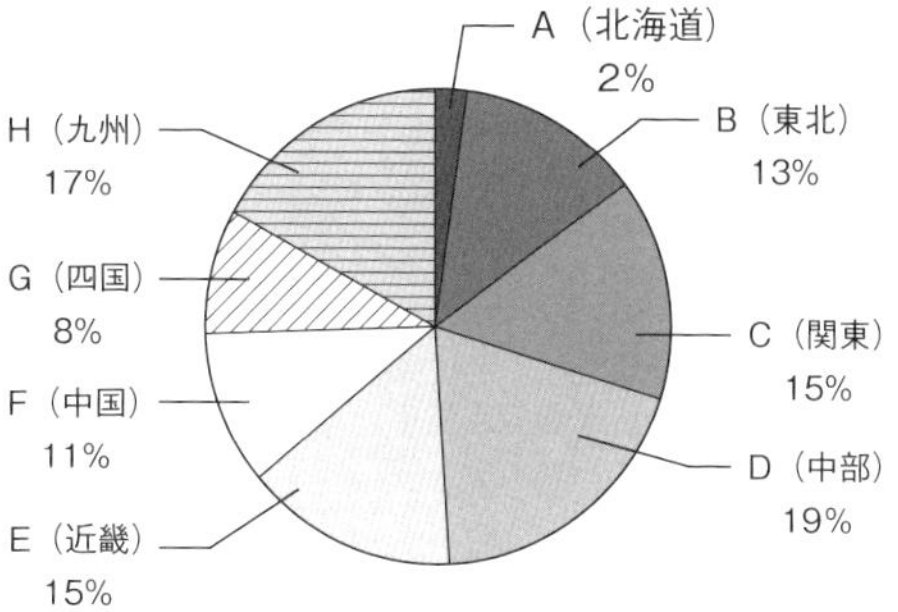

図 5－5　部分集合の大きさの関係（地方区分の要素数）

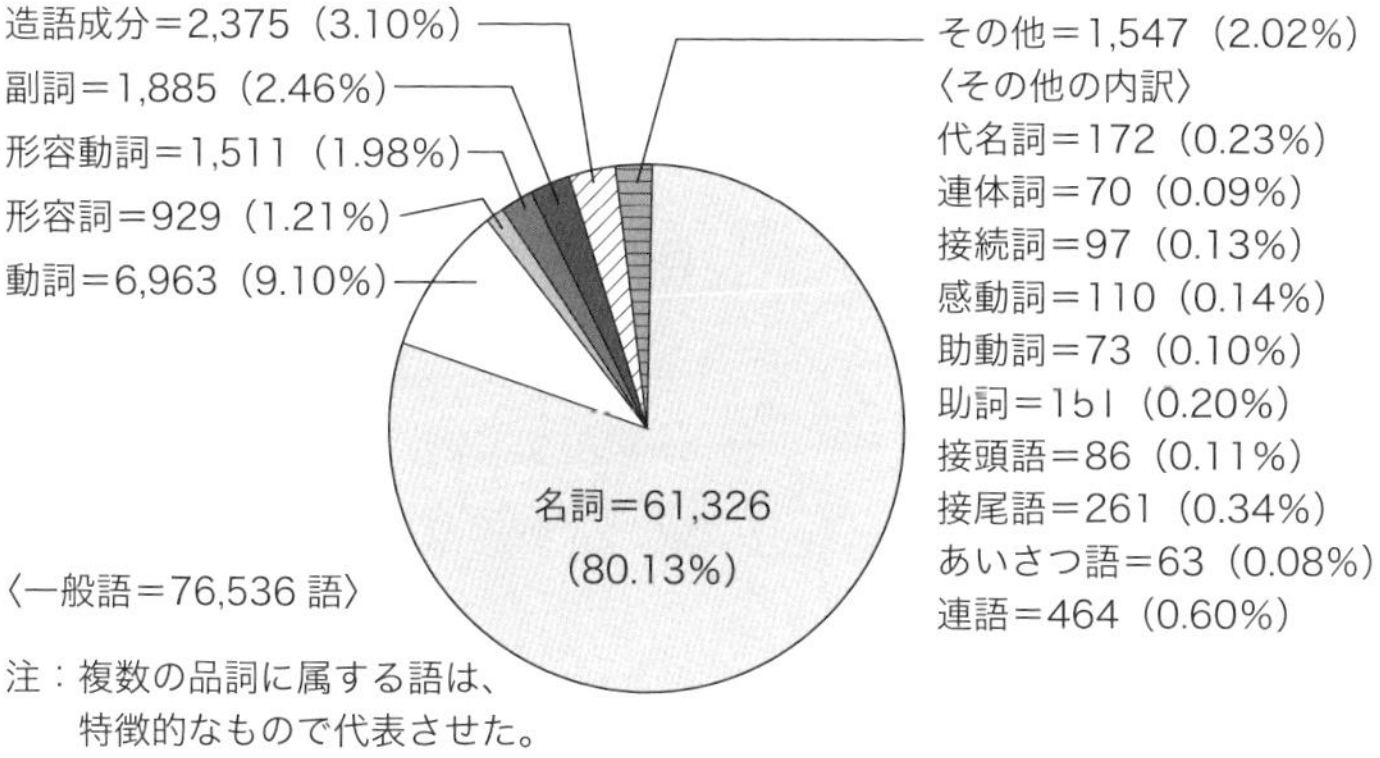

図 5－7　「一般語」の品詞構成（金田一編 2011）

別分類と語種別分類の内訳が図5－6、図5－7のように円グラフで示されている。これは、この辞典の「一般語」を全体集合、その語種分類・品詞分類の各カテゴリーを部分集合として、それぞれの集合の異なり語数を求めて、部分集合間の関係を構成比で表したものであり、そこから、一般語の五〇％近くが漢語であったり、八〇％以上が名詞であったりという量的構造がわかるものとなっている。

　同様のことは、意味分類体のシソーラスでも可能である。日本語シソーラスの先駆である国立国語研究所の『分類語彙表』（初版、一九六四）では、約三・六万の単語が四類五部門七九八項目の意味分野に分類されている（『分類語彙表』の詳細につ

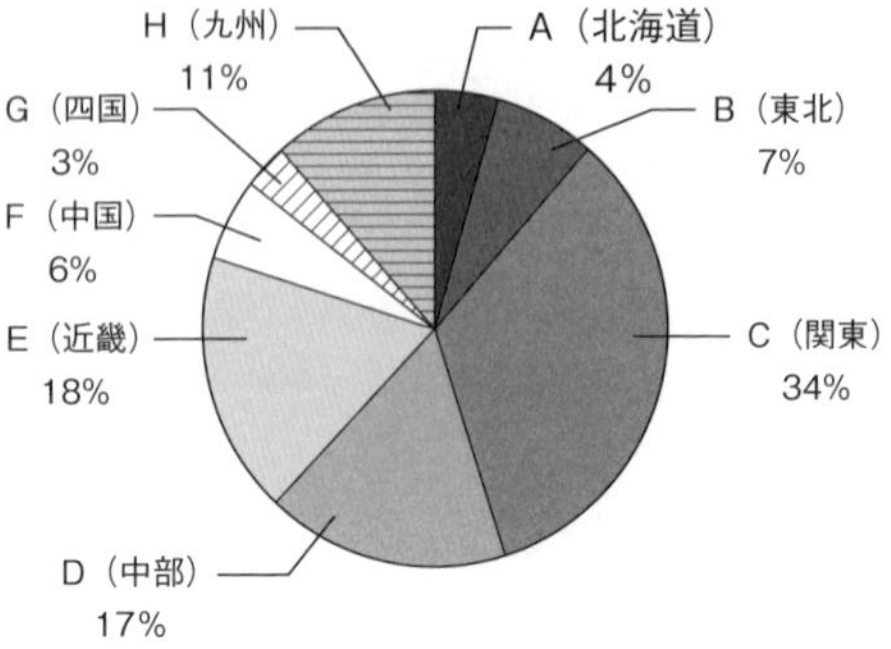

図5－8　部分集合の大きさの関係（地方区分の人口）

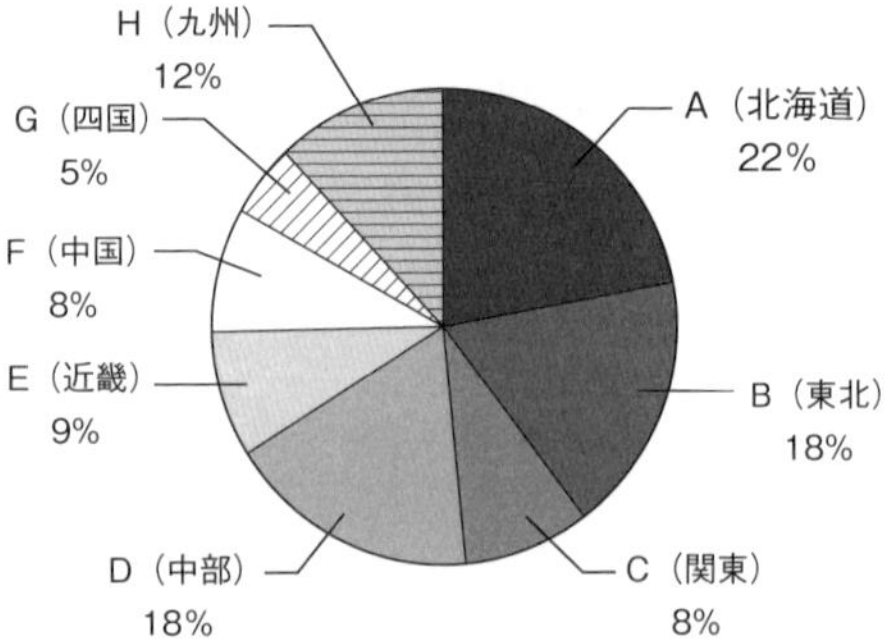

図5－9　部分集合の大きさの関係（地方区分の面積）

いても第四章「語彙の組織」を参照されたい）。ここで、収録されているすべての単語を全体集合、それぞれの意味分野に所属する単語を部分集合とし、その大きさを異なり語数で測れば、語彙のどのような意味分野にどれほどの単語があるのか、単語が多い（少ない）意味分野はどれかといった量的構造を知ることができる（中野 一九八一）。

これらはいずれも、国語辞典や用語集、シソーラスなどを語彙の全体集合とし、それを品詞や語種、意味分野などの観点から部分集合に区分して、その大きさを（要素の個数である）異なり語数で測ることによって部分集合間の量的関係（構成比）を見いだし、そこから全体集合たる語彙の量的構造を導こうとするものである。

三．延べ語数による語彙の構造

さらに、集合の大きさは、要素の個数だけでなく、それぞれの要素が持っている量的な属性（重み）によって測ることもできる。再び都道府県の集合の例に戻ると、図5－8は各地方区分＝部分集合の人口、図5－9は同じく面積の関係を円グラフで表したものだが（総務省統計局「都道府県・市区町村別主要統計表（平成二七年）」による）、この部分集合の人口や面積の値は、それぞれの要素（都道府県）が持つ量的な属性＝重みとしての人口・面積を部分集合ごとに合計し、その大きさとしたものである。

これらも部分集合A～Hの量的な関係によって全体集

合Uの量的構造を表している点では、図5－5と変わりがない。ただし、人口と面積とで部分集合の構成比は大きく異なり、それは図5－5の要素の個数による構成比とも異なっている。同じ集合であっても、部分集合の大きさを要素の個数で測るか、要素の重みの和で測るか、後者の場合はどのような重みで測るかということによって、その量的構造はまったく違った様相を示すと考えてよい。

では、語彙の集合の場合、要素（単語）の重み、つまり、単語における右の人口や面積に相当する量的な属性とは何だろうか。国語辞典などでは見出しに星印を何個か付けてその単語の「重要度」を示すものもあるが、星印のある単語の数は非常に少なく、また、星印の数も大まかすぎて、人口や面積の値のような網羅性・客観性がない。ただ、重要度は、言い換えれば単語の「使用可能性」であり、実際の言語活動における各単語の使用頻度（使用率）によって推測できるから、これを要素の重みとすることが考えられる。

単語の使用頻度（使用率）は「語彙調査」によって調べることができる。語彙調査では、対象とする文章や談話の範囲を定めてその語彙を調査し、得られた単語の使用頻度を集計し、それをすべての単語の使用頻度の総和である「延べ語数」で割って、各単語の使用率を求める。この使用頻度や使用率が要素としての各単語の重みとなり、集合の大きさはこの重みの和で測ることができるが、使用頻度・使用率のどちらを使うにしても、それは、結局、延べ語数を集合の大きさとするということにほかならない。語彙調査の結果も、それが大規模なものであれば語彙の近似的な現れと考えられるが、その量的構造は延べ語数によって表されるものということになる。

大規模な語彙調査は国立国語研究所を中心に行なわれてきた。図5－10、図5－11は、国立国語研究所が一九五六年に行なった「現代雑誌九十種の語彙調査」で得た、人名・地名を除く異なり約三万語、延べ約四一万語の語彙を全体集合とし、語種と品詞による区分を部分集合として、それぞれの大きさの関係を見たものである（国立国語研究所 一九六四、六一頁）。

いずれのグラフにおいても、内側の円は部分集合の大きさを異なり語数で測り、外側の円は同じく延べ語数で測って、それぞれの大きさの関係（構成比）を表している。語彙調査によって得られる語彙については、国語辞

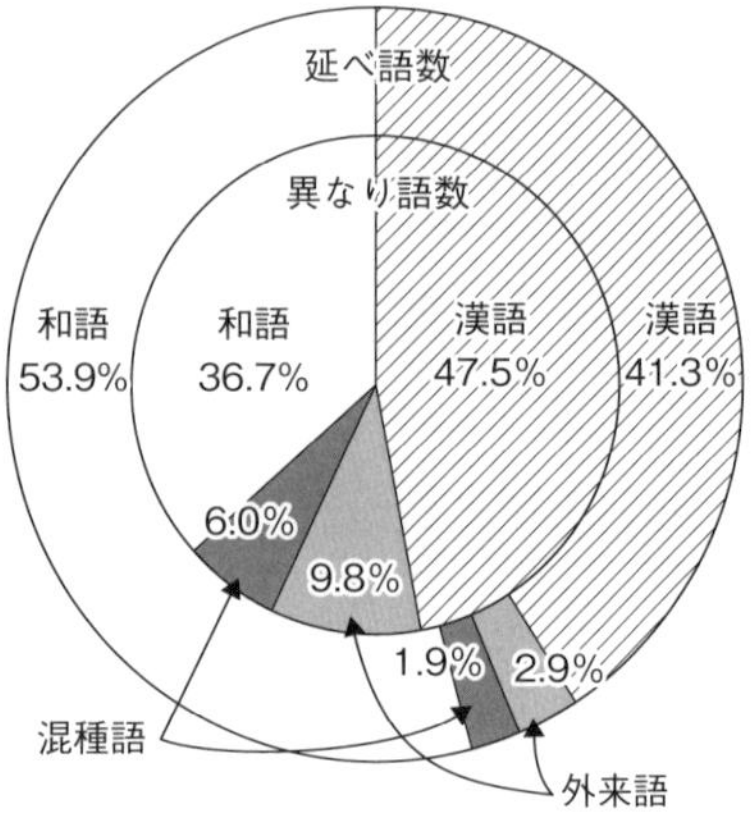

図5－10　雑誌語彙の語種構成（異なり語数と延べ語数）（国立国語研究所 1964）

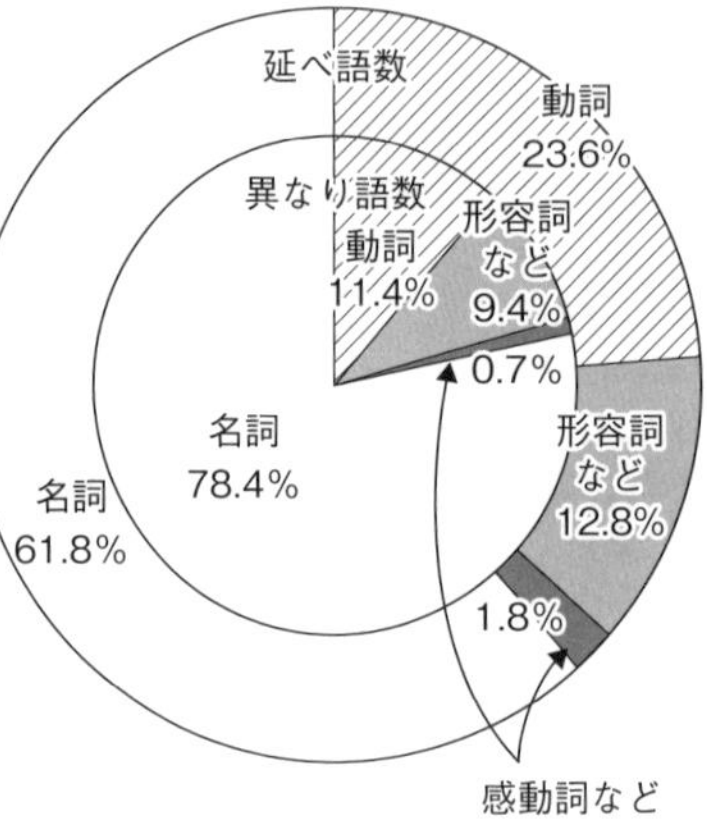

図5－11　雑誌語彙の品詞構成（異なり語数と延べ語数）（国立国語研究所 1964）

典の語彙と違って、異なり語数による量的構造と延べ語数による量的構造との両方を同時に求めることができる。ここで注目されるのは、語種・品詞どちらのグラフでも、異なり語数による部分集合の構成比と延べ語数によるそれとが一致しないということである（異なり語数の構成比は国語辞典（図5－6、図5－7）と似ている）。これは、要素の重みとした使用頻度（使用率）が単語によって違っていることの表れである。

四．順位頻度分布による語彙の構造

以上、語彙を国語辞典のような「まとまりのない集合」とイメージしても、そこに部分集合による構成的なまとまりを見いだし、異なり語数や延べ語数によって集合の大きさ・部分集合間の構成比を求め、全体集合の量的構造を導くことが可能になることを述べた。しかし、語彙の本来的なイメージは、図5－2～図5－4のような、要素の間に何らかの関係が想定される「まとまりのある集合」であり、その量的構造は、右に見たような集合の大きさに基づく方法ではなく、個々の要素の関係性を失わないような方法で導かれる必要がある。もちろん、こうした語彙として近似されるのは、国語辞典のような単語のリストではなく、語彙調査によって得られるような、現実の言語使用を反映した語彙である。

そうした方法の（あくまで）一つとして考えられるのが、三．と同じく単語の使用頻度を要素の量的な属性とし、しかしそれらを集合の大きさを求めるために合計してしまうのではなく、すべての要素をそれによって順位付け、並べてみるという方法である。単語の使用頻度（使用率）は「まとまりのある集合」（図５－２〜図５－４）でも重要な意味を持つ。樺島（一九八一）の「星雲」語彙の中心部には「長い年月使われ続けてきた基本的な語」が、玉村（一九八四）の「中心語彙」には「日常、一般の人々が広く使う語」「より多くの日本人が、よく使う語」が位置し、林（一九五七）の「星図」語彙では「使用率の大きな単語」がより大きく描かれていた。いずれも、個々の単語が現実の言語活動でどれほど使われうるかという「使用可能性」に注目し、その使用可能性が個々の単語において違っていることが集合に一定のまとまりをもたらしていると考えているわけである。単語の使用可能性は、語彙調査によって得られる使用頻度（使用率）で推測することのできる量的な属性である。集合のすべての単語をこの属性の順に並べ、使用頻度と順位との関係である「順位頻度分布」を求めることによって、順位という要素間の関係を保持しつつ、語彙の量的構造を導くことができる可能性がある。

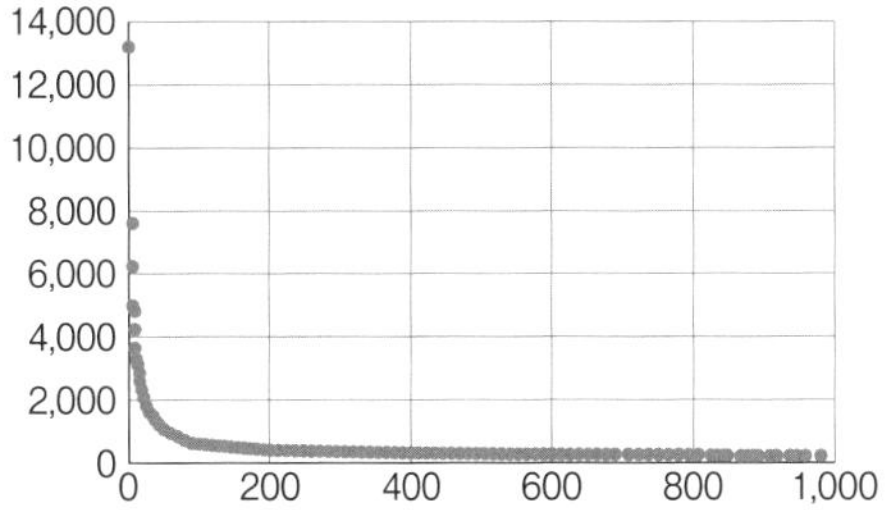

図５－12　雑誌語彙の使用頻度（縦軸）と順位（横軸）の関係

図５－12は、「現代雑誌九十種の語彙調査」で得られた（ただし、図５－10、図５－11と違って人名・地名も含む異なり約四万語、延べ約四四万語の）語彙について、縦軸に使用頻度、横軸に順位をとってすべての単語を降順に並べた散布図のうち、見やすさを考慮して一〇

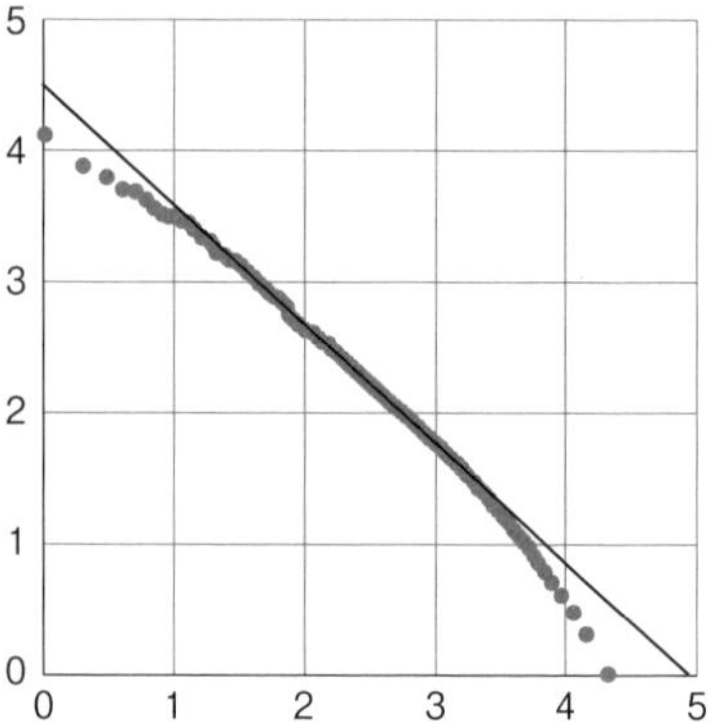

図5－13　雑誌語彙の使用頻度（縦軸）と順位（横軸）の関係（両対数グラフ）

○○位までを示したものである。これを見ると、単語の使用頻度は順位が下がるにつれて急激に減少し、右に長く裾を引く形になっている。つまり、使用頻度の大きな（よく使われる）単語は全体のごく一部で、多くの単語は低頻度の語であるということがわかる。

この分布の形は、統計学で「ベキ分布」（「ベキ乗分布」「ベキ乗則」とも）と呼ばれている分布を想起させる。このデータがベキ分布であるかどうかは、この散布図を、縦軸・横軸の値をともに常用対数に変換した両対数グラフに表して、各点が直線上に並ぶかどうかを調べればよいとされている。結果は図5－13のようになるが、左上と右下の一部が直線から外れているものの、中央部は直線の上に並んでおり、概ねベキ分布に従っているとみることもできそうである。ベキ分布とは、正規分布のような平均値を中心とする左右対称の分布ではなく、大部分の要素が小さな値をとる中で極端に大きな値をとる少数の要素が存在するという分布で、地震の大きさと発生頻度との関係、音楽CDの売り上げなど、様々な自然現象や社会現象がこの分布に従うと言われている。

単語の使用頻度がベキ分布に従うことは、有名な「ジップの法則」からも支持されている。もう一度、図5－12を見ると、このグラフの形は双曲線にも似ている。だとすれば、順位（r）と使用頻度（f）の積は一定（r×f＝C、Cは一定）になるはずだが、この反比例の関係を英語について発見したのが、アメリカの言語学者G・K・ジップである（Zipf 1949, p.24）。実は、この双曲線型の分布はベキ分布の一種で、両対数グラフで当てはめる直線の傾きが一になる分布である。反比例の関係であるから、順位第一位の単語の頻度が一万であれば、第二位の単語の頻度は五〇〇〇、第一〇位の頻度は一〇〇〇、一〇〇位の頻度は一〇〇、……というように、使用頻度が急激に減少していくのは当然ということになる。

さらに、「パレートの法則」というものもある。一九世紀のイタリアの経済学者パレートは社会の所得分配がベキ分布に従うことを見いだし、それを「社会の富の八割が人口の二割の人々に所有される」「不平等な構造」であると表現して富の偏在を指摘したが、これを「八〇対二〇の法則」とか「パレートの法則」とかという（村舘二〇一四）。いま、同じ「現代雑誌九十種の語彙調査」の語彙で同様のことを調べてみると、異なり三九九九七語の二〇・六％にあたる頻度六以上の八二五八語で、全延べ語数四三八七六〇のうちの八六・九％（三八一二一四語）が占められていて、語彙にもおおむねパレートの法則が当てはまる、つまり、単語の使用頻度はベキ分布に従うということが支持されているようである。

しかし、語彙における単語の使用頻度がベキ分布に従うかどうかということについては、なお慎重に考える必要がある。それは、上述のパレートの発見にも関係するが、ベキ分布に従うと言われる個人所得の分布で、真にベキ分布なのは上位一％程度の金持ちの所得分布で、残り九九％ほどを占める勤め人の所得は対数正規分布に従う、という事例があるからである（高安二〇〇四）。同じ所得でも、ある程度上限がある給与所得と投資や投機で上限なく増やせる資産所得とではその性質が大きく異なり、したがって、分布型も異なってくるというわけなのだが、同様のことが単語の使用頻度にも言える可能性がある。

というのは、先に図5-13の両対数グラフで左上と右下の一部が直線から外れていることを指摘したが、これは、この語彙の集合が、直線から外れる左上の部分、直線に乗る中央部分、直線から外れる右下の部分という三つの部分集合から成り、それぞれその分布型が異なるという可能性を示すものではないだろうか。そして、この三つの部分集合には、例えば寿岳章子の骨組み語・叙述語・テーマ語の三分類（寿岳一九六七）が当てはまるなどという可能性はないだろうか。左上の最も使用頻度の高い十数語ほどの部分集合には「日本語で書いたり話したりする以上絶対に必要な骨組み語」が、それに続く中央部の三〇〇〇語ほどの部分集合には「言語資料の叙述方法に関連して用いられる叙述語」が、そして右下の残り三六〇〇〇語余りの部分集合には「言語資料の内容によってその出現・使用が規定されるテーマ語」が、という具合である。単語を「機能語」と「内容語」に分けるとすれば、骨組み語は最も機能語的、次いで叙述語がそれに続き、テーマ語が最も機能語的な性格が弱いと考えられるが、こうした序列が右の三つの部分集合に対応するように思えるのである。もちろん、これは一つの見通しにすぎず、具体的な単語を俎上に載せた詳しい検討が必要であることは言うまでもない。

五．まとめ

以上、語彙を「まとまりのない集合」「まとまりのある集合」とイメージしたときの、それぞれの量的構造の求め方について検討してみた。なお、この議論に大きな影響を与えるものに単位の問題がある。すなわち、語彙の要素としてどのような単位を設定するか、それは単語か形態素かという言語単位の問題であり、また、語彙調査で採用するのは前者に近似させた「長い単位」か後者に近似させた「短い単位」かという調査単位の問題である。どのような単位で測るかによって語彙の量的構造の様相は大きく変わってしまうが、今回はこの問題についてあえて触れなかった。詳しくは、国立国語研究所（一九八七）（宮島達夫執筆）の「調査単位」の記述を参照されたい。

文　献

樺島忠夫（一九八一）『日本語はどう変わるか―語彙と文字』岩波新書
金田一京助・佐伯梅友・大石初太郎・野村雅昭編（二〇一一）『新選国語辞典　第九版』小学館
国立国語研究所（一九六四）『現代雑誌九十種の用語用字　第三分冊：分析（国立国語研究所報告二五）』秀英出版
国立国語研究所（一九八七）『雑誌用語の変遷（国立国語研究所報告八九）』秀英出版
寿岳章子（一九六七）「源氏物語基礎語彙の構成」『計量国語学』四一
高安秀樹（二〇〇四）『経済物理学（エコノフィジックス）の発見』光文社新書
玉村文郎執筆・国立国語研究所編（一九八四）『日本語教育指導参考書一二　語彙の研究と教育（上）』大蔵省印刷局
中野洋（一九八一）「『分類語彙表』の語数」『計量国語学』一二―八
林大（一九五七）「語彙」岩淵悦太郎ほか編『講座現代国語学Ⅱ　ことばの体系』筑摩書房
村舘靖之（二〇一四）「パレートからソシュールへ―言語・貨幣・制度と情報文化」『情報文化学会誌』二一―一
Zipf, G.K. (1949) *Human Behavior and the Principle of Least Effort : an Introduction to Human Ecology*. New York : Hafner.

第2部

語彙の動態

第六章　語彙の運用

石黒　圭

一．語彙の運用の前提

語は言うまでもなく、表現や理解といった言語運用の中で使われるものであり、辞書に載っている意味をそのまま現実の言語生活に適用するわけではない。そのため、語彙知識の広さという量的側面だけでなく、語彙知識の深さという質的側面が重要になる（堀場 二〇一五）。語彙知本章では、後者について、「書く」「話す」「読む」「聞く」という言語の四技能の観点から、名詞や動詞といった実質語が実際の文脈の中で用いられるときの諸問題を扱うことにする。

具体的な議論に入る前に、本章の考え方を示す。語彙の運用が適切に行なわれるかどうかは、語の形式および語の意味の選択が、文脈をはじめとする、その語が置かれた環境と合っているかどうかに尽きていると考える（石黒 二〇一六）。語の形式・意味とその語が置かれた環境の整合性が、語彙運用のかなめである。

語の形式の選択が問題になる典型的な状況は、文章を書いたり発話を行なったりする際の類義語の選択である。通常、自分の言いたいことに合わせて語の候補を絞ることまでは容易であるが、自分の言いたいことにぴったり合う語を選択することは難しい。そのときに役に立つのが類義語の知識である。

例えば、

・現代は、銀行に預けていても利息が付かない低［　］の時代である。

という文を考えた場合、「低」で始まる言葉を考えると、

「低利息」「低利益」「低利率」「低利子」「低利潤」のいずれもしっくりこない。しかし、「低金利」という語を知っていればその問題は解決する。貸し借りに伴う余剰のお金であり、かつ、包括的な概念を表すのに「金利」がぴったりだからであろう。これが語彙の運用力の一つの表れである。

一方、語の意味の選択が問題になる典型的な状況は、文章を読んだり話を聞いたりする際の多義語の意味の選択である。

・私は頭がかたい。だから、……

という文は頭の外側が物理的にかたいという意味と、頭の内側にある脳の発想が柔軟でないという意味がある。通常は後者の意味で受け止められやすく、

・私は頭がかたい。だから、何でもすぐに真に受けてしまう。

のような文脈が続くのが通常である。しかし、

・私は頭がかたい。だから、子どものころからサッカーのヘディングが得意だった。

という文脈が続くこともある。私たちは通常、多義語を同時に二つの意味で理解することはせず、どちらかの意味で理解しておき、それ以降の文脈がその理解と整合しないときに初めてもう一つの意味で理解しなおすようにしている（西林 一九九七）。つまり、私たちの文章理解は試行錯誤の過程であり、多義語を目にしたとき、解釈の容易なほうの意味をとりあえず選択し、その選択が後続文脈で否定されなければ、その意味を正しいものとして保持しているのである。

二．「書く」ときの語彙の運用

（1）語形選択のプロセス

まずは、表現の場合、すなわち語の形の選択から考えてみたい。すでに前節で述べたように、似たような意味、すなわち類義語の語群からその場の環境に合った適切な語を一つ選ぶことになる。しかし、これが難しい。例えば、

・CNNが二年ぶりに東京に特派員を滞在させることにしたという。

という文を書いたとき、「滞在」という動詞に引っかかりを覚え、類義語を考えてそこから別の候補となる語を考えたとする。まず、思い浮かぶのは「居住」「移住」という言葉であるが、「居住」だと家を用意して住まわせることに焦点が当たってしまうし、「移住」だと米国から日本への移動に読み手の注意が向いてしまうので望ましくない。「ステイ」は滞在の意味ではあるが、軽い語感でホームステイのような短期滞在を想起させるし、「在留」ならば反対にとどまりつづけるという意味が強くなってしまう。いずれを選んでも、「滞在」のほうが勝るであろう。

しかし、「滞在」よりも適切な言葉がある。それは「駐在」である。「駐在」とは、本国の政府や企業から派遣され、長期間にわたり、現地と本国との橋渡しとして任務に当たることをいう。「滞在」の場合は意味が広く、出張でも訪問でも観光でも何でもよく、かつ長期でなくても問題はない。そうした意味で、「駐在」のほうがより適切であると考えられるわけである。

このように、書くときの語彙の運用を考えた場合、①ある語の選択に違和感を持てること、②新たな候補としてその語の類義語を考えられること、③そして、その類義語の中から文脈に合った最も適切な語を選択できること、この三つの能力が必要になる。

(2) 類義語の増やし方

直前で、書くときの語彙の運用を考えた場合、三つの能力が必要になると述べたが、その中で最も技術を要するのが、類義語の候補を考えるということである。類義語の候補を考える場合、まずは自分自身の脳内の辞書を確認し、次に類語辞典に当たることを考えると思われるが、自分自身の脳内の辞書を参照するときに役立つ二本の軸を紹介したい。

脳内の類義語を考えるとき、重要な一本目の軸は語種という観点である。日本語の語彙は、和語、漢語、外来語という出自に基づく分類がなされる。もちろん、それらの組合せである混種語、アルファベット表記の英語、頭文字をとって略した略語（acronym）が使われることもあるが、和語、漢語、外来語の三つが典型であることは疑いない。

例えば、できあがった料理を職場まで運んできてもら

うお届けのサービスを利用することをメールで提案する場合、

・お客さまが来ることですし、出前でも取りましょうか。

と書いて、はたと手が止まることもあろう。「出前」だと、ラーメンやチャーハンなど、大衆中華料理が届くような気がするからである。ここで、

・お客さまが来ることですし、宅配でも取りましょうか。

と書き直せば、特に料理の色はつかず、何にでも当てはめることができる語の選択になる。しかし、「宅配」は料理に限らず、荷物の配達にも使われる言葉なので、いささか意味が広すぎるかもしれない。そうした場合は、

・お客さまが来ることですし、デリバリーでも取りましょうか。

とすれば、ピザやカレーなど、それなりにしゃれた洋食が届きそうな雰囲気が出る。和語の「出前」に対し、漢語の「宅配」や外来語の「デリバリー」を使うことで、漢語の概念重視のニュアンスや、外来語のおしゃれなニュアンスを出すことができるわけである。

しかし、例えば「デリバリー」を使ってしまうと、和食に対しては使うことができない。「出前」を使わずに、高級な和食をイメージできる言葉はないだろうか。

・お客さまが来ることですし、仕出しでも取りましょうか。

同じ和語でも、「出前」だけでなく「仕出し」という語もあり、高級感を出すことができるわけである。

また、洋食を頼みたい場合でも、もはや庶民の味となったピザやカレーを想起させる「デリバリー」では高級感に欠けると感じる向きもあろう。その場合は、

・お客さまが来ることですし、オードブルでも取りましょうか。

と「オードブル」という語を使ったり、

・お客さまが来ることですし、ケータリングでもお願いしましょうか。

のように、料理だけでなく、シェフが来て調理してくれる高級サービスの提案も考えられるかもしれない。

整理すると、お届けの食事の類義語は、和語「出前」「仕出し」、漢語「宅配」、外来語「デリバリー」「オードブル」「ケータリング」が考えられ、同じ語種でも類義語が複数競合している場合もあるので、その点も頭に入れておく必要がある。

語種と並んで脳内の辞書を参照するときに役立つ二本目の軸は、上位語・下位語という観点である。「出前」の例でいうと、何も「出前」と同列の類義語を選ぶ必要はなく、より具体的な語を選んでもよい。

・お客さまが来ることですし、寿司でも取りましょうか。
・お客さまが来ることですし、幕の内でも取りましょうか。
・お客さまが来ることですし、懐石でも取りましょうか。

「出前」を料理一般のお届けとするならば、「仕出し」は高級な和風料理を連想させるという点で、「出前」の下位語に当たると考えられる。その「仕出し」の下位語に「寿司」「幕の内弁当」「懐石料理」「松花堂弁当」などが入ることになる。

一方、「出前」の上位語を使うこともできる。

・お客さまが来ることですし、何か料理でも取りましょうか。
・お客さまが来ることですし、何かお食事でも取りましょうか。

「料理」や「食事」は配達されるという限定がないため、「出前」の上位語に来ることになる。このように、下位語で具体的に示す方法もあれば、上位語でぼかす方法もあるわけで、こうした発想もまた、類義語の候補の幅を広げることにつながる。

(3) 文体に応じた使い分け

類義語の選択はその語が持っている意味と前後の文脈との関係だけで行なわれるのではない。その文章自体が持っているスタイルの違いによっても類義語の選択は違ってくる。「俺、昼飯食った」と「私はお昼ご飯をいただいた」とでは内容自体は同じかもしれないが、書き言葉で使って問題がないのは、後者の「私はお昼ご飯をいただいた」であろう。

こうしたスタイルの問題は、位相、言語使用域といった用語で言及されることも少なくなく、位相といえば言語の使用者（言語使用者の集団的属性など）に、言語使用域といえば言語使用そのもの（言語使用の目的や範囲、媒体など）に重きを置かれるが、ここでは一般的な文体という術語を用いることにする。

文体で最も問題になりやすいのが話し言葉と書き言葉の違いである。話し言葉と書き言葉の違いは、言葉の硬さと軟らかさの違いとして認識されることが多い（石黒二〇一五）。

・部長は、急な用事で留守だ。

この文は、話し言葉や個人的なメールとしては問題ないかもしれないが、公的な文章にはふさわしくない。次のようにすると落ち着きがよくなる。

・部長は、緊急の用件で不在である。

「急な」「用事」「留守」は日常的に使われる軟らかい語である。そのため、「緊急の」「用件」「不在」にそれぞれ変えることで、公的な文章に合った硬さが生まれる。硬い語を選択するということは、置かれた文脈によって意味が影響を受けにくい限定的な意味の語を選択することにつながる。

三．「話す」ときの語彙の運用

(1) 自己修復とフィラー

「話す」ときの語彙の運用は、「書く」ときの語彙の運用と基本的に変わらない。類義語の中から候補を探すとも、語種や上位語・下位語を軸に類義語の幅を広げることも、語の文体を意識することも同じであるので、ここでは繰り返さない。ただし、「話す」こと特有の現象も存在するので、その点について三つほど注意を喚起したい。

一つ目は、「話す」という行為は推敲が利かないため、不適切な語を選択してしまった場合にその修復をするという現象である。

・「うちの嫁、じゃなかった妻は専業主婦なんだけど」

という発話において、「嫁」という不適切な語を「じゃなかった」で消してみせてはいるが、聞き手に聞こえてしまっている以上、「嫁」と言ったという事実は残る。しかし、消せないにしても、不適切な語を発してしまった以上、修正する必要があり、話し言葉には自己修復という履歴が残ることになる。

また、話している中で適切な言葉を思い出す時間がないということも起こりうるので、その場合、「あのー」「えーと」といったフィラーで想起する時間を稼ぐ必要がある。こうしたフィラーも、話し言葉の語彙運用に必要な要素である。

(2) 和語語彙の優先

二つ目は、耳から聞くという話し言葉の性格上、聞き手の負担を減らすために、できるだけ漢語語彙を避けて和語語彙を選ぶという現象である。

・「大人たちは、非行少年の心理を知る必要があるのです。」

という発話は、文字にして見ると誤解はないが、耳で聞いていると、

・「大人たちは、飛行少年の真理を知る必要があるのです。」

と聞こえてしまうおそれもある。その場合、

・「大人たちは、罪を犯した少年の心を知る必要があるのです。」

と和語に置き換えれば、誤解のおそれはなくなる。

適切な和語に置き換えが難しい漢語は、「化学《ばけがく》」「首長《くびちょう》」などと一部を訓読みにして発音して「科学」「主張」との区別を明確にしたり、「老い支度の終活」「赤字入れの校正」などと説明を加え、「終活」「校正」が「就活」「構成」でないことがわかるようにする。

(3) あらたまりとくだけ

三つ目は、文体の問題として、すでに述べた「硬さと軟らかさの違い」という問題とは異なる「あらたまりとくだけ」という問題の存在である。例えば、

・「部屋のライトがつきました。」

・「部屋の明かりがともりました。」

は、話し言葉と書き言葉の違いの問題でも、硬さと軟らかさの違いの問題でもない。「ライト」「つく」の組合せは私的な場面で使われそうな印象があるのに対し、「明かり」「ともる」の組合せのほうは公的な場面にふさわしい印象がある。

また、場面だけでなく、対人的な要素を考慮する必要もあろう。

・「老人の方々がおそろいになりました。」

という文において「老人の方々」という表現は、当の高齢者にとって失礼だと受け取られるおそれがある。「老人」を敬語化して「ご老人」としてもその失礼さは変わらないだろう。「老人」は「お年寄り」のほうがふさわしく、「お年寄り」よりも「ご年配」「ご高齢」のほうがさらにあらたまった感じが出る。

・「お年寄りの方々がおそろいになりました。」
・「ご年配の方々がおそろいになりました。」
・「ご高齢の方々がおそろいになりました。」

四．「読む」ときの語彙の運用

(1) 多義語における意味の選択

語のいくつかある意味の中から、文脈に合った適切な意味を選ぶことは、理解における語彙の運用の典型的な課題の一つである。こうした多義語の課題は、先に紹介した「頭」のように名詞に見られることも少なくないが、日本語教育に携わる者ならば誰もが知っているように、最も問題になりやすいのは和語動詞の多義語であり、そのためのオンライン辞書が整備されているほどである（パルデシほか 二〇一六）。「さす」を「差す」「指す」「刺す」「挿す」などと表記する異字同訓は、和語動詞が多義語化しやすいという問題にほかならない。

・そちらにうかがいます。
・そちらの方にうかがいます。
・誰かがこちらをうかがっています。

この三つの例文のうち、「そちらにうかがいます」は

「伺う」であり、「訪問する」という意味を表している。「そちらの方にうかがいます」はやはり「伺う」であるが、「質問する」という意味を表している。一方、「誰かがこちらをうかがっています」は「窺う」であり、顔色や様子などを、気づかれないように気をつけて見ていることを表している。

「窺う」は漢字も違うことからもわかるように、意味の違いは比較的気づきやすいが、「伺う」は漢字も同じであり、意味も比較的近い。したがって、「そちらにうかがいます」の「そちら」が「そちらの人」の換喩として使われていたら「質問する」の意味になるだろうし、「そちらの方にうかがいます」の「そちらの方」が「そちらのかた」ではなく「そちらのほう」と読む場合は「訪問する」の意味になりうるので、前後の文脈理解が重要になってくる。

(2)　普通名詞と固有名詞の区別

日本語の場合、表記の都合上、英語とは違って固有名詞を大文字にすることができないので、しばしば固有名詞を普通名詞と区別できないという問題が起きる。特に、日本についての知識に乏しい、海外で日本語を学んでいる日本語学習者の場合、固有名詞そのものになじみがないため、読み誤りが起きやすい。

・愛と真理は二歳違いの姉妹。両親は、長女の愛は厳しく育てたが、妹の真理は甘やかすことが多かった。

という文を、中国語を母語とする日本語学習者に読ませたところ、「姉妹」とはっきり書かれているにもかかわらず、「愛（love）」と「真理（truth）」の問題として理解しがちであった。それだけ中国語母語話者にとって、「愛」と「真理」の普通名詞としての意味喚起力が強いのであろう。

日本語母語話者であっても、知識がないものの場合、固有名詞の区別がつかなくなることがある。

・ミネソタ州に入ると、とたんにカリブーを見かけることが多くなる。

「カリブー」はトナカイのことで、ムース（ヘラジカ）に似た動物だと思われるかもしれないが、ここでの「カリブー」はミネソタ州に拠点を置く、スターバックスコーヒーのような、現地で人気のあるコーヒーチェーン店を指している。

・ハマド国際空港のオリックス・ラウンジはお金を払えば誰でも利用できる。

ハマド国際空港はカタールにあるため、日本企業のオリックス社は中東の空港にまで進出しているのかと驚くかもしれないが、ここでの「オリックス」は、カタール航空のシンボル・マークともなっているアフリカ原産のウシ科の動物のことである。

（3）語の評価的意味の理解

中国語母語話者が日本語で書いた作文を見ていると、「理由」の意味で「原因」が使われがちなことに気づく。特に、ポジティブな文脈で「原因」が使われていることが多く、違和感を覚える。日本語の「原因」は、一般にネガティブな結果を引き起こす文脈で使われるからである。

・中国人の金融リテラシーが高い原因は、スマホによる電子マネー決済が普及しているからである。

という文の「原因」は「理由」のほうがよい。そのことは、中国語母語話者が日本語の「原因」を読んだ場合、問題を引き起こした要因というネガティブな意味であることがわからず、文意を読み誤るおそれがあることを示唆している。このような評価的な意味に対する語感も、読解において筆者の立場を正確に見抜くという意味で、語彙の運用において必要な能力である。

五．「聞く」ときの語彙の運用

（1）漢字をとおした漢語理解

三.（2）で、話すときは和語語彙を使ったほうが誤解がなく、漢語語彙を使うときも、適切な和語に置き換えが難しいものについては、「化学《ばけがく》」のように別の読み方を示したり、「老い支度の終活」のように説明を加えたりすることも語彙の運用力であることを論じた。これらは、二字漢語を中心に、漢語語彙には同音異義語が多く、漢字を表示せずに耳から漢語語彙を理解することが困難であるということを示している。

このことを聞く側のストラテジーとして考えると、特に講義やニュースのような難しい内容の聴解を考える場合、漢語語彙が耳に入ってきたとき、それを意識して脳内で漢字に置き換える努力が必要であることを意味している。

・一次試験は筆記試験ですが、二次試験ではその場で「こうとう」していただきます。

では、「高等」でも「口頭」でもなく、「口答」という漢字が思い浮かばないと、試験官の質問に即座に答えるという意味が理解できないことになる。

したがって、難しい内容の聴解では、耳で聞いた漢語を頭の中で漢字に変換し、いくつかの同音異義語の中から、当該の文脈に合った最も適切な漢字を選ぶという語彙の運用力が問われることになる。

（2）外来語の略語の理解

外来語は、特に話し言葉において頻繁に省略され、短い語形が使われる。「スマホ」や「パソコン」のような耳に慣れた語形であれば問題はないが、ビジネスの現場でしばしば使われる「リスケ」や「カニバリ」など耳慣れない語は混乱を招くもとになる。

・緊急の会議が入っちゃったから、打ち合わせのリスケ、頼むね。
・今度発売した新製品、既存の○○とカニバリを起こしちゃった。

「リスケ」は「リスケジュール」の略語で、決まっていたスケジュールの再調整のことをいい、「カニバリ」は「カニバリゼーション（共食い）」の略語で、マーケティングにおいて類似の自社製品どうしが競合する現象を指す。

また、藤原（二〇一六）が指摘する「ソフト」のように、外来語の省略語彙の使用が読み誤りを引き起こすケースもあるが、これは使用頻度から考えて、書き言葉以上に話し言葉で問題になる現象であろう。

・（観光地で子どもが）「ソフト、食べた～い。」
・（高校生の娘が）「日曜の朝もソフトの朝練入ってるのでお弁当よろしく。」
・「私はハードが目に合わなくて、ソフト使ってるんだ。」
・「パソコンにソフト、インストールしといてくれるかな。」

同じ「ソフト」といっても、観光地で子どもがほしがるのは「ソフトクリーム」、高校生が朝練をするのは「ソフトボール」あるいは「ソフトテニス」、目の話題と相性がよいのは「ソフト・コンタクトレンズ」、パソコンにインストールするのは「ソフトウェア」である。話し言葉ではすぐに短くされる傾向があるので、意味がわかりにくい場合には「ソフト○○」の「○○」の部分を頭の中で補って理解する必要がある。

（3）語の切れ目の理解

あるとき、中学生の娘に関西弁めかして

・「字い見ると変になる。」

と話しかけたら、娘に、

・「ジミーとヘンリーって誰？」

と言われて驚いたことがある。現実の話し言葉のコミュニケーションでは、語をどう聞くか以前の問題として、発話をどう分節して語という単位をどう認識するかという問題が生じる。こうした語彙分節能力も、広い意味での語彙の運用力の問題として考えることが可能であろう。

六．まとめ

以上、四技能における語の運用について、「書く」「話す」「読む」「聞く」の順に論じてきた。「書く」においては、文脈・文体に応じた類義語選択の問題について、「話す」においては、話し言葉に特化した類義語選択の問題について、「読む」においては、多義語の意味選択を中心に、普通名詞と固有名詞の区別や語の評価的意味の問題について、「聞く」においては、漢語・外来語の理解や語の分節など話し言葉に特化した語彙理解の問題について、それぞれ論じた。語の運用の問題がこれで語り尽くせたわけではないが、語の運用力養成を目指す教育の一助となればさいわいである。

文献

石黒圭（二〇一五）「書き言葉・話し言葉と『硬さ／軟らかさ』」『日本語学』三四－一
石黒圭（二〇一六）『語彙力を鍛える―量と質を高めるトレーニン

グ』光文社新書
西林克彦（一九九七）『「わかる」のしくみ―「わかったつもり」からの脱出』新曜社
パルデシ、プラシャントほか（二〇一六）『基本動詞ハンドブック（第三期公開版）』（http://verbhandbook.ninjal.ac.jp/）国立国語研究所
藤原未雪（二〇一六）「中国語を母語とする上級日本語学習者が学術論文を読むときの困難点―名詞の意味の誤った理解を中心に」『日本語／日本語教育研究』七
堀場裕紀江（二〇一五）「第二言語における語彙の習得と運用」『日本語学』三四－一四

第七章　語彙の創造

木村義之

一．造語の位置

一般に、ことばづくりを造語と呼ぶ。次の例からは日常語において、造語と命名はほぼ同じ意味で使われていることがわかる。

もともと声帯模写という名称はロッパの造語である。ただの声色とは違う、ロッパはそんな意気込みで命名したとされている。
（滝大作『古川ロッパ昭和日記　戦前篇』解説、一九八七）

これを専門用語として確認すると、造語の位置づけは以下のように記されている。

造語とは、厳密にいうならば、当該言語の語彙に今まで存在しなかった語を何らかの方法で新たに生じさせることである。造語という現象は、一般に語構成の下位概念として位置づけられている。すなわち、語構成には、新たに語を造り出す造語（あるいは語形成）という側面と、すでに存在している語の内部構造（語構造）という側面の二面が通例区別される。なお、造語法という場合、狭義には、造語の方法そのものを指すが、広義には、造語にかかわるさまざまな事柄をすべて含む。たとえば、造語の方法、造語成分、造語力、造語契機等である。

（斎藤 二〇一四）

本章ではこれまでの研究の蓄積を尊重しつつ、広義の立場から造語について考える。対象は近代以降とし、造語法を概観することで、造語契機および造語を促す意識の一端を併せ見ながら、種々の問題を取り上げる。

二. 造語の背景

(1) 造語契機

まず、造語の契機について考えよう。造語契機は造語の動機と言い換えるとわかりやすいかもしれない。ただし、動機と言い換えてしまうと造語が特定個人の行為だけに限定されるおそれがあるので、ここではやはり契機という語を用いることにする。

前田（一九一三）は隠語の発生理由に「カクスコト」を挙げているが、隠語が特殊な語であるぶん、造語契機としては明快である。造語契機を考える場合は、隠語のような例をモデルにするとわかりやすい。隠語の場合、造語契機は造語法にも関与する。

造語意識一般に言及したものでは、加茂（一九四四）の「新語発生の理由」が造語契機に相当する。加茂は新語発生の理由として、①社会的理由、②心理的理由、③言語的理由の三つを挙げ、用例を掲げながら詳細に説明するが、それを簡略にまとめて『国語学辞典』（一九五五）の中で以下のように記している。

①社会的―新しい事物や概念の表示のための適当な必要性。水爆・化繊。
②心理的―陳腐を喜ばない愛新性や、縁起などのタブーに対する言換えの必要性。戦車を特車、スリッパを「あたりッパー」。
③言語的―言語（文字や発音）自身の弱体に対し、または慣用のための表現力の漸減に対する補強的手段。文字の制約から「探偵小説」を「推理小説」、「瀆職」を「汚職」、「縊死」を「首つり自殺」というのなど。

（加茂 一九五五）

もちろん、①～③が単独で理由づけとなるわけではなく、相互に関連して発生の理由となることが多いだろう。

(2) 造語契機と造語法の間

この①～③を一次的造語契機と仮称し、これらのすべてに関わる二次的造語契機として、仮に連想という要素を設定してみたい。連想に似た語としては米川（一九八九）が「類推語」と名づけ、「既存の語系から類推して間違った解釈からできた語で、外国語を日本人が聞き間違えてそれを表記した際に作られる場合が多い」とした造語法がある。本章ではこうした造語法を想定しているのではなく、一次的造語契機を受け、既存語をヒントにして、具体的な造語行動へと移るきっかけを連想と仮称し、二次的造語契機として考えたいという程度のことを考えている。したがって、特に目新しいことを主張するわけではない。

例えば、作家赤瀬川原平が平成一〇年（一九九八）に発表した『老人力』という著作は社会的反響が大きく、それまでどちらかといえば悲観的に捉えられがちだった老化を「老人力」ということばで肯定的に捉える視点を獲得した。これを契機として、それ以降、「〇〇力」ということばが連鎖的に造語されたようなことを想定している。現在、「女子力・学生力・失敗力・雑談力……」など、多くの語が造られ、書籍のタイトルや商品のキャッチコピーに用いられている。多くは個別的、臨時的な造語であろうが、「力」は強い造語力を発揮している。このような例は、「就職活動」の略語「就活」が定着することによって「〇活」が「様々なことに対する準備活動」の意味の造語成分となって、連鎖的に「婚活・終活・妊活……」が発生したことも当てはまる（橋本 二〇一六）。

また、語彙体系の部分的な補完を指向することも連想だといえる。例えば、「前倒し」の対義語はもともと欠けていたが、その空白を「後ろ倒し」で埋めたり、「盛り上がる」に対して「盛り下がる」を対立させたりする例がある。この中には語源俗解のような誤解が造語を後押しする可能性もある。「他人事《ひとごと》」を「タニンゴト」と読んだことによって「自分事《じぶんごと》」が造られる例もそれに当たるだろう。

こうした造語を促す刺激については、村木（二〇〇二）が単語の意味体系について、二項対立の重要性を指摘する言説が参考になる。

> 単語の世界には、相反する二つの側面を対立させる性質が縦横に張りめぐらされている。われわれ人間は、われわれをとりまく外的世界を認識して、その断片を単語化するとき、相互にむかいあった関係として二者を対立させることがしばしばある。こうした二項対立は、ことばの構造をささえているもっとも重要な原理のひとつと考えられる。

さらに、対立による語どうしの関係について、村木は以下のように述べる。

対立とは、個々の要素がばらばらに存在しているのではなく、一方が他方を前提にして、たがいに関係しあうかたちであることを意味している。つまり、孤立した事実ではなく、構造の原理である。対立項にあっては、一方の項が他方の項を喚起される。

こうした語と意味の捉え方が基本となって、実際の造語活動を行なうと考えられる。

そのほかにも、食習慣の変化から既存語を材料として新語を造った「よるごはん」の出現などは橋本（二〇〇七）によって明らかにされているが、造語契機としては②と③にまたがるものであろう。従来は、語源俗解をも含む類推も造語法の一つとして捉える考え方もあったが、本章では造語契機と造語法の間に立つ意識を連想として捉えた。連想によって関連語が生まれる例は、造語法を概観した後にさらに取り上げることとする。

三．造語法と造語成分

(1) 造語法の分類

二．(1)では、主に造語契機に注目した加茂の論考を取り上げたが、造語法に関心が向けられた早い例として、言語学的立場から隠語に注目した前田（一九一三）の分類に注目したい。

隠語は造語契機として秘密の保持を第一とする人為的用語なので、造語パターンを見いだしやすかったと思われる。前田は隠語の造語法を一二の方法にまとめている（括弧内の矢印下側に最低限の例を示す）。

音節の転換（餅→チモ）　形状の類似（豌豆→鉄砲玉）　色彩の類似（塩→波の花）　連想（芋→鹿児島）　動作（懐中時計を窃盗する動作→プッツリ、御茶漬→掻き込み）　比喩（土蔵→娘）　禁忌（＝忌詞）　音の相通（＝掛詞による言い換え）　字謎（米→八木）　符牒（同業者の数字の隠語）　音節の省略および添加（下足→ゲソ、下足→ゲソダイ）　類推（土蔵→娘から、富豪・金庫→娘）

既存語の音節に対する操作から比喩に至るまで、参考にすべき記述が多い。その一方で、方法の整理基準が異なるレベルを混在させている印象は否めない。それでも造語行為をパターン化しようとした早い試みとして評価できる。

新語の造り方
- い　先天的造語
- ろ　後天的造語
  - ①借用法　②合成法　③派生法　④類推法
  - ⑤省略法　⑥逆成法　⑦固有名詞の普通化

図7－1　新語の造り方（加茂 1944 より作成）

前田の分類を包摂するように整理したのは加茂（一九四四）で、「新語の造り方」として、図7－1のようなまとめ方をしている。

先天的造語とは、いわゆる語根創造を指し、後天的造語とは、外国語からの借用（外部借用）や、古語・方言・位相語などを含む既存語からの転用（内部借用）、既存語から得られる造語成分（語構成要素）の組合せ、語の省略などを指している。②・③に見える「合成」や「派生」は、今日の概念とずれる部分もあるが、造語法を分類する用語として使用していることは確かである。

「造語法」を論題そのものに掲げたのは野村（一九七七）が早い。野村の論は語構成要素となる語基と接辞とに分け、その組合せのパターンを考察し、造語法の中でも合成という方法を中心とする研究領域の指針となった。本章でも造語法という用語を使用し、造語の材料および要素を広く造語成分と呼ぶ。造語成分には語基・接辞を含む。用例は少ないものの、造語の材料には、

そもそも論　たらればの話　ですます体　でもしか先生　ながら勉強　べき論

なども参画する。これらは本来具体的な指示対象を持たない文法的要素からの転用だが、こうした造語の材料も造語成分と呼ぶ。

加茂（一九四四）の新語の作り方に検討を加え、より詳細に分類の枠組みを整理していくと、玉村（一九八八）に見られる造語法の一覧にたどり着く。これは造語法の見取り図として目配りの細かさにおいては一つの到達点と思われるが、本章の立場から修正した図7－2を掲げる。

（2）造語法の諸相

①既存資料によらない造語法

図7－2の分類をもとに、造語法の概観を行なう（表の中の位置を記すために、「語根創造（ⅠA）」のように各項目の冒頭にある記号を組み合わせて示す）。

まず、Ⅰ・Ⅱは造語成分を既存資料に求めるか否かに

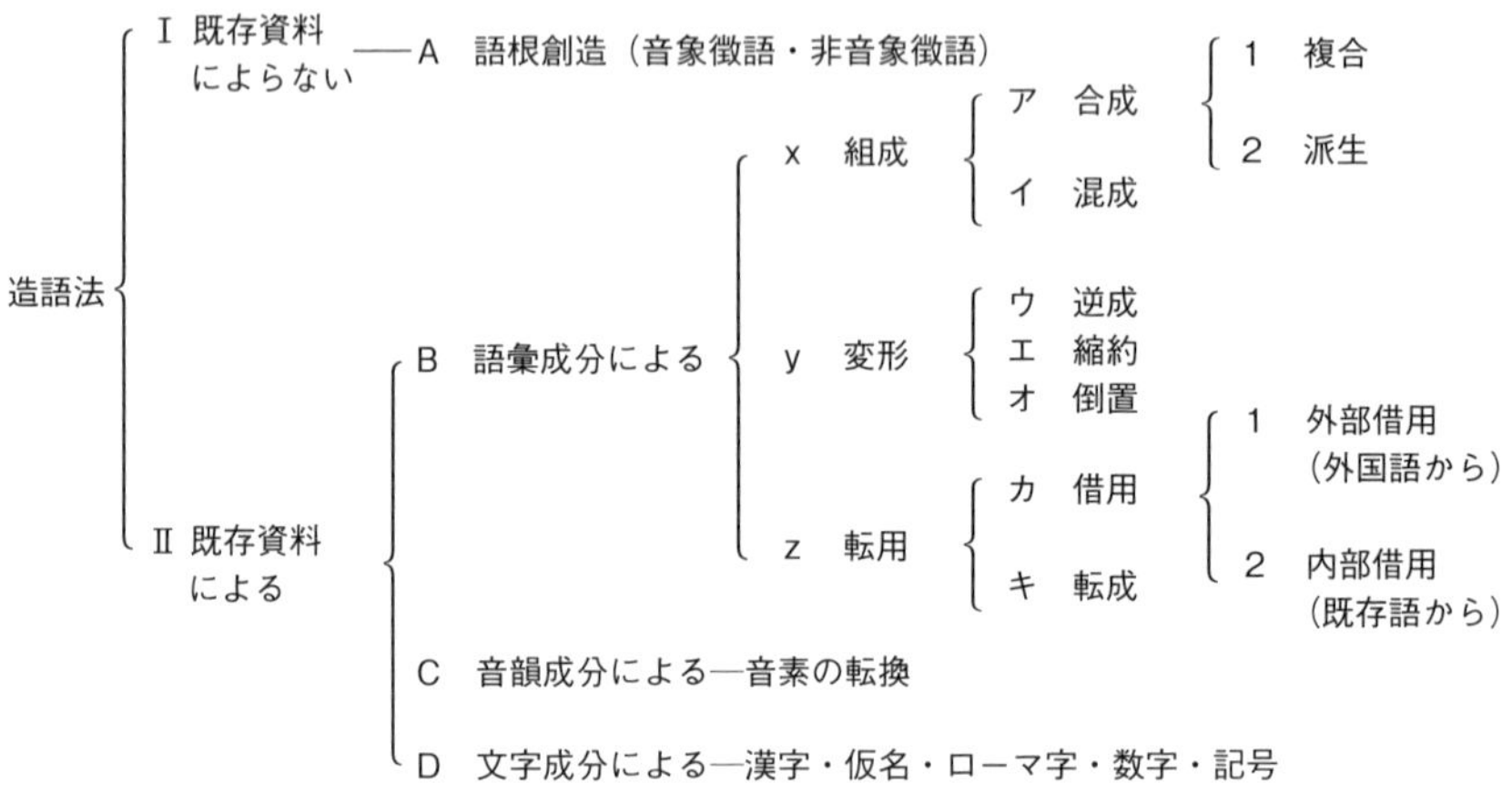

図7－2　造語法の一覧（玉村 1988 をもとに改変）

よる分類である。もちろん、既存資料を利用する例が圧倒的だが、無から有を創出する語根創造の例としては、オノマトペを造ることが指摘されている。

マイクの先っちょについているもふもふしたスポンジは別売りしていますか？
（Yahoo!知恵袋、二〇〇四年一〇月一七日）

猫の肉球がぷにゅぷにゅになる「肉球専用クリーム」を塗ってみた
（マイナビニュース、二〇一四年一一月二六日）

このほかにも、ネット上の記事ではしばしば新しいオノマトペが造られる。

② 既存資料による造語法

a．音韻成分による造語（ⅡC）

造語の多くは語彙成分による（ⅡB）例が多いが、音韻成分と文字成分を先に取り上げる。玉村（一九八八）では、音韻成分による造語（ⅡC）の中に、アクセントの転換による語義の分化も含めている。しかし、ここでは音調の問題を造語に関与させないで考え、音素の問題に限ることとする。音素を入れ替えることで新語ができ

る例としては、

あふれる　/a**h**ureru/ → あぶれる　/a**b**ureru/
さま（様）/**s**ama/ → ざま　/**z**ama/
cf. ざまァない　ざまァみろ

のように古くから用いられているものがある。これらは濁音化することで語感がマイナスに転じるような例である。そのほかにも、発想が「もじり」や「掛詞」のようなことば遊びと関連するもので、「イケメン/i**ke**men/→イクメン/i**ku**men/」、「舌切り雀/**s**itakirisuzume/→着た切り雀　/**k**itakirisuzume/」などの例も挙げられる。ただし、これらは音韻面から見たとき、音素の転換になってはいるが、語彙面から見れば混成（ⅠBxイ）といえる。造語法は多面的に説明できる。二〇一七年ユーキャン新語・流行語大賞の「インスタ映え」は/**b**ae/を/**n**ae/のように子音を変えて対義的な「インスタ萎え」を生んだ。さらに「インスタばえ」から「はえる」ではなく、俗語「ばえる」（「見映えがする」意）を切り出した例も音素の転換と見ることができるだろう。

b．文字成分による造語（ⅡD）

文字を造語の材料とする例として、江戸時代に蘭学者宇田川玄真が『西説医範提綱釈義』（一八〇五）でオランダ語「機里尓 klier」を新製字「腺」としたことが挙げられる。これは歴史に残る例で、翻訳語と文字とを同時に創出したことになる。[1]「腺」は、現在「リンパ腺・甲状腺」など、語基として用いられるが、このようなケースは珍しい。

文字成分を活用した造語では、もはや古典的となった「ロハ」（←只）、「くノ一」（←女）のような字謎によるものが多い。字謎で代表的なのは、喜（㐂）寿（七十七）・傘寿（八十）・米寿（八十八）・卒（卆）寿（九十）などの長寿の節目の命名である。そのほかに、僧侶の隠語として、数字を字謎により表現する例がある。宮本光玄（一九二九）『かくし言葉の字引』には、

だいむにん【大無人】僧侶の間にて、一といふ数量を表すに用ふる。大の字に人が無ければ一であるから。

と見え、「大」字から「人」字を除くと「一」になるから、という解説が見られた。以下、同じ要領で造られる九ま

での隠語がある。こうした漢字を材料にした隠語では、

おはな　女学生間にて先生或は、上級生に贔屓《ひいき》される事を云ふ。花を分析すれば「ヒイキ」となるから。

ひこぴーぢ　同じく学生語にて顔を云ふ。顔の分析。

（樋口　一九三五）

といった古い学生用語の例も見える。

ローマ字は文字自体の形状を利用して、「S状結腸・S字クランク」などの語を造る。「Uターン・Iターン・Jターン」も移動の軌跡をアルファベットになぞらえた造語である。一九九〇年代末頃にはまとめて「UIJターン」と総称する言い方も見える。「マル秘・マルサ・マル暴」なども文字と記号に由来する造語法と語の縮約の組合せと見てよい。

SNS上の書き込みには、「笑い」を表す〝（笑）〟という略記がさらに「わらい」の「わ（=wa）」から〝w〟となり、それが連ねられた〝www〟を絵画的に草むらに見立てて、「草」と表現する例も見られる。

③語彙成分による造語（ⅡB）

a．合成（ⅡBxア）

語彙成分による造語では、活発に論議されてきたのは、合成（ⅡBxア）すなわち、複合（ⅡBxア1）・派生（ⅡBxア2）についての分析である。すでに斎賀（一九五七）をはじめとして、野村（一九七七）、玉村（一九八五）などで統語的関係や複合語基の品詞性に注目した分析から多くの知見が蓄積されてきたが、ここでは、玉村（一九八五）をもとに複合名詞の結合パターンを例示してまとめよう。(2)

①N+N　金物　糸くず　風呂桶
②N+V　山歩き　夜遊び　稲刈り
③V+N　食べ物　買い物　泣き言　落ち葉
④V+V　（NでもVでも）食い過ぎ　踏み切り　飛び込み　立ち遅れ
　（Nのみ）病み上がり　立て続け　建て売り　書き初め
⑤A+N　広場　長雨　くやし涙
⑥N+A　足軽　目白　円高
⑦NA+N　きれい事　安全弁　未熟者

⑧AD+N　とんとん拍子　にこにこ顔

こうした結合パターンで分類すれば整理しやすいが、例えば③で「食べ物」はモノを表すが、「買い物」はモノ・コト双方を表すことが顕現化しないこともあるので、結合した結果どのような意味になるのかも注意が必要である。また、これまで知られているように、語基相互の関係を記すためには、統語的関係の観察を援用して格関係で分類することが有用である。

a. 主格：NガVスル　親譲り　日暮れ　雨降り　値上がり
b. 対格：NヲVスル　月見　子守り　金持ち　卵焼き
c. 移動格：NヲVスル　家出　綱渡り　山越え　川下り
d. 具格：NデVスル　バター焼き　砂遊び　釜ゆでペン書き

上のほかにも細かく分ければいくつものパターンを記述できる。このような格関係に注目すると、「卵焼き」は「卵ヲ焼イタモノ」だが、「バター焼き」は「バターデ焼クコト（or焼イタモノ）」で結合のあり方が異なることを明らかにできるし、「炭焼き」では「炭ヲ焼クコト（or焼クヒト）」（炭焼き小屋、炭焼き職人など）と、「炭デ焼クコト（or焼イタモノ）」（炭焼きコーヒー、熟成肉の炭焼きなど）という見かけ上同じパターンでも異なる格関係にある例も浮かび上がらせることができる。

しかし、玉村の指摘にもあるように、「観音開き・花冷え・ウグイス張り・虎刈り」など、端的に格関係で説明のつかない例も少なくない。これらは、「虎（の縞模様のようなむらのある）刈り（方）」という比喩の介在も多いが、複合名詞の意味内容を喚起させるための、キーとなる語基を組み合わせた語とでも言うべき関係にあるといえよう。

注目される課題には、影山（一九九三）をはじめとして議論を深めている複合語の諸原則の問題がある。

まず、語には「形態的な緊密性」があり、「統語的要素の排除」がなされ、語の内部に、句、格助詞、時制などの統語的要素は侵入できないという原則である。(3) ただし、句の排除は絶対的ではないという。句に関しては、「風・系・式」などの接辞性字音語基などで「句の包摂」が見られることも知られている。近年は「〜感」でも句の包摂は活発に行なわれているが（「やってしまった感」など）、「～感」の場合は「カン」の「カ」にアクセント核があるかないかで一語化しているかどうかが変わる音調の問題も見逃せない。

また、「他動性調和の原則」という現象を見いだしたことによって、複合動詞の前項と後項の結びつき方に制限のあることがわかるようになった(4)。

これらの指摘には、伊藤・杉岡（二〇〇二）や、由本（二〇〇五）、斎藤（二〇〇四・二〇一六）などで検証が続けられており、本章で解説する意味は薄いので、合成語の概観はここまでにする。

b．混成（ⅡB×イ）

三．（2）②a．で見たように、「着た切り雀」のように音素の転換があった例でも、「着た切り＋舌切り雀→着た切り雀」のように混成による造語と認められるだろう。無意識のうちに混成を行なった例では「やぶる＋さく→やぶく」「とらえる＋つかまえる→とらまえる」などが知られている。命名では意識的に混成を行なう例が見られる。

今和次郎が昭和五年（一九三〇）に提唱したという「考現学」は、「考古学＋現代→考現学」という経緯で造語を行なったが、現代に相当する「モダン modern」と考古学に相当する「アルケオロジー archaeology」との混成によって「モダノロジー moderonology」（エスペラントとして「モデルノロジオ」）という外来語からの造語も行なっている。学問領域の名称に擬した例では、「サイノロジー」（＝妻に甘い夫）が「妻＋のろけ」と「心理学 psychology」との混成とされるが、これも/saikoro/→/sainoro/の音素転換を利用している。『モダン語辞典』（鵜沼直 一九三〇）には、

さいのロジイ　△△オロジイ、×××ロジイとは、科学の名称ではよく出て来るところである。（略）これは鼻の下を計る科学らしい。妻君孝行である。

とあり、混成例が見出し語となったことは流行語化していたことをうかがわせ、「ロジー」や「ノロジー」が造語成分となったことに触れられている。

現代では怪獣「ゴジラ（←ゴリラ＋クジラ）」が代表例だが、末尾の「ラー」が造語成分となって「シャネラー」「アムラー」「マヨラー」のように、熱狂的支持者に対する命名に用いられる（英語の接尾辞「-er」からの

連想）。さらに、俗語の「飲みニケーション」や、社名「カルビー（←カルシウム＋ビタミンB１）」、商品名「熱さまシート」などをはじめとして豊富に見られる。

c．逆成（ⅡBｙウ）

語の一部、特に末尾部分を接辞と捉えて新たな語を造ることを逆成（あるいは逆形成）という。典型例は、「double（ダブル）」が「ダブ‐る」となったり、「料理《りょうり》」が「料《りょう》る」などがある。異分析に基づく例が多く、誤用と新用法との境界線上にある場合も珍しくない。ネット社会となり、ＳＮＳによる個人の発信が、不特定多数の目に触れる機会が多くなった現代では、特に破格と思われる用法が多く採取されるようになる。その例として、動詞由来の複合名詞（Ｎ＋Ｖ、Ｖ＋Ｖ）で、動詞用法のなかった語が動詞として用いられる例を複数見ることができる。筆者が目にした例の一部を以下に掲げる。

Ｖ＋Ｖ：飢え死ぬ　押し売る　駆け引く　食い逃げる
　立ち飲む　見殺す
Ｎ＋Ｖ：内向く 縁切る 型破る 空回る 品切れる 綱渡る
　手づくる　墓参る　横並ぶ

Ｖ＋Ｖ型の中で、「見殺す」は短編小説のタイトルにもなった古い例だが、作家特有の言い回しであった。石井（二〇〇七）の用語では「他動的結果構造」に当たるものであろう。

しかし、党もまたあのころ多数の党員によって見殺されたといえるのではあるまいか。
（富士正晴「見殺す」、一九八八）

これが作家個人の文学的造語とは関係のないところで雑誌記事にも使用例が見える。

日本の医療＆薬事行政は国民を見殺す（厚労省の失政を衝く）（『Themis』一八‐七、テーミス、二〇〇九）

危機編　日本は資本主義国家と言えるのか　ゾンビ企業を助け新産業を見殺す国
（『日経ビジネス』一八二三、日経ＢＰ社、二〇一六）

また、Ｎ＋Ｖ型では「品切れる」の使用例が織田作之助に見える。

その男は毎日ヒロポンの十管入を一箱宛買いに来て、顔色が土のようだった。十管入が品切れている時は三管入を三箱買うて行った。

（織田作之助「薬局」一九四六）

これも織田特有の用法かと思われたが、翻訳書ながら、

彼らの店で商品が品切れていることをちゃんとわかっているのか心配なのよ。

（エリヤフ、ゴールドラット著・三本木亮訳『ザ・クリスタルボール』二〇〇九）

という例が見える。これらは小説を読んで影響を受けた用語選択とは考えにくく、誤用や遊びを兼ねた用法がきっかけとなって規範的な用法の枠を乗り越え、広がる可能性がある。

d. 縮約（ⅡByエ）

縮約は日本語で活発に行なわれる造語法で、モーラ数の多い語を二〜四モーラに縮める場合が多い。これは、その集団でよく使われたり、親しまれたりしている固有名（商品名、組織名、人名など）で行なわれることが多く、隠語では複雑な段階を経て略語化されることもある。その際に、語のどの部分を省略するかによって、上略（アルバイト、けいさつ、たからづか、など）・下略（ストライキ、ファミリーレストラン、携帯電話、国民体育大会、など）と大別できるが、一般的には下略が多い（右例では網掛け部分を省略）。上略は、語の意味を想起させる手掛かりが薄れるので、秘匿を目的とする隠語ではよく行なわれる。

こうした縮約の手続きは、川上（二〇〇二）に考察がある。川上は「カラオケ」が「空《から》・オーケストラ」という語を省略した語形と考えるよりも、「オーケストラ」が縮約して「オケ」となった造語成分と、「からっぽ」の意の「から」が結合して「カラオケ」になる順序の方が自然であると考えている。略語になる以前の原語が、実際に使われる語形だとは限らないと見て、縮約が起こる過程を段階的に観察する視点を主張するのである。

川上は省略の造語法を表記レベルと形態素レベルに分けて整理しているが、ここでは表記レベルの「アルファベット頭字型」と「漢字読み替え型」を紹介しておこう。

アルファベット頭字型は、ＯＬ（office lady）やＵＦＯ（unidentified flying object）、組織名のＷＨＯ、ＮＨＫなどがそれに当たる。「ｅメール・ｅチケット・ｅラーニング」など、インターネットをはじめとする電気的技術を利用したもの全般に用いられる造語成分「ｅ-」の生成もここに含まれる。句のローマ字表記を介在させた略語「ＫＹ（←空気読めない）」のようなことば遊びの要素もこの類と考えている。

漢字読み替え型は、「角《かく》界（←角力《すもう》界）」、労組《そ》（←労働組合《くみあい》）のような例を掲げており、訓から音へと変化する例が圧倒的に多いという。逆に「追証《おいしょう》（←追加証拠金）」のような音から訓への読み替え例は少ないとされる。外国地名の音訳（英←英吉利、仏←仏蘭西）もここに含まれる。

このほかに、話しことばに偏る縮約の例では、ことわざ・慣用句の略語に「かもねぎ　たなぼた　だめもと　どろなわ　ぴんきり　まゆつば　やぶへび」などがある。

書きことばに偏る例には、玉村（一九八五）が略熟語と呼ぶＡＸ＋ＢＸ↓（Ａ＋Ｂ）Ｘ型の「行財政　教職員　許認可　近現代　輸出入　預貯金　与野党」なども縮約の類である。(5) 新聞記事からは、

> 卸電力の入札枠拡大　発送配電分離の導入　リストラ努力の必要も
>
> （「朝日新聞」東京版、一九九七年四月一七日朝刊見出し）
>
> 県や熊本市のまとめなどによると、県内の国公私立小中学校など全七二三校のうち、計三三一校が休校した。
>
> （「朝日新聞」熊本版、二〇一八年七月四日朝刊）

「発送配電」「国公私立」という（Ａ＋Ｂ＋Ｃ）Ｘ型や、「小中学校」という（Ａ＋Ｂ）ＸＹ型も採取することができる。いずれも並列的内容を簡潔に縮約した語である。久米正雄の造語といわれる「微苦笑」は語構成があいまいで、「（微＋苦）笑」タイプか、「微―苦笑」タイプか、どちらの解釈も可能だといえる。

e．倒置（ⅡＢｙオ）

既存語の音節の並びを転倒させる造語法を倒置といい、それによって生まれた語を倒語、転倒語などということがある。こうした語は隠語的な性格を持ち、卑俗な語感を伴うことが多い。二〇世紀初頭のテキ屋、不良仲

間らの隠語として、『チョーフグレ』[6]（南霞濃 一九三〇）には「エンコ（公園）／ナオン（女）／ドヤ（宿）／バンコ（交番）／ブケイ（警部）／スクリ（薬）／サクリ（鎖）」のような例が見える（原文は倒語を後に置く）。

これら倒語の転倒パターンは、モーラ数や語種によっても少し事情が異なる。[7] 二モーラの場合は単純に／①②／↓／②①／と入れ替わり、「ヤド」は「ドヤ」となる。

四モーラの字音語は字順を転倒させた発音に近く、「メン・カイ」は「カイ・メン」となるような／①②・③④／↓／③④・①②／の例が最も多い[8]。字音語は三モーラでも字順転倒型となり、「ケイ・ブ」が「ブ・ケイ」となるような／①②・③／↓／③・①②／のタイプが多いが、「ク・メン（工面）」が「メン・ク」となるような／①・②③／↓／②③・①／のタイプも多く、和語・混種語などの漢字表記語では、「ホンヤ」が「ヤホン」となり、字音語に準ずるルールが適用される。

字音語以外の三モーラ語は、「オンナ」が「ナオン」となる／③①②／型、「クサリ」が「サクリ」となる／②①③／型、「イナカ」が「ナカイ」となる／②③①／型などに分かれる。

こうした語は第二次大戦後にジャズバンドの仲間に引き継がれ、「ズージャ語」[9]などと俗称され、今日でも芸能界用語として用いられているという。

倒語の中でも「ネタ」は一般語化し、報道現場の「ネタ元」、演芸における「ネタ帳」など、多くの例が知られているが、すでに倒語意識は薄れているように見える。

f．転用（ⅡBｚ）

ここに分類したのは、借用（ⅡBｚカ）と転成（ⅡBｚキ）である。ここでの転成は、動詞や形容詞の連用形が品詞を変えるという意味で用いている（用例の提示は割愛）。

借用には外国語を外来語として取り入れる外部借用と、既存語を何らかの形で転用する内部借用とがある。外国語が外来語として日本語の語彙に組み入れられるとき、一般的には名詞として取り入れられる段階までを借用と捉え、スルを付加して動詞化したり（ゲットする、プレイする）、ナを付加して形容動詞化したりする（シャープな、ビッグな）段階は派生と捉える。一方、内部借用では、方言や位相語から借用する場合がある。方言では、「あほ　えげつない　しんどい」など、共通語話者が関西方言を交えて話すことや、「どや顔」でも「どや」が方言から借用した造語成分として使用されている。また、ある集団で使用している語（社会方言）が一般社会に入り込むことも内部借用と考える。

> シャリとかアガリ、ガリなどという符丁はもう一般的になっていて、お客さんも、「アガリ下さい」とか、「シャリ、少なめにして」などと当り前のように使うが、
> （佐川芳枝『寿司屋のかみさんうちあけ話』一九九五）

もちろん、集団語の側が既存語を利用することはいうまでもないし、既存語を訳語として転用することも多くの例が知られている。例えば、『法華経』に典拠を持つ「演説」が、「道理や教義を説く」という意で用いられていたものを、蘭学者がオランダ語 redevoering の訳語に採用し、さらに明治期、英語 speech の訳語にも採用されて大勢の前で主義主張を述べる意に転用されたことなどが挙げられる。これも、内部借用に位置づけられよう。転用は最も広義に捉えたとき、新語の範囲となり、既存語の借用や転用も広義の造語である。そこには、比喩の中でも、隠喩や換喩のような無標比喩による「見立て」を行なうケースも広義の造語行為に含んでよいと考える。

四．連想から造語まで

これまで具体的な造語の方法を概観してきたが、改めて造語行為に向かう意識の一端を考えてみたい。二・（2）で造語契機と造語法の間を連想という意識がつないでいるのではないかと述べ、二項対立的な連想の重要性について記した。最後に、そうした連想が造語に至る例をいくつか取り上げておこう。

（1）造語成分間における受身・使役の関係

筆者は、斎藤（二〇一六）の「語構成要素間に見られるヴォイス的関係」の考察を近年の語彙論の中でも重要な課題と考えている。受身的関係については、早く野村（一九七七）が取り上げた「使用者」と「使用人」の例を対比させ、前者が「誰かを使用する者」という能動的な関係を持つのに対して、後者は「誰かによって使用される人」という受身的関係であることに注目する。影山（一九九六）が指摘した「逮捕者」「逮捕歴」でも同様に受身的関係のあることを紹介しながら、語構成要素間のヴォイス的関係の考察を進めた。

管見では、「使い走り」と「走り使い」が前項と後項を入れ替えても意味がほぼ同じで、受身・使役の関係が潜在する興味深い例だと考える。「使い走り」は、「使われて走る」あるいは「使って走らせる」のいずれも解釈可能、「走り使い」も「走らされて使われる」あるいは「走らせて使う」のいずれも解釈可能であると考える。このほかにも類例は見いだせるだろうか。上の二語はかなり特殊な関係にある例だと思われる。

（2）迷惑・被害の含意

このような語構成要素間にヴォイス的関係を発見するという問題意識の背景には、影山（一九九三）の「形態的な緊密性」があるという特質があり、（「いじめられっ子」「嫌われ者」「切られ役」のような例外はありながらも）語の内部には統語的要素（句・格助詞・時制など）は侵入できないことと関係しているであろう。ところが、明示的に受身や使役の助動詞を含む語は、例外としてしまうにはもったいないほどに例を見いだすことができる。例外とされた語を材料にして、例外の中傾向を見てみようというのである。

BCCWJを用いると、受身の助動詞を含む例は少なからず見いだすことができる。

いじめられ役　癒やされスポット　押され気味　書かれ損　からかわれ役　嫌われ者　嫌われ役　切られ損　切られ役　刺され役　触られ役　叱られ役　事故られ損　叩かれ役　憎まれ口　憎まれ役　撥ねられ損　引かれ者　振られ役　やられ損

これらを「V（ら）れN」のように類型化し、Nを抽出すると、「〜役」「〜損」が圧倒的に多い（「〜口」「〜スポット」「〜気味」が一例ずつ）。これを見ると、迷惑・被害を引き受ける役、迷惑・被害を受ける損、という意味に集中しているといえる。こうした語は辞書に登録されるものばかりではないが、日本語の受身表現が持つ特性の一部が現われており、不自然な日本語として排除される例ではないと思われる。

（3）役割・対立軸の明示

被害・迷惑を含意しない中立的な例では、小説から以下のような例を採取できた。

「（略）ここにできたのはきらわれニキビよ。あごのニキビはね、想いニキビですって。」

（三浦綾子『積木の箱』一九六八）

同じくBCCWJで使役の助動詞と共起する例を検索すると、「別れさせ屋　結ばせ屋　怖がらせ屋　終わらせ屋」などが見える。冒頭の「別れさせ屋」がテレビドラマとして話題になったことから連鎖的に造語が試みられたようである。

また、テレビの収録現場で笑い声を発して盛り上げる役割を果たす「笑い屋」に対して、芸人としての「笑わせ屋」が存在することは、使役の助動詞が明示されることで役割を明確にするために、「〜屋」と結合する際に使役の助動詞を加えて造語したものと考えられる。

受身や使役を含む語を、造語する場合は時事問題の解説などで、既存語に対するアンチテーゼとなる臨時一語を創出する例もある。

> 政府は「働き方改革」で、多様な人材の活用や柔軟な働き方の推進を掲げています。しかしその本質は、働き手の側に立った改革ではなく、企業や国の側に立った「働かせ方改革」になっているように見えます。
>
> （「朝日新聞」二〇一六年七月二〇日朝刊、常見陽平氏インタビュー記事）

五．まとめ

語の創造について、繁閑宜しきを得ず記してきたが、個人の造語活動の結果生まれた新語が、日本語レキシコンに組み込まれていくには、日本語社会の中で是認される必要がある。そうならなかった語は忘れ去られていくし、必要とされた語は生き残っていく。そうした過程を、石井（二〇〇七）は複合名詞形成の例を取り上げながら、次のように述べる。

> 複合名詞の形成・成立には、個人による造語の段階と言語社会（の他の成員）による社会化の段階があるといえる。この二つの段階は、基本的に、個人による造語は社会化を前提として行われ、社会化によって規定される関係において結びついている。（略）個人による造語は、社会化によって、その個人的な発想を社会的なものにすることができるのである。
>
> （石井二〇〇七、一六八頁）

社会的な共有財産となった語は「新語」から「語」へ

と位置づけを変えていく。そのような繰り返しが常に行なわれているのである。

注

(1)杉本（二〇一五）「腺」による。

(2)引用にあたって、名詞類はN、動詞連用形はV、形容詞語幹はA、形容動詞語幹はNA、副詞はADと略記し、玉村（一九八五）の挙例を簡略化した。また、格関係の表示でも同様に簡略化して示した。

(3)その中には受身の「られ」、使役の「させ」も含まれるという、「いじめられっ子」や「やらせ」は臨時的造語と見なせるという記述がある。影山（一九九三、一〇頁）を参照のこと。

(4)日本語の自動詞を、意志的行為を表す「遊ぶ・歩く・起きる」などの非能格自動詞類と、非意志的事象を表す「浮かぶ・落ちる・燃える」などの非対格自動詞に分け、動詞の性格から組合せの相性を導く。詳しくは影山（一九九三、四三頁・一九九六、一五頁）などを参照。

(5)斎賀（一九五七）では混成とするが、ここでは縮約と見る。

(6)書名の「チョーフグレ」の、「チョーフ」は「フチョウ」の倒語、「グレ」は「はぐれ」の上略で道からはずれることを意味、これらを合成して書名としている。

(7)前田（一九一三）、楳垣（一九五六）、窪薗（二〇〇二）などに音節転倒のパターンへの言及があり、川上（二〇〇四）にモーラ、語種、形態素意識などの観点から量的な調査がある。

(8)一部には、長音を含む「コウエン」が「エンコ」、「コウバン」が「バンコ」になったりして音節の省略が起こる例もある。

(9)「ジャズ」は二モーラ語だが、三モーラになっている。「めし」も三モーラの「しーめ」、または四モーラの「しーめー」になり、一部には長音の挿入が起こる。

文献

石井正彦（二〇〇七）『現代日本語の複合語形成論』ひつじ書房
伊藤たかね・杉岡洋子（二〇〇二）『語の仕組みと語形成』研究社
鵜沼直（一九三〇）『モダン語辞典』誠文堂
楳垣実（一九五六）『隠語辞典』東京堂
影山太郎（一九九三）『文法と語形成』ひつじ書房
影山太郎（一九九六）『動詞意味論—言語と認知の接点』くろしお出版
加茂正一（一九四四）『新語の考察』三省堂
加茂正一（一九五五）「新語」国語学会編『国語学辞典』東京堂
川上真紀子（二〇〇二）「造語成分からみた語の省略法の類型化」『早稲田大学大学院文学研究科紀要　第三分冊』四七
川上真紀子（二〇〇四）「隠語における倒語の造語法」『国語学研究と資料』二七
窪薗晴夫（二〇〇二）『新語はこうして作られる』岩波書店
斎賀秀夫（一九五七）「語構成の特質」岩淵悦太郎ほか編『現代国語学Ⅱ　ことばの体系』筑摩書房
斎藤倫明（二〇〇四）『語彙論的語構成論』ひつじ書房
斎藤倫明（二〇一四）「造語法」佐藤武義・前田富祺編集代表『日本語大事典』朝倉書店
斎藤倫明（二〇一六）『語構成の文法的側面についての研究』ひつじ書房
杉本つとむ（二〇一五）『江戸時代翻訳語の世界—近代化を推進した訳語を検証する』八坂書房

玉村文郎執筆・国立国語研究所編（一九八五）『日本語教育指導参考書一三　語彙の研究と教育（下）』大蔵省印刷局
玉村文郎（一九八八）「造語法」金田一春彦ほか編『日本語百科大事典』大修館書店
南霞濃（一九三〇）『チョーフグレ』文献研究会
野村雅昭（一九七七）「造語法」柴田武ほか編『岩波講座日本語九　語彙と意味』岩波書店
野村雅昭編（二〇一三）『現代日本漢語の探究』東京堂出版
橋本行洋（二〇〇七）「語彙史・語構成史上の「よるごはん」」『日本語の研究』三－四
橋本行洋（二〇一六）「「活動」を「活」とする略語の史的考察―「特活」「学活」「部活」から「就活」へ、そして「婚活」およびその派生語へ」近代語学会編『近代語研究　第一九集』武蔵野書院
樋口栄（一九三五）『隠語構成様式並に其語集』警察協会大阪支部
前田太郎（一九一三）「隠語の話」前田太郎著『外来語の話』（一九二二）岩波書店
宮本光玄（一九二九）『かくし言葉の字引』誠文堂
村木新次郎（二〇〇二）「意味の体系」北原保雄監修、斎藤倫明編『朝倉日本語講座四　語彙・意味』朝倉書店
由本陽子（二〇〇五）『複合動詞・派生動詞の意味と統語―モジュール形態論から見た日英語の動詞形成』ひつじ書房
米川明彦（一九八九）『新語と流行語』南雲堂

引用作品

織田作之助（一九四六）「薬局」［織田作之助（一九七六）『定本織田作之助全集六』文泉堂出版に所収］
ゴールドラット、エリヤフ著・三本木亮訳（二〇〇九）『ザ・クリスタルボール―売上げと在庫のジレンマを解決する！』ダイヤモンド社
佐川芳枝（一九九五）『寿司屋のかみさんうちあけ話』講談社
滝大作解説（一九八七）『古川ロッパ昭和日記　戦前篇』晶文社
富士正晴（一九八八）「見殺す」［杉本秀太郎ほか編（一九八八）『富士正晴作品集二』岩波書店に所収］
三浦綾子（一九六八）『積木の箱』朝日新聞社

付記

資料の引用にあたっては、漢字を通用字体に改め、仮名遣いはそのままとした。また、新聞記事の引用にあたっては、「「朝日新聞」聞蔵Ⅱビジュアル」「「読売新聞」ヨミダス歴史館」を使用した。また、国立国語研究所「現代書き言葉均衡コーパス（BC-CWJ）」、オンライン版「国立国会図書館リサーチ」の雑誌記事検索によって得られた例もある。

第八章　語彙の変化

池上　尚

語彙論は、語彙の質的側面・量的側面のどちらに着目するか、研究手法が通時的・共時的のどちらであるかによって、さらにその下位区分を考えることができる（斎藤 二〇一六、一一頁）。本章では、語彙の質的側面に着目する「語彙体系論」の立場を基本としながら、語彙を通時的に観察する「語彙史論」として意味変化の問題を取り上げる。具体例として感覚表現語の意味変化を紹介し、そこから見えてくる「語彙の変化」の様相について論じていく。

一．語彙体系の変化とその要因

「語彙体系論」における語彙の体系とは、「全体で一まとまりのものをなしているもので、その中で要素が相互に一定の関係を保ちながら全体を作りあげているもの」を指す（前田 一九八五、七五八頁）。よって、体系全体を整理しようとする場合にはまず、体系を構成する要素（語）や、要素（語）どうしの関係を階層的に把握することから始めなければならない。その際には、複数の要素（語）をまとめ上げる品詞・語種などよりも、個別の要素（語）を対象とする意味が重要な観点となる。「語彙体系論」が着目する語彙の質的側面において意味が重視されるのはこのためである。

語彙体系が語どうしの意味的な関係によって階層構造をなしていると考えれば、語彙が体系としての均衡を維持するためには、語どうしの意味的な関係は常に一定である必要がある。しかし実際には、時間の経過とともに語の意味に変化が生じることは多々ある。こうした変化は個別の現象にとどまることなく、語彙体系の変化をも誘発することになる。すなわち、語Aに意味変化が生じれば、語Aと意味的な関係を結んでいた語Bとの均衡、さらには、これらを含む語彙体系における均衡が崩れてしまうため、これを避けるべく、新しい調和のかたちを求めて語彙体系が再構築されていくのである。ここに、語彙体系が変化する一つの要因として、語の意味変化という現象が位置づけられる。

二. 意味変化とその要因

そもそも、言語によるコミュニケーションは意思の伝達を目的とする。言語行動と意味とが直接的に結びついているからこそ、文法や音韻に比べ意味は日常的に変化しやすくなる。また、文法や音韻においては、旧形式と新形式とが共存することはあってもその区別が截然としているのに対し、意味においては古い意味と新しい意味とが共存・累積し一語の意味を構成していくことがある。こうした多義化も意味変化の特徴である。

意味変化の原因に関しては古くから議論されてきており、以下に示すメイエの四分類が有名である[1]。

Ⅰ. 歴史的原因：科学・技術・制度・風俗などの変化による事物の変化に起因するもの

Ⅱ. 言語的原因：音韻・形態・統語といった言語体系上の諸現象の変化に起因するもの

Ⅲ. 社会的原因：特定の集団に用いられる位相語が一般化したり、ある語が位相語として特殊化したりするといった、語の使用範囲が拡大・縮小することに起因するもの

Ⅳ. 心理的原因：表現効果の追求やタブー忌避のために生じる婉曲化に起因するもの

言語の記号としての性質が変化する言語内的要因であるⅡを除き、Ⅰ・Ⅲ・Ⅳは言語外的要因としてまとめられる。Ⅰは言語行動というより指示対象の変化によるもので、語源学の分野で取り上げられることが多い。Ⅲ・Ⅳは既存の語が新たなコンテクストで使用される用法拡張とも呼ばれ、「普通に（面白い）」「お手洗い」などの例が挙げられる。なお、実際の意味変化は複数の原因にわたり生じており、因果関係は特定しにくい場合が多い。

三．意味変化とそのパターン

意味変化の原因と密接に関連するのが、結果としてどのような変化が起こったかという意味変化のパターンである。原義と転義との間に何かしらの類似性があり、人間の心理的連想により意味変化が起こることを考えれば、意味変化のパターンには通言語的な傾向が認められるはずである。これについても先の原因と同様に古くから議論が繰り返されてきており、その研究史は柴田（一九七五）に詳しい。ここでは、ステルンやウルマンの説を参考に和語の意味変化パターンをまとめた前田（一九八五、七九三～八〇一頁）の分類を簡略化して示す[2]。

Ⅰ．指示物をめぐる状況の変化
　a．指示物の進化
　　例：着物〈着る物の総称〉＞〈和服〉
　b．指示物に対する人間の認識の変化
　　例：風邪〈空気の動き〉＞〈風が入り起こる病気〉
　c．指示物に対する人間の主観的態度の変化
　　例：わがまま〈自分の思うようにすること〉＞〈勝手なことをすること〉

Ⅱ．言語自体の意味変化
　A．意味の相似（連想による転用）
　　a．実態的な相似
　　　例：足〈身体の足〉＞〈乗物〉
　　b．共感覚による変化（感覚表現語同士の転用）
　　　例：やわらかい／つめたい／しぶい色
　　c．情意的な相似（感覚表現語の心情表現語への転用）
　　　例：固い姿勢、あたたかい心、しぶい対応
　B．意味の近接（近接する意味への変化）
　　a．語義が重なり合うように転移
　　　例：うつくし〈かわいらしい〉＞〈きれいだ〉、瀬戸物〈瀬戸で作られた陶器〉＞〈陶器の総称〉、花〈花の総称〉＞〈桜の花〉
　　b．語義が重なり合わないところへ転移
　　　例：なのめに〈普通に〉＞〈普通でなく〉、おめでたい〈ほめるべきだ〉＞〈馬鹿だ〉

Ⅲ．形態との関わりによる変化（形態の相似・近接）
　　例：あたらし〈惜しい〉・あらたし〈新しい〉＞あたらし〈新しい〉

Ⅱ・Ⅲは言語の意味・形態における類似に由来する直接的な意味変化、Ⅰは言語以外の指示対象の変化に由来する間接的な意味変化と大別できる。なお、浅野（一九八九）は意味が変化前後でどのような関係にあるかという観点から意味変化パターンを分類しており、こちらも参考になる。意味の広狭に着目すれば意味の一般化（拡大）／意味の特殊化（縮小）が、意味の価値に着目すれば意味の上昇（向上）／意味の下降（墜落）が、それぞれ指摘できるというものである。前田の分類では、Ⅱ-B-a（瀬戸物、花）が意味の一般化（拡大）／意味の特殊化（縮小）に、Ⅱ-B-b（なのめに、おめでたい）が意味の上昇（向上）／意味の下降（墜落）に、それぞれ相当する。

四．「情意的な相似」の例

前田の分類のうち、Ⅱ-A「意味の相似」は、言語使用者である人間が原義と転義との間に〝意味の類似性〟を連想することで生じる意味変化であり、人間の認知・思考が言語に如実に反映された、より心理的なものと考えられる[3]。加えて、〝意味の類似性〟を媒介としながらも原義と転義とが異なる意味分野である（語が所属する語彙体系を変える）点において、よりダイナミックな語彙体系の変化を促す意味変化といえる。特にⅡ-A-b「共感覚による変化」、Ⅱ-A-c「情意的な相似」は通言語的に認められ、日本語でも古代から見られる現象として大変興味深い。そこで、本節ではⅡ-A-c「情意的な相似」にテーマを絞り、その意味変化の実態について述べる。前田（一九八五、七九七頁）では「情意的な相似」について、「感覚を表わす語が心情を表わすものとして転用される場合」と簡潔に説明されるが[4]、挙例と合わせて推測するに、〝対象の具体的な属性を表す語〟から〝対象の抽象的な属性を表す語〟への意味変化（比喩的転義の誕生[5]）ということであろう。この実例として、嗅覚を中心とした感覚に関わる形容語の意味の歴史的変遷を扱った池上（二〇一四・二〇一五・二〇一六）を紹介しながら、どのように「情意的な相似」が成り立つのか、それによりどのような語彙体系の変化が想定されるのかを論じていく。

(1)「水クサイ」

現代共通語の「水クサイ」は、主体が想定する他者との近しい距離感が否定された場合に感じるよそよしさ

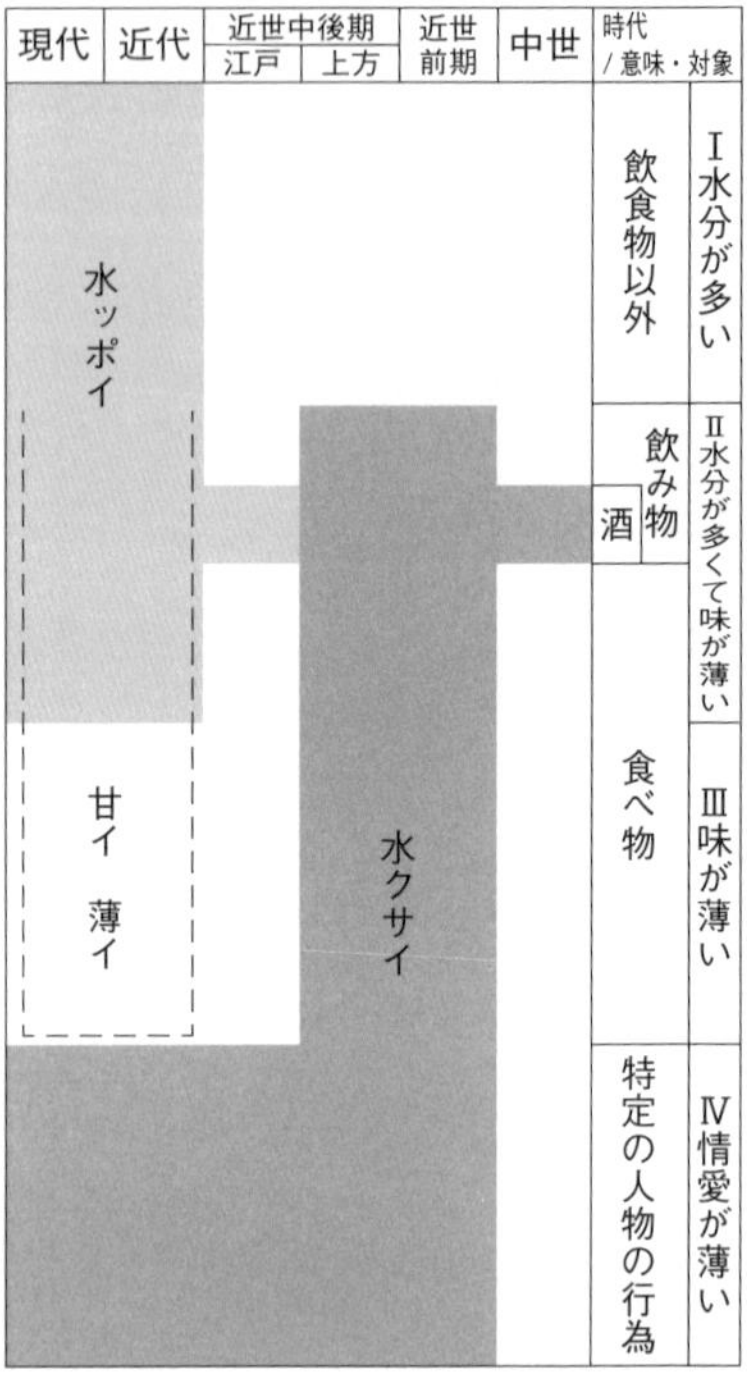

図8-1　水クサイ・水ッポイの意味領域の変遷

を表す語として使用される。しかし、出現当初は専ら酒を対象としていたことや、その語構成要素から、本来は〈水分が多くて（酒本来の）味が薄い〉という意味を表していたことがわかっている。この語の意味・用法の歴史的変遷を関連する語とともにまとめているのが池上（二〇一四）である（図8-1）。

中世前期末に味覚を表す感覚表現語（Ⅱ・①）として誕生した「水クサイ」は、近世には対象を抽象物である特定の人物の行為にまで拡大し比喩的転義〈情愛が薄い〉（Ⅳ・②）を派生させ、心情表現語としても使用されるようになる。

①胡地酒ハ薄テ水クサイ程ニ、千盃バカリ飲ムトモ酔事ハナイゾ　（三体詩幻雲抄・五）

②「とかく遊女程水ぐさきものはなし。かくぶ所存なる売女めにうか〳〵と心をつくす所にあらず。さふしたつめたき女と死ては跡〳〵迄の笑草。此里通ひも今日切り」　（けいせい色三味線・京之巻・二）

しかし、近世後期以降、江戸語の感覚表現語としては「水ッポイ」などと競合し、「水クサイ」は心情表現語としての側面のみを現代共通語に残すこととなった。同時に、「冷タイ・ヨソヨソシイ・薄情・冷淡・淡泊」などで構成される非情語彙に新たに「水クサイ」が追加されたことにもなる。「水クサイ」を含めた語彙体系の新たな均衡を求めて、当該の部分語彙に所属する語どうしで意味・用法の再分担が進んでいった結果、現代共通語における非情語彙の体系が成立したと推測される。

（2）「モノグサ」

物事をするのに面倒がることやそのような性質・人を指して「モノグサ」と表現することがある。この名詞・形容動詞語幹「モノグサ」は古く、第三音節が清音の形容詞「モノクサシ」であり、本来は「クサシ」に接頭辞「モノ」を付加した婉曲表現であった。池上（二〇一五）では、この語の意味・用法の歴史的変遷を図8－2のようにまとめる。

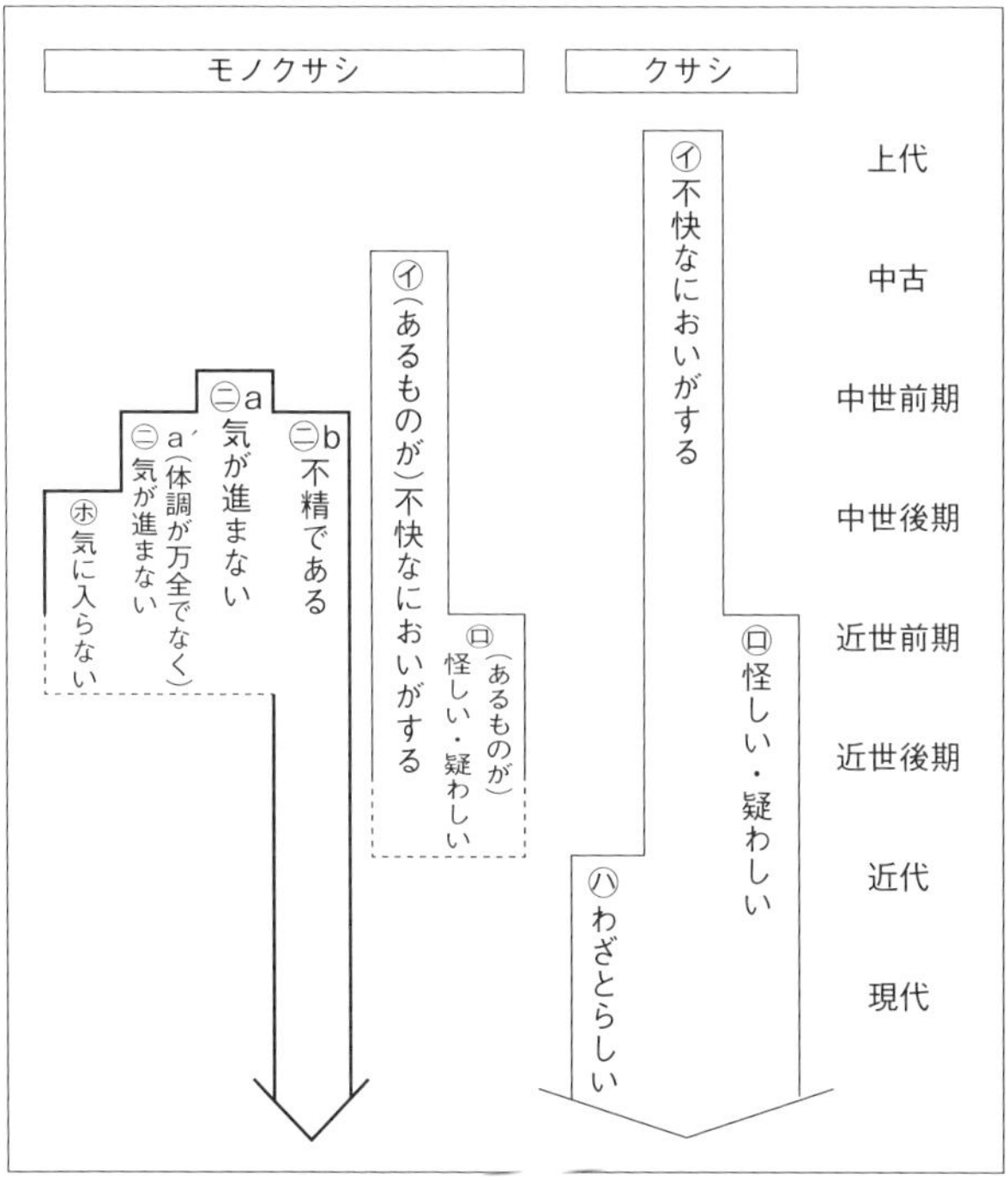

図8－2　クサシ・モノクサシの史的変遷

「モノクサシ」はその語構成要素「クサシ」とほぼ同じ多義化の過程を経たことがわかっている。すなわち、中古の初出例では「クサシ」と同様に嗅覚的な意味〈（あるものが）不快なにおいがする〉を表す感覚表現語として使用されており（㋑・③）、これが抽象化を経て「におい」は「気・感じ」へと転じ、「気・感じ」の不確実性や「不快」というマイナス評価の一致を共通項にし、近世前期には、目前の事態という抽象物を対象とする心情表現語として比喩的転義〈（あるものが）怪しい・疑わしい〉（㋺・④）を派生させる。

③「酢、酒、魚など、まさなくしたる部屋」にいる」君は、万に物の香くさくにほひたるがわびしければ、いとあさましきには、涙もいでやみにけり。……女君は、程ふるま丶に、物くさき部屋に臥して、死なば少将に又物いはず成なん

事、長くのみいひ契りし物をと、……

（落窪物語・巻二）

④我も〳〵と小屋の戸に手をかけ。ゑいやつと引はなせば。中には薪炭俵煙は消えてなかりけり。此内は物ぐさし捜せや捜せと言ふ声に。内より炭を掴みかけわり木を投げかけ投げつくる。

（碁盤太平記）

一方で、中世前期頃より「モノクサシ」に独自の意味・用法も現れる。まず、㋑の抽象化した〈（あるものが）不快な気・感じがする〉という心身の不快感が原因となり、自らが消極的になる内部的状態を表す推論的派生義[6]〈（あるものが）不快な気・感じがするために）気が進まない〉が派生する（㋥a・⑤）[7]。そして、抽象物である他者の行為について、心内の不快感が強調された積極的な拒否〈気に入らない〉を表したり（㋭・⑥）、主体の主観的な評価が前面に押し出された〈（原因・理由は不明だが気が進まないように見え）不精である〉を表したり（㋥b・⑦）する心情表現語としても使用されるようになる。

⑤かの僧正、大二条殿の限りにおはしましけるに参り給て、「碁打たせ給へ」と申給ければ、……打たせ給けるほどに、御腹のふくれ減らせ給て、一番がほどに例ざまにならせ給ける。いとありがたき験者にて侍けり。……〔僧正〕「何ゝ出でよ。かに出でよ」などいひて、打たせ給けるに、かひ〳〵しくて減らせ給にければ、「この碁ものくさし」とて、立ち給にけりとかや。

（今鏡・むかしがたり第九・いのるしるし）

⑥武蔵是〔我先にと進みし大衆、我劣らじと逃げたる〕を見て、「あら、うたての御坊たちの空義勢や。さらば迎ひに参らん」とて、行けども人一人もなかりけり。「あら、物くさや。仏に申つる諍ひの達せぬ事、口惜しや」

（弁慶物語・中）

⑦彼去来物ぐさきをのこにて、窓前の草高く、数株の柿の木枝さしおほひ、五月雨漏尽して畳・障子かびくさく、打臥処もいと不自由なり。

（芭蕉俳文・五三・落柿舎ノ記）

中世から近世前期にかけ以上のように意味を広げてきた「モノクサシ」であったが、現代共通語には心情表現語としての㋥bのみが引き継がれ、形態も名詞・形容動詞語幹に固定化していった。意味の限定化に際しては、

㊁a・㊭の意味で「気ガ進マナイ・気乗リ（ガ）シナイ・気ニ入ラナイ」などの「気」を含む慣用表現との競合があったであろう。また、「物憂イ・ケダルイ・カッタルイ・大儀・不精」といった倦怠語彙へ新たに「モノグサ」が参入したことで、この部分語彙に所属する語どうしで意味・用法の再分担が促され、新たな調和のかたちを目指しながら現代共通語のような体系に向かっていったと推測される。

（3）「気味」

現代共通語における「気味」は、主に「良イ／悪イ」を伴う形容詞（的慣用表現）・形容動詞語幹として心理的な快不快を表す。例えば、「いい気味（だ）」は〈他人の失敗・不遇が心地よい気分である〉を、「気味（が）悪い」は〈事物・物事が異様で理解できず不安である〉を、それぞれ「良イ／悪イ」を伴った表現全体で表す。しかし、本来は「風味」のような嗅覚・味覚に関わる名詞であった。池上（二〇一六）では、狂言台本における「気味」の使用状況から、中近世頃のこの語の意味・用法の広がりについて次のようにまとめる。

まず、「気味」単体で、嗅覚・味覚に関わる感覚表現語として本来の意味〈においと味〉を表す例（⑧）に加え、そこから抽象化を経た〈様子・感じ〉を表す例（⑨）がある。

⑧ ▲シいかさま是は。一つや二つでは。堪忍がならぬ。さあ〱。つげ〱。扨も〱。のめばのむ程うまい。そちもちとのまんか。さそふ ▲女いやわらは、。いやでござる。もはや酔はせられたそふな ▲シいや〱。此様なことで。酔ふことではない。さあ〱。つげ〱。のめはのむ程よいきみじや。（続狂言記・河原新一）

⑨ （大名）へあの萩ハさて、やれ〱見事や、もはやかたはしハ散りがたになつて、下に落ちて有がなを見事で、赤飯など散らひたやうなが、一口くふてミたひきびか有よ（虎明本・はぎ大名）

一方で、修飾成分「良イ／悪イ」と「気味」とが一体になり特定の意味を表す例がある。〈気分・具合が（良い／悪い）〉といった触覚・内臓感覚における快不快を表す例（⑩）や、〈清々しい・好ましい・安心だ・満足だ（・愉快だ・痛快だ）〉、〈落ち着かない・不安だ・もの足りない（・恐ろしい・怖い・不吉だ）〉といった心理的な快不快を表す例（⑪・⑫）などである。後者は、自らが置かれた状況という抽象物を対象とした心情表現語となっており、これを中心に引き継いだのが現代共通語における「良イ／悪イ」を伴う「気味」と考えられる。その過程で、心身の快不快に関わる語彙や恐怖語彙などの部分語彙に「気味」が体系変化（所属する語どうしの意味・用法の再分担）の契機を与えたと推測される。

⑩アト 先もみやはらげまして　シテ ムウよい心持《コヽロモチ》ぢや
……　アト 心得ました 卜云ナガラ、シテノ、ウシロへ、ニジリヨリ、正面向、道具ヲ下ニオキ、腰ヲ、サスル 先お腰をさすりまして　シテ ムウよい気味《キミ》ぢや
（雲形本・神鳴）

⑪シテ 何とゝは男にむかつて。推参な詞をつかふ。アト あいた〳〵　シテ 覚えたか〳〵。……シテ とツメ つとゝ行おれ。アト 何としてくれうぞ。腹立や〳〵。シテ ヱ、にくいやつの。よい気味《キミ》をした。
（雲形本・髭櫓）

⑫シテ「……イヤ誠ニケ様の事を度々致ば後にはあらわるゝと申が今宵は現るゝはしかして襟元から掴立らるゝ様ニざふ〳〵として気味が悪敷。
（虎光本・瓜盗人）

（4）「情意的な相似」の方向性

以上の三つの例に共通しているのは、中近世頃、感覚表現語が対象を抽象物にまで拡大し、意味が抽象化することで心情表現語へと変化している点である。これは、〝感覚で認識した具体的な事物の客観的な属性を表す語〟から〝頭・心で認識した抽象的な物事に対する主観的な属性を表す語〟への変化と言い換えられる。それでは、なぜこうした転用が可能になるのか。それは、感覚を通した認識それ自体が、社会的・客観的なものであると同時に個人的・主観的なものでもあること（西尾 一九七二）が関係していよう。例えば、あるにおいが芳香であるか悪臭であるかは、客観的な判断を下せる場合もあれば、非常に主観的な判断となり個人差が生じる場合もある。感覚による認識が完全な客観性に基づくものでないために、主観的な意味を派生させる契機が本質的に潜んでいるのである。

五．まとめ

本章では、語彙体系の変化を誘発する一つの要因である意味変化に着目し、感覚表現語が心情表現語へと変化

する「情意的な相似」の例を挙げながら、変化の方向性、ならびに、これらの現象が影響を与える他の部分語彙の存在について述べてきた。

従来の語彙論では、語彙体系の全体像を把握するという大きな目的のもと、ある意味領域に関わる部分語彙について、その体系内における語どうしの意味的な関係を明らかにする研究が積極的に進められてきた。文法論や音韻論と異なり、研究対象となる要素が厖大にある語彙論においては、そうした語の相互関係の整理が前提として必要であることは言うまでもない。しかし、そこからさらに進んで、ある語の所属する部分語彙が変化していく（意味的な関係を結ぶ語が変化していく）意味変化にも目を向け、その原因を歴史的変遷から説明していくことで、現代共通語における語彙体系がいかにして成立したのか、その「体系」の必然性が見えてくるであろう。

注

(1)詳細はメイエ著・松本編訳（二〇〇七）を参照されたい。

(2)漢語・外来語については、日本語に移入された後に意味変化が生じる場合は少ないとして、和語の意味変化パターンを中心に取り上げている。

(3)言語が人間の心の働き（認知活動）によって規定されると考える認知言語学において、Ⅱ-Aに関わる言語事象が盛んに取り上げられるのはこのためである。意味変化の原因の整理・体系化が待たれる現状にあっては、言語の心理的側面に着目する認知言語学との連携も必要であろう。石井（二〇一一）が指摘するように、これまでの語彙論では、語彙がいかに構造化されているかという自立的な側面が重視されてきたが、なぜ語の意味がそうあり、なぜ語彙はそのように構造化されるのかという「必然の事情」は問われることが少なかった。語彙に対して心理的なアプローチを試みる認知言語学などをはじめとして、隣接諸分野が追究する「必然の事情」に学ぶことで、日本語学の語彙論における意味変化の研究はより一層発展していくであろう。

(4)前田（一九八五）の「感覚」はいわゆる五感に代表されるような感覚を指す。温度感覚・内臓感覚といった当事者のみ感じられる感覚そのものを表す語のみを「感覚」とし、五感を含めない西尾（一九七二）・山口（一九八二）などとは立場が異なる。山口（一九八二）には、具体的な感覚を表す語が抽象的な感情を表す語に転用され、その逆はほとんど認められないという重要な指摘があるが、この「感覚」が限定的であることに注意されたい。

(5)用語は国広哲弥（一九九七）による。

(6)用語は国広哲弥（一九九七）による。

(7)㋑から㋥aへの変化の背景には、嗅覚が味覚・内臓感覚などと同様に粘膜を通した内部的感覚であるために、体内・心内の不快感をも描写しえたという事情が考えられる。

文　献

浅野敏彦（一九八九）「語義の変化」玉村文郎編『講座日本語と日本語教育六　日本語の語彙・意味　上』明治書院

池上尚（二〇一四）「水クサイの意味変化—水ッポイとの共存過程から考える」『日本語の研究』一〇-二

池上尚（二〇一五）「モノクサシの語史—嗅覚表現〈くさい〉から性向表現〈ものぐさ〉へ」国語語彙史研究会編『国語語彙史の研究　三四』和泉書院

池上尚（二〇一六）「狂言台本における「気味」とその類義表現」近代語学会編『近代語研究　第一九集』武蔵野書院

石井正彦（二〇一二）「隣接諸分野の語彙研究と「これからの語彙論」」斎藤倫明・石井正彦編『これからの語彙論』ひつじ書房

S・ウルマン著・山口秀夫訳（一九六四）『意味論』紀伊国屋書店

国広哲弥（一九九七）『理想の国語辞典』大修館書店

斎藤倫明（二〇一六）「語彙総論」斎藤倫明編『講座言語研究の革新と継承一　日本語語彙論一』ひつじ書房

柴田省三（一九七五）『英語学大系七　語彙論』大修館書店

西尾寅弥（一九七二）『国立国語研究所報告四四　形容詞の意味・用法の記述的研究』秀英出版

前田富祺（一九八五）『国語語彙史研究』明治書院［初出：前田富祺（一九八二）「和語の意味変化」森岡健二ほか編『講座日本語学四　語彙史』明治書院］

メイエ・アントワーヌ著・松本明子編訳（二〇〇七）『いかにして言語は変わるか—アントワーヌ・メイエ文法化論集』ひつじ書房

山口仲美（一九八二）「感覚・感情語彙の歴史」森岡健二ほか編『講座日本語学四　語彙史』明治書院

G・ステルン著・五島忠久訳（一九六二）『意味と意味変化』研究社出版

第九章　語彙の交流

荒川清秀

一．ことばの交流とは

ことばの交流とはなんだろう。日本は過去ずっと中国から多くの漢語を移入してきた。これは「直流」であって「交流」ではない。交流とは一つには、日本からも中国へことばが移入していくことである。そう言うと、一般的には日清戦争後（一八九五）における清国留学生、清国外交官、亡命知識人らによる、近代日本語の移入を思い浮かべる人が多いかもしれない。それはちょうど近代日本語が完成する時期と一致していた。中国の人たちもだからこそ、西洋語を学ぶより、より簡便な日本語の学習に取り組み、日本の教科書、書物を通し、多くの日本語を吸収していったのである。(1)

しかし、ここ三〇年来の研究によって、交流にはほかの流れもあったことがわかってきた。日本の開国は嘉永七年（安政元、一八五四）であるが、中国がイギリスとの戦争（アヘン戦争）に敗れ、むりやり開国させられたのはそれより一〇年以上も前の天保一三年（一八四二）のことであった。いや、その前から西洋人たちは中国へ接近し、西洋のことばを中国の知識人の協力を得て中国語に翻訳していたのである。それはまず一六世紀末のイエズス会の東洋布教まで遡る。彼らと中国の共鳴知識人らにより、主として暦算、宗教、天文、地理、地誌の書の翻訳が行なわれ、そこで生まれた書物（「漢訳洋書」）が鎖国日本へ伝わった。(2)代表的な人物はカトリックのイエズス会宣教師マッテオ・リッチである。吉田忠らによる調査では、日本現存書の多いのは、アレニ『職方外紀』、リッチ『交友論』『幾何原本』『天主実義』、南懐仁『坤輿外紀』などである。これらは中国でもいくつかの叢書に収められたが、より影響を与えたのはむしろ鎖国下の日本であった。つまり、蘭学者、開明大名らによってこれらの書物が読まれ、その中の語が日本語の中へ入っていったのである。(3) さらに、一九世紀初頭では、勢力の衰えたカトリック国に対し、新興のプロテスタント諸国の東洋への進出、いわゆるウエスタンインパクト（西洋の衝撃）により、西洋人、プロテスタント宣教師らによって多くの書物が翻訳、翻案され、多くの英漢・漢英辞書が編まれた。(4) これらを通し多くのことばが中国だけでなく、日本へももたらされた。日清戦争（明治二七年〈一八九四〉）後、中国へ移入された漢語の中には、本来中国で生まれたものも少なくなかったのである。それはつまり、中国で先に作られた近代用語が江戸日本に伝わり、明治維新を経て再び中国語の中へ入っていったということである。「中国→日本→中国」という流れである。「交流」とは本来こういう流れを指すものであろう。

二．『漢語外来詞詞典』の問題点

かつて、私たちは「中国人が認める日本起源のことば」と題する論文、著書、辞書から日本製漢語の存在を考えていた時期があった。さねとう（一九六〇）や劉正埮・高名凱ほか編『漢語外来詞詞典』（上海辞書出版社、一九八四）などである。しかし、来華宣教師たちの著作の研究が進むにつれ、こうした書物は批判の矢面に立たされることになった。例えば、沈国威（一九九四）がつとに指摘しているが、そうした語の中には、実は上で述べた宣教師、西洋人たちの書物に用いられていたものが以下のように相当数存在していたのである。（　）内は初出ならびに用いられている書物。

熱帯（『乾坤体義』一六〇二?、『職方外紀』一六二三、『智環啓蒙塾課初歩』一八五六）
温帯（『職方外紀』、『智環啓蒙塾課初歩』）
寒帯（『乾坤体義』、『智環啓蒙塾課初歩』）
銀行（『智環啓蒙塾課初歩』、『ロプシャイト英華字典』一八六六〜一八六九）
化学（『六合叢談』一八五七〜一八五八、『格物探原』一八七六）
電気（『博物通書』一八五一、『博物新編』一八五五）
電池（『格物入門』一八六八）(5)

和製か中国製かは常に決め手があるわけではない。しかし、例えば「銀行」の「行」が「店、業種」であるとしたら日本人に作れるであろうか。この「行」は今でも「車行」（車屋、自転車屋）、「薬行」（薬屋）のように用いられている。また「まわりよりへこんだところ」という意味から選ばれた語基「池」を持つ「電池」を日本人は作ることができるだろうか。

三．日清戦争以前における日本語の流入

実は日清戦争以前にも日本語が中国語へ入っていったことがある。従来、ドイツ人宣教医ロプシャイトの『英華字典』（一八六六〜一八六九）は近代日本語の創製に大きな影響を与えたとされ、この字典にあれば中国製だとかつては言うことができた。しかし、故那須雅之の研究により、ロプシャイトはペリー来航時に通訳をした堀達之助の『英和対訳袖珍辞書』（一八六二）を参照したことがわかっている[6]。例えば、「半島」などは、江戸時代に蘭学者によって作られ、最終的に『袖珍辞書』を通してロプシャイトの字典に採用された語の一つである。ただ、荒川（二〇一五）で問題にしたように、ロプシャイトが堀の辞書からとったと思われる訳語は以下の十数語しかなく、堀からロプシャイトへの流れを過大視することはできない。

雪崩　軽気球　海峡　結晶　電気　直路　昼夜平分線
新聞紙　半島　理学　散文　軟膏　養気　平和

また、こうした語はロプシャイトを通し中国語の中へ入っていったというより、他の漢訳洋書を通し中国語の中へ入っていったという方がより正確である[7]。

四．ことばの伝来の検証

（1）「明人」―「病院」

ことばはどのようにして伝わるのか。そして、それはどのようにして受容され定着していくのか。それは「暖簾、算盤、椅子、扇子、帽子」などのように、ものの伝来とともに伝わることもある。しかし、その多くは書物や辞書を通してである。したがって、これまでの研究も、主に書物や辞書にあるかどうかを通して検証してきた。ある語がどの書物に、あるいはどの辞書にいつ出現

したかというような研究である。しかし、同時に同時代人がどう語っていたかということも参考にする必要がある。ここでは、江戸から明治初期において、漢訳洋書の訳語が伝わってきたときの状況を、こうした同時代人の記録とともに考えてみたい。

かつて、「病院」ということばの出自に関し国語学界で議論になったことがある。それは日本の蘭学者たちの書物に出てくる「明人」が誰を指すかという問題であった。例えば、森島中良の『紅毛雑話』（一六七八）には西洋近代の制度「貧院」「幼院」「病院」は「明人訳す」と出てくる。これを蘭学者ととる説もあったが、実は「明人」とは当時西洋から中国へやってきた西洋人たちのことであり、新井白石は彼らを「西儒」とも呼んだ(8)。「病院」は中国で西洋人たちによって作られながら、「医院」の抵抗に遭い定着せず、日本でのみ定着、普及した。中国語の「医院」の「医」を日本人に聞けば「医者」という連想をするだろうが、中国人なら、たちどころに「医」とは「なおす」という動詞であると答える。中国で「病院」が定着せず、「医院」が支持された理由がここにある。

「明人」という呼び方はその後も続き、例えば福井藩から出たオランダ兵法書の翻訳『海上砲術全書』（一八五四）にも、

按ズルニ。重学ノ語。明人訳書ニ出ツ。（巻六）

のように見える。『重学』（一八五九）はエドキンズ（艾約瑟）口訳・李善蘭筆述による漢訳の物理学書である。

さらに、訳語の出所として「支那人」「漢人」などと呼ばれることもある(9)。

(2)「支那人」――「電気」

例えば、「電気」はマッゴワンの『電気通標』（一八五一）に出ることが八耳（一九九二）によって明らかにされている。それまで日本では「エレキ」やそれに類する語が使われていた。そこに「電気」が参入する。例えば、化学者川本幸民は『気海観瀾広義』巻一一（一八五一）の中で、「我邦ニ行ハルルコト已ニ久シ」い「越歴的里（エレキテル）」を使いつつも「支那人近日電気と訳す」と注記し、『遠西奇器述』二輯（一八五九）では完全に「電気」に切り替えてしまった。ここからも「電気」は中国から伝わってきたということがわかる。

「電気」はその後中国でもマーティン『格物入門』（一

八六八）や各種叢書の『電学』[10]で使われた。しかし、次のように、二〇世紀初頭には「電」を併せ挙げる辞書もあり、『綜合英漢大辞典』では「電」一つになった。以下、electricity の訳語を挙げる。

『英華萃林韻府』（一八七二）　電気
『商務書館華英音韻字典集成』（一九〇二）　電気
『TECHNICAL TERMS』（一九〇四）　電　電気
『英華大辞典』（一九〇八）　電　電気
『官話』（一九一六）　電気　電
『綜合英漢大辞典』（一九二七）　電
『増訂英華合解辞彙』（一九三三）　電　電気

これは人民共和国成立後（昭和二四年（一九四九））もそうで、『増訂綜合英漢大辞典』（一九四八）や中国科学院編訳局編訂『物理学名詞』（商務印書館）の一八五三年版、一九八八年版も「電」一つしか挙げていない。これは先の「電学」という書名や『格物入門』の中でも、「電」だけで使う用例があり、「電」という語基の自立性の高さが関わっている。[11]「電気」は中国で作られ、しばらくは使われたものの、のちには「電」だけになった。逆に、日本では「電気」が今日まで使われているというわけである。

（3）「漢人」

次に、「漢人」が伝えたとされる「空気」について、その生成、交流、受容を併せ見てみよう。

「空気」の誕生は、この世の物質は純粋な四種類のものからなるというアリストテレスの物質観の東洋伝来と関係があるが、この語は今のところ日中双方で作られたと考えられる。[12]日本での初出は『解体新書』の翻訳メンバーの一人前野良沢の『管蠡秘言』（一七七七）で、彼はアリストテレスの四物質を訳したときに、「空気」とともに「空」を使った。「空気」＝「気」なら理解は容易だが、良沢は「空気」をまた「空」と呼び変えた。この奇妙さゆえか、「空気」は良沢の弟子たちが編んだ蘭和辞書『ハルマ和解《わげ》』（一七九六）には引き継がれたものの、大方の賛同を得られなかった。幕府の天文方では「空気」も継承されるものの、それより「大気」や「濛気」の方が優勢であった。

一方、中国でアリストテレスの世界観を中国語に訳したのはイエズス会宣教師のマッテオ・リッチで、彼は『乾坤体義』（一六〇二？）でこれを「気」と訳した。中国では、「天」と「地」の「気」は「天気」「地気」であるので、その中間の「気」は「空中之気」あるいはその略称としての「空気」として理解されていたが、完全に熟して「空気」とはならなかった。これを「空気」と語彙化させたのは近代におけるプロテスタント宣教師たちである。プロテスタント宣教師たちは、まずairやat-mosphereを「天空之気」と訳した。「天空」とはソラのことである。そして、この「天空之気」(空の気)の略称として「天空気」「天気」「空気」が誕生した。(13) 幕末には、「天空之気」の略称としての「空気」を収める書物、『地理全志』(一八五三〜一八五四)、『六合叢談』(一八五七〜一八五八)、『談天』(一八五九)、『重学』(一八五九)などの漢訳洋書が日本にもたらされ翻刻書が作られた。

幕府の翻訳所、天文方では「空気」は優勢ではなかったが、江戸蘭語学の集大成といわれる『英和対訳袖珍辞書』(一八六二)には「空気」がとられた。そして、その後も「空気」は、『和英語林集成　初版』(ヘボン一八六七)、『英仏単語篇注解』(柳河春三一八六七)、『訓蒙窮理図解』(福沢諭吉一八六八)などに使われているが、明治初期の日本人の中には、「空気」の来源は江戸の蘭語学ではなく、漢訳洋書から来ていると考える者もいた。

例えば、ホブソンの『博物新編』(一八五五)の注釈書の一つ、石阪堅壮口述『博物新編記聞』(一八七四)では、「地気、濛気輪、霧環、濛気、雰気」など日本人創製の訳語を列挙したあと「蓋シ漢人ノ空気或ハ大気其他天気ト称スル者皆之ヲ斥《さす》ナリ」という。つまり、ここでは「空気、大気、天気」は「漢人」＝中国人の造語と考えられているのである。当時、中国の書物は権威を持っており、石阪はこうした事実を前に、むしろ「空気」を中国伝来のものと理解していたようだ。言い換えれば、「空気」は日中双方で作られたが、日本での定着・受容には、中国からの漢訳洋書の伝来という「後押し」が必要であった。あるいはこう言えるだろう。「空気」は日本でも作られ、江戸時代を通し細々と伝えられてきたが、それを定着させるには中国からの影響が必要であったと。逆に言うと、西洋人たちが中国で作った多くの近代語も、日本からの再移入を待つことで、改めて近代中国語となったと。それは日中の力関係の優位性が、当初中国から日清戦争後日本へと移っていったことを反映している。日中でのことばの「交流」にはこういう側面もあるのである。

「空気」に関しては、むしろそれを俗称とする声があった。例えば、箕作省吾の『坤輿図識補』（一八四六～一八四七）には、「濛気　清濛気」を正式の名称とし、「空気」はむしろ俗称としている。

濛気ノ生ズルヤ、其源多端ニシテ、諸般ノ気相聚リテ、此一種ノ質ヲ就ス者ナリ、世人之ヲ空気トナヅグ（即チ清濛気）（巻二）

それは地理学者永井則の『泰西三才正蒙』（一八五〇）でも同じで、ここでも「濛気」を正式の名称としつつ、「空気」を通称としている。

濛気ハ、其本、精微ノ流動質ト諸ノ瓦斯質相混淆シテ成ル也、之ヲ尋常空気ト云

五．専門語の分野別に見た、日中のことばの交流

さて、次に日中間のことばの交流についてもう少し広く見ておこう。森岡（一九六九）は、明治初期に日本人が西洋の文物、概念を翻訳する際、英華字典を大いに利用したという先駆的な研究である。その森岡（同、九八～一〇七頁）によれば、明治初期の専門用語のうち、数学、キリスト教、政治、法律、天文、地理では日本語は中国訳の影響を大きく受けているが、医学、薬学用語、文法、鉱物、軍隊用語ではほとんどなく、化学、物理、生物学ではごく一部を取り入れたにすぎないという。

このうち、「天文、地理」の分野での影響は荒川（一九九七）で詳しく論じた。例えば、

天文―天球、地球、半球、北極、南極、恒星、水星、金星、木星、土星

地理―赤道、地平線、緯度、経度、熱帯、温帯、寒帯、北極圏、南極圏、子午線、海峡、氷山、氷河

は、中国語が日本へ伝わり、日本語になった例である。もっとも、「回帰線」「半島」「盆地」などは日本から中国語の中へ入っていった漢語である。[14]「回帰線」は「メグリカエル南北ノサカイメ」の「メグリカエル」に「回」と「帰」を当てて成立したものであり、「盆地」は原語basin（ballよりもやや浅い容器）をもとに日本人が作

った漢語で、この場合の「盆」は日本のひらべったいお盆ではなく、「覆水盆に返らず」の中国語としての底の深い「盆」のことである。[15]

天文学用語のうち、「恒星」は中国の天文書に起源があるが、中国にやってきた西洋人たちは当初これを「経星」「定星」などと訳した（のち「恒星」に）。また、「惑星（日）─行星（中）」のように日中で訳語が分かれてしまったものもある。さらに、「半島─土股」「地峡─腰、土腰」などは、のちに日本語が中国で採用されるが、ある時期までは下側の語が中国では使われていた。これは非常に形象的な造語法である。つまり、「土股」（半島）とは「ふともも」のようなところ、「土腰」（地峡）は「こし」のようなところという意味である。[16]

化学用語は日本では宇田川榕菴『遠西医方名物考補遺』（一八三四）の影響が強い。そこで使われている、「酸素」「水素」は、オランダ語“zuurstof”“waterstof”からの逐語訳で、それぞれ「酸」や「水」を意味する要素を持っている。しかし、これらは中国語には入っていかなかった。宣教医ホブソンの『天文略論』（一八四七）には、

有両様之気、一名養気、養者所以養万物也、一名淡気、淡者所以淡養気也

とある。二種類の「気」があり、「養気」は「酸素」、「淡気」は「窒素」のことで、「養気とは万物を養うもの」であり、「淡気とは養気を薄めるもの」だという。さらに、『天文略論』の改訂版ともいうべき『博物新編』（一八五五）では次のような説明がある。

〈養気〉又名生気　養気者中有養物、人畜皆頼以活其命（一集）
〈軽気〉或名水母気　……其質為最軽、軽於生気十四倍（同）
〈淡気〉淡気者淡然無用、所以調淡生気之濃者也（同）

つまり、「養気は別名『生気』という。養気の中に物を養うものがあり、人や家畜はこれに頼って生きている」。「軽気」は「水素」のこと。「軽気」は「最も軽い気体で、酸素に比べ一四倍も軽い」から、こう名づけたというわけである。「淡気」は淡々として特に役に立つも

のでもない。酸素の濃いものを薄く調合するものだという。日本の蘭学における、原語に基づく訳語法（calque）に比べ、先の地理学用語の「土股」（半島）、「土腰」（地峡）などと同じく、これはあまりに通俗的な翻訳法と言わざるを得ない。これらは現在、元素記号として、〈氧〉（酸素）とか〈氫〉（水素）のように、いかにも化学用語らしいよそおいをまとっているが、音からすれば、上の『天文略論』『博物新編』に連なるものである。地理学と以上の化学用語を見ると、地理学では通俗的な用語は日本語に取って代わられたが、化学用語ではそのまま残った。これが何によるのかはよくわからない。

物理学用語は、日本では江戸時代に蘭学者によってたくさん作られた。そのうち、志筑忠雄によって作られたとされる用語には次のものがある。

重力　速力　弾力　（『求力（法）論』一七八四）
引力　遠心力　求心力　圧力　（『暦象新書』一八〇〇）

このうち、「圧力」は『六合叢談』にも見える。「空気」だけでなく、物理学用語の中には日中双方で別々に作られたものもあるのである。「圧力」の場合は、おそらく語構成が単純であるからであろう。しかし、このうち「引力」は中国では長く採用されなかった。例えば、

『六合叢談』（一八五七～一八五八）　吸力
『談天』（一八五九・一八七四）　摂力
『格物入門』（一八六八）　吸力
『英華萃林韻府』（一八七二）　attraction　牽引之力
『TECHNICAL TERMS』（一九〇四）
　attraction of gravitation　吸力、摂力
『辞源』（一九一五）　摂力　力学名詞。亦称引力。
『官話』（一九一六）
　attraction　吸力部定　吸引　相吸　摂力新　相翕新
　　迷力新　引力新
　gravitation　地之相引力新
『商務印書館英華字典』（一九一二）
　attraction　吸引　摂力　吸引力
　gravitation　牽力　吸引　重力　摂力
『増訂英華合解辞彙』（一九三三）
　attraction　吸引力　摂力
　gravitation　引力　重力　摂力
『世界綜合英漢新辞典』（一九三五）
　attraction　引力

Newtoniangravity　万有引力
attraction of gravity　重力
『綜合英漢大辞典』（一九二七）
attraction　引力
gravitation　引力　重力
『増訂綜合英漢大辞典』（一九四八）
attraction　引力
gravitation　引力　重力

のように、「引力」は日本語の影響を強く受けた、民国最初の辞書『辞源』になってやっと出てくる。ただし、そこでも別称としてである。『官話』の「部定」というのは当時の教育部認定の訳語、「新」は主に日本語からの訳語である。[17] 一方、「引力」に代わる訳語は、

牽引之力　吸力　摂力　吸引力

などである。現代中国語の「ひく」は「拉」で「拉力」ということばは存在するが、専門用語ではない。「摂」は古代中国語の「ひく」で、現代中国人にはピンとこない語基である。日本語で「引力」が作られたのは、ヒク→「引」という連想が強かったからで、ここには訓で考え音に変換するという日本語独自の造語法が見られる。現代中国語における「引」はせいぜい「導入する」などの抽象的な事柄に使われるだけである。

この語基の性格の違いのためか、「引力」は中国では長く採用されなかった。例えば、明治一二年（一八七九）に初版が出て以来何度も版を重ねた飯盛挺造編『物理学』は、藤田豊八が明治三一年（一八九八）から三二年にかけ中国語に訳し、江南製造総局からも翻訳が出た。咏梅（二〇一三、八二頁）は原本と翻訳の訳語の比較をしているが、その段階でも「引力」は「摂力」のままである。こんなふうに、ことばというのは常に簡単に相手のことばの中に入っていくわけではない。

ところで、日本語から中国語へ入っていったことばの中には、「入口　出口　場合　手続　取締」のような訓を漢字表記したものもある。このうち、「入口　出口」は「入」「出」が書きことばであることもあり、掲示としてすんなり入っていき、今日では話しことばでも使われるようになってきている。[18]「場合　手続　取締」は要素の意味をどう合わせても、中国語としては受け入れがたいことばのはずである。しかし、これらも不思議なこ

とに中国語の中へ入っていった[19]。また、「調査」の「調」は中国語では「動かす、動く」という意味で「調べる」という意味などないが、「査」が中国語で「調べる」であるため、全体として中国人に受け入れられた[20]。一つひとつの漢字（語基）の意味がわからなくても、ことばは全体として入っていく可能性があるのである。

注

(1)当時の中国人は、日本語はテニヲハさえ学べば簡単に内容も理解できると考えていた（荒川 一九九七、一四四〜一四五頁）。
(2)吉田（一九八八）はこの時期日本へ伝わった書物を調べたものである。
(3)その多くは写本のかたちで広まった。地理・地誌の本である『職方外紀』などは多くの写本が存在する。荒川（一九九七、三三頁）を参照。
(4)この期の書物の伝来ならびに和刻本、注解本については八耳（一九九八）が詳しい。
(5)「熱帯」「温帯」「寒帯」については荒川（一九九七、第一章）、「銀行」は齋藤（一九七七、第九章）、「化学」は沈国威（一九九九）、「電気」は八耳（一九九二）、「電池」は河辺（一九七七）に詳しい考証がある。
(6)那須（一九九五・一九九七）を参照。
(7)荒川（二〇一五）にいくつか例を挙げて述べた。
(8)佐藤亨（一九八三、一六頁）など参照。
(9)「支那」の名称がのちに蔑称で使われるようになった経過は佐藤三郎（一九八四）に詳しい。
(10)例えば、『西学大成』『西芸通考』『西学通考』などの中国で出た叢書。
(11)吉野（二〇一五、二五八〜二六一頁）では「電気」の「気」の問題が論じられている。
(12)荒川（二〇一八、第三章）で詳しく述べた。
(13)「天気」は『智環啓蒙塾課初歩』（一八五六）や『格物入門』（一八六八）などで使われた。なお、『格物入門』の日本での注解書である『格物入門和解』（一八七〇）ではこれを「空気」と取り替えた。これは明らかにairを「天気」と訳すことに抵抗があったためである。
(14)「回帰線」については荒川（一九九七、第二章）、「半島」は荒川（一九九七、第一章）を参照。「盆地」は荒川（二〇〇一）で述べた。
(15)「覆水盆……」の「盆」は現代の中国語の成語には出てこないが、これは中国の類書『通俗編』巻三七（一八世紀）から来ている。荒川（二〇一四、一二五頁）を参照。
(16)「股」とは本来「また」のことではなくモモのことである。
(17)『官話』のPREFACEによる。
(18)話しことばのハイルは「進」。なお、「出」は書きことば話しことば両用のことばである。荒川（二〇一四、七五〜七六頁）を参照。
(19)中国では、こうしたことばの流入に対しこれを排斥する声もあった。例えば、『盲人瞎馬之新名詞』（彭文祖 一九一五）。
(20)「調査」が和製漢語であることについては荒川（二〇一四、五六〜六〇頁）を参照。

文献

荒川清秀（一九九七）『近代日中学術用語の形成と伝播―地理学用語を中心に』白帝社
荒川清秀（二〇一四）『中国語を歩くパート3』東方書店
荒川清秀（二〇一五）「ロプシャイト英華字典と英和対訳袖珍辞書」『文学』一六-五
荒川清秀（二〇一八）『日中漢語の生成と交流・受容―漢語語基の意味と造語力』白帝社
齋藤毅（一九七七）『明治のことば―東から西への架け橋』講談社
佐藤亨（一九八三）『近世語彙の研究』桜楓社
佐藤三郎（一九八四）『近代日中交渉史の研究』吉川弘文館
さねとう・けいしゅう（一九六〇）『中国人日本留学史』くろしお出版
沈国威（一九九四）『近代日中語彙交流史―新漢語の生成と受容』笠間書院
沈国威（一九九九）「訳語『化学』の誕生―『六合叢談』に見える近代日中語彙交流」『『六合叢談』（1857–58）の学際的研究』白帝社
那須雅之（一九九五）「W. Lobscheid小伝―〈英華字典〉無序本とは何か」『愛知大学文学論叢』一〇九輯
那須雅之（一九九七）「LOBSCHEIDの《英華字典》について―書誌学的研究（一）」『愛知大学文学論叢』一一四輯
森岡健二（一九六九）『近代語の成立　明治期語彙編』（改訂一九九一）明治書院
八耳俊文（一九九二）「漢訳西学書『博物通書』と「電気」の定着」『青山學院女子短期大學紀要』四六
八耳俊文（一九九八）「アヘン戦争以後の漢訳西洋科学書の成立と日本への影響」吉田忠・李廷挙編『日中文化交流史叢書［八］科学技術』大修館書店
河辺浩（一九七七）「漢語『電池』の考証」『言語生活』三〇六
吉田忠（一九八八）『イエズス会士関係著訳書の基礎的研究』（昭和六二年度科学研究費補助金研究課題報告書）
吉野政治（二〇一五）『蘭書訳述語攷叢』和泉書院
咏梅（二〇一三）『中日近代物理學交流史研究―一八五〇-一九二二』中央民族大学出版社

第3部

語彙の営為

第一〇章　語彙の獲得

横山詔一

一．頭のなかの語のネットワーク

ここでは「意味記憶（semantic memory）」や「心的語彙（mental lexicon）」について解説したうえで、語彙の獲得・記憶に関する原理を認知心理学や文化人類学など様々な研究分野の知見に基づいて紹介する。理解語彙と使用語彙の違いのほか、幼児の語彙発達における語彙爆発については、本章の最後でごく簡単に述べる。

（1）語彙の定義について

まず、語彙をどう考えるかについて、石黒（二〇一六）の定義を以下に引用する。これとは別の定義を考える人も少なからず存在すると思われるが、本章は下記に従う。

①語彙とは、語の集まりのことである。
②ただし、語の集まりである辞書が語彙と呼ばれることはない。語彙は語彙リストの形で紙にまとまっていることもあるが、通常は頭のなかにあると考えられる。頭のなかにある語のリストが語彙と言えるであろう。
③さらに、語彙は単なる語のリストではない。意味のネットワークによって無数の語がつながる語のリストである。（それは頭のなかに存在する。）

（2）語彙の獲得について

語彙の「獲得」については、石黒（二〇一六）を参考にして図10－1のように考える。これまでは語彙の獲得というと語彙の量に関心が集まりがちであったが、これからは語彙の質にも眼を向ける必要がある。前半部は語彙の量に影響する要因を取り上げ、後半部で語彙の質を

語彙の獲得＝語彙の量×語彙の質（創造的思考をいざなう語彙運用能力）

図 10－1　語彙の獲得モデル

左右する意識的・無意識的な心的メカニズムに光をあてる。

二．語の意味の記憶―意味記憶―

語の意味は人間の頭の中にどのような形で貯蔵されているのだろうか。例えば「イス」という語の意味は、国語辞典には①腰をかける家具、②地位や官職、などと記述されている。しかし、私たちがイスをイスだと認知するとき、これだけの情報に頼っているわけではないだろう。ソファも腰をかける家具ではあるがイスではない。イスとソファを判別する知識を人間は持っている。

これは、言語学の意味論や認知科学の心的語彙（心内辞書）における問題意識とほとんど同じである。心理学では、この問いについて、主に意味記憶の研究で扱ってきた。では、意味記憶の特徴とはどのようなものなのだろうか。

（1）意味記憶とエピソード記憶

日本語母語話者の場合、「書く」という語を、いつ、どこで習得したかを明確に記憶している人はほとんどいないであろう。一方、英語の「write」は、それを学んだ時期や場所を、ある程度は特定できそうだという人は少なくないだろう。このように、基本語彙を習得したときの状況に関する記憶は、母語と外国語で違うことがよくある。

いつ、どこで、といった情報、つまり学習時の文脈や状況に関する情報を伴う記憶を「エピソード記憶」という（太田編 一九八八）。「write」のように、外国語の語彙は、エピソードつまり出来事の一種としてまず短期記憶の中に貯蔵され、その一部が長期記憶に定着していくと考えられている。例えば、中学生のときに（時間情報）、あの校舎の教室で（場所情報）、あの先生が黒板に「write」のスペルを書いて教えてくれた……などというように、過去のエピソードとして記憶の内容を語ることができる。いわゆる記憶力がよいというのは、エピソード記憶の能力を指している。

それに対して、「書く」のように、母語の基本語彙においては、いつどこでそれを学んだのかという学習時の状況に関する記憶（つまり文脈情報）はすっかり抜け落ちて消えてしまい、語の意味の記憶だけが残っている。

このような記憶を「意味記憶」という。意味記憶の特徴は、エピソード記憶との比較によって鮮明に浮かび上がってくる。

では、意味記憶とエピソード記憶は、どのようにして発達するのだろうか。ある説によると、意味記憶がある段階まで発達しないとエピソード記憶は成立しないといわれている。出来事の記述には、いつ、どこで、といった文脈情報が関与する。言語の発達が不十分だと文脈情報を詳しく記述できないので、エピソードの記憶痕跡も貧弱なものになると考えられる。人間の認知は言語と切り離すことはできない。

(2) 記憶の検査法

記憶を調べる方法にはどのようなものがあるのだろうか。エピソード記憶は、次のようなテストで調べる。テストを受ける人に、例えば「ネコ」という語をカードに書いて見せ、そのカードを眼の前から取り去った後に、「さっき、ここで見せた語を想い出して書いてください」というような課題を与える。このようなやり方を再生テストという。

もう一つの方法として、「さっきカードに書いてあった語はイヌでしたか」や「ネコでしたか」と尋ねるやり方もある。これを再認テストという。ここでは、「イヌ」という語は見ていない、「ネコ」という語は見た、と回答すれば正解となる。

意味記憶の調べ方はいろいろある。ある語について意味記憶を調べる場合、音読テストや意味理解テストを用いる。音読テストは、「ネコ」という語を見せ、それを声に出して読ませる。意味理解テストは、あらかじめイスやテーブルなどの線画もしくは写真を準備しておき、そこから「イス」という語が指示する対象物を選択させる。

三．心的語彙
―語の意味ネットワークモデル―

本章の冒頭で「語彙は単なる語のリストではない。意味のネットワークによって無数の語がつながる語のリストである。（それは頭のなかに存在する。）」という石黒（二〇一六）の知見を紹介した。それについて、認知心理学の観点から検討してみよう。

(1) 意味符号化

目や耳などの感覚チャンネルから情報が入ってくる

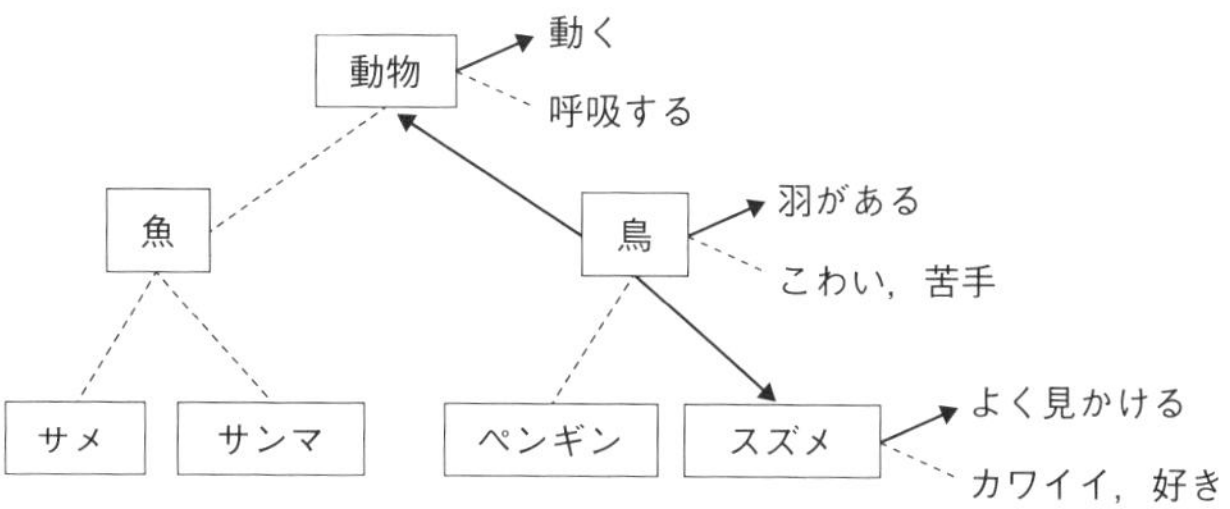

図 10－2　語の意味ネットワークモデルにおける連想の広がり

と、何らかの表象が人間の心の中に形成されると考えられる。ある語を目にしたとき、その文字列の視覚的な表象が脳内に成立する。このプロセスを「形態符号化」という。語は読みの情報も持っているので、読みの表象も作られるのが普通で、これを「音韻符号化」という。さらに、語には意味の情報もあるので、その表象が形成されることを「意味符号化」という。

このように同じ情報であっても、人間がどの側面に注意を向けるかによって、形態符号化、音韻符号化、意味符号化の三者間で異なるバランスが生じる。例えば、「イシ」という語に対して「カタカナ二文字だ」と意識した場合は、文字列の形に関する形態符号化がなされ、形態符号が記憶内に貯蔵される。「この語はイという音を含んでいる」と考えた場合は、読みに注意が向いているので音韻符号化がなされる。「この語は、石、医師、意思、意志、遺志などのいずれだろうか」と考えた場合は意味符号化がなされる。

(2) 語の意味ネットワークモデル

語彙に関係が深い符号化は意味符号化である。そこで、語の意味符号化を図10－2に示す意味ネットワークモデルで説明してみよう。意味ネットワークモデルは、概念をノード（語）とリンク（語間をつなぐ経路）で表現する。図10－2のネットワークのようなものを頭の中に持つ人に「鳥」という語を読ませたり、聞かせたりすると、リンクを経由して連想が広がり、「スズメ、羽がある、よく見かける、動物」などのノードが意識的・無意識的に連想される。図10－2では連想ルートのリンクが実線で示されている。どのノードがどのリンクを経由して連想されたかの記録は、その一部が記憶痕跡となって保持される。これが意味符号化のプロセスである。なお、繰り返しになるが、ここでの連想は意識化されないものも含む。

語彙について考える際は、図10－2のような語の意味ネットワークを念頭に置くと理解がさらに進むかもしれない。

(3) 項目間精緻化と有意味度
―語彙の質に関係する指標―

連想される語数が多い、つまり連想生産度が高い語は、その語から数多くのリンクが他のノードに張られていることを示している。リンクの形成には、意味ネットワークに登録されている見出し語どうしの関係が濃密になることが求められる。このような作用を「項目間精緻化」という。

ある語や絵の刺激によって心の中で生み出される意味の豊富さは、連想の量を調べることで明らかにできると心理学では考えられている。ある語や絵の刺激を数十人の被験者に見せ、六〇秒間でなるべく多くの語を連想するように教示する。刺激に対する連想語数を調べ、平均値を算出したのがその刺激の「有意味度」である。有意味度はその刺激の認知や記憶に影響を与えることが知られている。

四．カテゴリー化による語彙の獲得

語の意味ネットワークを構成する「語」がどのように獲得されるのか、基本的なメカニズムを考えてみよう。

(1) 帰納推論と概念形成

あなたは、「机」という名詞の意味を知らない人に、どうやって「机」という言葉を教えるだろうか。机A、机B、机C……と世界中にある机をすべて列挙しないと「机」という言葉が理解できないかといえば、そうではない。有限の経験から、今後起こりうる無数の「机」について名前が呼べるようになる。最初の何個目かの事例に接した時点で「ああ、これが机か」と思えて、そこから先は、今まで見たこともない机とか変わった色の机とかを見せられても、机かどうかを判別できるようになる(橋爪 二〇〇三)。これがカテゴリー化や概念形成の本質であり、このような精神作用を「帰納推論」という。語彙の獲得は、帰納推論によって支えられている部分が少なくないと考えられる。

(2) プロトタイプ効果
―意味ネットワークの水平方向の関係―

自然界に存在する事物のカテゴリーには「それらしい」事例のほかに、そうではない事例も存在するのが普通である。先に図10‐2で示した鳥カテゴリーの事例で「鳥らしさ」を比較してみると、スズメとペンギンではスズメの方がより鳥らしく感じるという人は珍しくないであろう。

人工物の場合も同じで、家具売り場には、いろいろなデザインのイスが並んでいる。すべてのイスに共通する外見的特徴は存在しない。イスの事例どうしのメンバーシップは同等・均質ではなく、典型性の高さに違いがある。このような典型性の差は、意味記憶の構造的特性の一面を反映したものだと考えられている。

刺激のカテゴリー判断、文の真偽判断などの課題(例「スズメは鳥である」「ペンギンは鳥である」などの真偽判断)では、典型性の高い事例ほど速く正確に判断できる。また、カテゴリー名を呈示して、その事例を連想させる課題では、典型性の高い事例ほど連想頻度が高くなる。国立国語研究所の連想語彙表によると、東京に住む成人女性の場合、家具カテゴリーについて連想反応が多いのは、イス、机、テーブル、ベッドの順になる。つまり、イスはベッドよりも「家具らしい」と認知されている(国立国語研究所 一九八一)。このように、典型性が認知に及ぼす影響を「プロトタイプ効果(典型性効果)」という。

プロトタイプ効果は語彙の獲得にも影響を及ぼすと考えられる。繰り返しになるが、東京に住む成人女性の場合、家具カテゴリーについて連想反応が多いのは、イス、机、テーブル、ベッドの順になることが国立国語研究所の連想語彙表に示されている。このことから、家具カテゴリーに属する語彙の獲得は、イス、机、テーブル、ベッドの順に進んだのだろうという仮説を立てることができる。ただし、その実証的な証拠は管見の限り見当たらない。今後の研究に期待したい。

(3) 基礎レベルカテゴリー
―意味ネットワークの垂直方向の関係―

動物を目にしたとき、まずは「犬」や「鳥」や「カメ」といったレベルで言語化するのが普通であり、「哺乳類」や「鳥類」や「爬虫類」のように抽象度が高すぎる上位概念レベルや、逆に「ラブラドルリトリバー」や「メジロ」や「クサガメ」など抽象度の低すぎる下位概念レベルで認知するのは、特別なケースを除いてあまりないと考えられている。語の意味ネットワークにおける階層構造のうち、「犬」や「鳥」や「カメ」のように適切な抽象度による包摂水準を「基礎レベルカテゴリー」という（Rosch et al. 1976）。

幼児が語彙を習得する際は、基礎レベルカテゴリーの語彙から獲得していく。意味記憶の発達は、基礎レベルカテゴリーの語彙から出発して、上位概念や下位概念に進むようである。

（4）アドホック・カテゴリー

「赤ちゃん」「銀行預金通帳」「印鑑」は同じカテゴリーに包摂することが可能だろうか。これら三者に類似性を見いだせる人はあまり多くないかもしれない。しかし、ここに「火事のときに持ち出すもの」という文脈・状況を導入すれば、たちまち、赤ちゃん、銀行預金通帳、印鑑は同じカテゴリーの事例として凝集性を持ち、包摂が生じる。このようなカテゴリー形成を「アドホック・カテゴリー」という（Barsalou 1983）。

概念をまとめるしくみは、あらかじめ語の意味ネットワークの中に貯蔵されているだけではない。語彙（意味のネットワーク）は、文脈や目的によって新たな意味を生成し、未知の状況に柔軟に対応できるような創造力を備えている。語彙の獲得は、このような創造力の発揮によって支えられている部分がある。

五．アナロジーによる語彙の獲得
──意味ネットワークの組み換え──

アドホック・カテゴリーの解説において「語彙の獲得は、文脈や目的によって新たな意味を生成し、未知の状況に柔軟に対応できるような創造力の発揮によって支えられている部分がある」と述べた。これは、語の意味ネットワークの組み換え作用による語彙の獲得現象だと言えよう。以下、そのメカニズムを詳しく見ていく。

（1）アナロジーと比喩の関係

アナロジーは「類推」と同義語である。ある国語辞典によると、類推は「類似点に基づき他のことをおしはかること。二つの特殊的事例が本質的な点において一致することから、他の属性に関しても類似が存在すると推論すること。似たところをもととして他のことも同じだろうと考えること。類比推理」と説明されている。比喩については「物事の説明に、これと類似したものを借りて表現すること。たとえ」となっている。

つまり、アナロジーとは、ある領域における知識のシステムを別の領域に持ち込む認知的メカニズムを指す。そして、比喩はアナロジーによって生成される。語彙の量は同じでも、たくみな比喩ができる人の語彙は質が高いといえる。

（2）直喩と隠喩

比喩は主語と述語で構成され、いろいろな形式をとりうるが、最も単純なのは「AはBに似ている」「AはBのようだ」あるいは「AはBだ」といったものである。前者のように比喩指標（に似ている、のようだ、みたいだ）を明示的に持つ表現を「直喩（シマリー）」、持たない表現を「隠喩（メタファー）」という。隠喩は直喩の省略形である。直喩の表現で「AはBに似ている」という形式があることからも明らかなように、比喩の理解は土台の部分で類似性判断のメカニズムに支えられている。

（3）類似性判断のメカニズム
―語彙空間における距離の非対称性―

A地点からB地点までの物理的な距離は、B地点からA地点までの距離と一致するのが普通である。例えば、東海道新幹線で東京駅から京都駅までの距離と、京都駅から東京駅までの距離は同じである。これを距離の対称性という。

ところが、人間が行なう類似性判断（心理的距離）はいつも対称性が保証されているわけではない。「カナダは米国に似ている」という表現はあまり変ではないのに「米国はカナダに似ている」というのは奇異に感じるという現象がある。これは、AとBが似ている程度と、BとAが似ている程度で、違いが見られる例である。

類似性判断の非対称性に関して、Tversky（1977）の「特徴対照モデル（feature contrast model）」による説明がよく知られている。このモデルを大幅に単純化して紹介してみよう。例えば、カナダや米国などについて何らかの知識を持っているとして、両国の類似性判断の場面で利用される知識は、図10－3に示すように〔カナダの特徴集合〕と〔米国の特徴集合〕で表現できる。

カナダの特徴集合は〔〔カナダの独自性〕＋〔両国の共通性〕〕で、米国の特徴集合は〔〔米国の独自性〕＋〔両国の共通性〕〕でそれぞれ構成されている（以下、〔両国の共通性〕は単に〔共通性〕と呼ぶ）。〔共通性〕、〔主語の独自性〕、〔述語の独自性〕のそれぞれに対して、

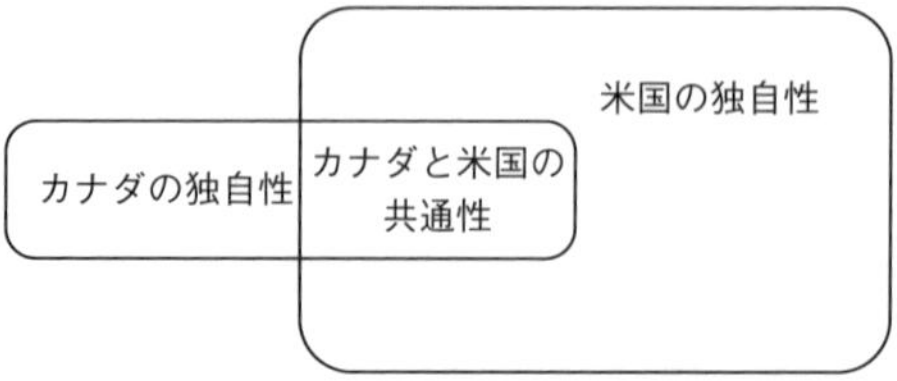

図10－3　カナダと米国の特徴集合

類似性判断のプロセスで注意が向けられる程度をθ、α、βという重みづけで表現すれば、次のようになる。

「カナダは米国に似ている」程度＝θ〔共通性〕－α〔カナダの独自性〕－β〔米国の独自性〕…（1）

「米国はカナダに似ている」程度＝θ〔共通性〕－α〔米国の独自性〕－β〔カナダの独自性〕…（2）

（1）式と（2）式の差を求めると

「カナダは米国に似ている」程度－「米国はカナダに似ている」程度＝（α－β）〔〔米国の独自性〕－〔カナダの独自性〕〕…（3）

となる。

ここで（3）式の右辺に注目してみよう。一般的に、米国のことはよく知られているけれどもカナダについてはあまり知られていない。そのため、カナダの独自特徴に比べて、米国の独自特徴の方が頭に浮かびやすいであろう。その場合、〔米国の独自性〕＞〔カナダの独自性〕（非負）となる。また、類似性判断のプロセスにおいては、文の述部よりも主部に注意が向くと仮定すると、α＞β（非負）となる。

以上より（3）式の右辺はプラスになり、

「カナダは米国に似ている」程度－「米国はカナダに似ている」程度＞0

が導かれる。このような計算が心の中で自動的に行なわれ、「カナダは米国に似ている」程度の方が「米国はカナダに似ている」程度よりも高いと判断されると考えられている。

さて、ここであらためて図10－2の意味ネットワークをながめてみよう。図10－2に示されているノードどうしのリンクの長さ（距離）はすべて対称である。つまりノードAからノードBまでのリンクの長さと、ノードBからノードAまでのリンクの長さは同じである。これは当然のことのように思えるが、人間の頭の中にある語彙の世界では当たり前ではない。二つの語どうしの間の距離（類似性）が非対称になる場合も珍しくないと考えられる。図10－2はあくまでも語彙空間を物理的二次元平面上に投影した固定的・静的モデルである。頭の中の意味ネットワークの世界では、ここで紹介した語どうしの特徴対照モデルのようなダイナミックな演算も無意識のうちに高速で行なわれていると考えるべきであろう。そのようなダイナミックな演算をこなす能力の高低が、語彙の質（創造的思考にいざなう語彙運用能力）に影響することから、類似性判断のメカニズムは語彙の獲得を支える重要な役目を果たしているといえよう。

（4）比喩文理解のモデル
—語の特徴集合における変容や生成—

文理解のメカニズムに着目して比喩を捉えようとする「カテゴリー包摂モデル」が提唱されている（カテゴリー包摂モデルはクラス包摂モデルということもある）。比喩文「笑顔は花だ」の形式は、カテゴリー叙述文「イヌは動物だ」の形式と同じである。ここでの叙述文はイヌが動物カテゴリーに属することを述べているだけであるが、比喩文も笑顔が花カテゴリーに含まれると述べているにすぎない。ただし、比喩文はアドホック・カテゴリーを心の中に生み出す点で叙述文とは区分される。アドホック・カテゴリーとは、目的や文脈に応じて、臨機応変にその場その場で生成されるカテゴリーのことをいう。

カテゴリー包摂モデルでは、比喩文「笑顔は花だ」を理解するプロセスを次のように説明する。

①述語が持つ意味特徴の一部が選択され、本来の意味特徴よりも抽象的なレベルに変容される。述語「花」は「美しい色の花びらがある、カラフルである、そのうち枯れる」などの意味特徴を持つので、それらの意味特徴をさらに広い範囲に適用可能な意味特徴へと抽象化して「美しい、華やかな、永遠ではない」というように変容させる。

②その抽象化された意味特徴を有するメンバーが集まってアドホック・カテゴリーが生成される。

③このアドホック・カテゴリーの意味特徴を主語に重ね合わせて、主語と述語の間の類似性や共通性を必要に応じて掘り起こし、比喩文の理解が完了する。「美しい、華やかな、永遠ではない」といったアドホック・カテゴリーの意味特徴を主語「笑顔」に重ね合わせて、「笑顔は美しい、華やか、永遠ではない」といった理解がなされる。

このように、カテゴリー包摂モデルは、特徴集合の変容や創造的生成のメカニズムを重視している。その点が特徴対照モデルとは異なっている。

六．語彙の獲得における文化の影響

言語、食事、習慣など、日々の暮らしの基本には文化がある。ここでは、文化が語彙の獲得に与える影響について見ていく。

(1) サピア＝ウォーフの仮説

人類言語学者のサピアとウォーフは「人間が外界を認識する方法は言語によって異なる」という仮説を提唱し、言語学や文化人類学に大きな影響を与えてきた。このサピア＝ウォーフの仮説は、言語は私たちの経験の仕方を規定しているという言語的決定論（強い仮説）と、同一の対象を与えられても言語的背景が異なれば認知の仕方も違うという言語的相対論（弱い仮説）の二つに分けて考えることもできる。

(2) 色彩認識の言語独立性

Berlin and Kay（1969）は、基本色彩語（例えば赤）について、色見本の中から典型的な事例（最も赤らしい赤）を選んでもらうと、被験者の使用言語にかかわらず、選ばれるのは常に似た色であることを明らかにした。これを「焦点色（focal color）」と呼ぶ。九八言語にわたる検討の結果、赤らしい赤、青らしい青など、一一種類の焦点色が存在することがわかった。

プロトタイプ理論で有名なRosch（1973）は、Berlin and Kay（1969）の研究を参考にして、ニューギニア原住民ダニ族の調査を行なった。英語は一一種類の焦点色に対応した色彩語（白、黒、赤、緑、黄、青、茶、灰、紫、橙、桃）があるのに対して、ダニ族の言語は二種類の焦点色に対応する語（白、黒）しか持っていない。ダニ族に新しい色彩語を教えて実験をしてみると、アメリカ人と同じように、焦点色の方が非焦点色よりも再認や対連合学習の成績が優れていた。赤らしい赤は、そうでない赤よりも憶えるのが簡単だったのである。これらの結果は、色彩語の体系の違いに関係なく、色彩カテゴリーは焦点色をプロトタイプとして周辺部に広がっている可能性を示唆している。

サピア＝ウォーフの仮説ではアメリカ人とダニ族で色の見え方や認知に共通性は見いだせないはずだが、その予測は支持されなかった。焦点色の発見は、色彩のカテゴリー化と命名の背後に言語の差を超越した普遍的なメカニズムが働いている証拠だと考えられ、注目を集めた。

（3）焦点色研究の現状

ところが、Rosch（1973）の研究には疑問な点もあることがわかってきた。Davidoff（2001）は、Rosch（1973）が行なったような比較文化的研究をはじめ、実験心理学的実験や失語症患者の認知神経心理学的実験などを用いて包括的な検討を行ない、Rosch（1973）の結論に対して真っ向から反論している。彼はニューギニア原住民ベリンモ族を対象にしてRosch（1973）の研究を追試し、違った結果になることを示した。ベリンモ族は基本色彩語を五つ持っている。Rosch（1973）と同じように記憶実験を行なったところ、焦点色と非焦点色の間で成績の差は見られなかった。

このように、この問題に関する議論は続いており、今なお決着はついていない。また、たとえ色彩認識での言語独立性が実証できたとしても、それは日常生活のごく限られた範囲の話であり、サピア＝ウォーフの仮説のうち言語的相対論（弱い仮説）をひっくり返すほどの証拠とはなりえないと社会科学では見なされている。語彙の獲得に及ぼす文化の影響についてはいまだ十分に解明されていないといえよう。

七．まとめ

本章のポイントは、図10－1に示した語彙の獲得に関するモデルと、図10－2の心的語彙を意味ネットワークとして考えるモデルである。いずれも「これが正解」というものではないが、今後の検討の手がかりになるであろう。特に、図10－1は重要だと考えられるので、ここに再掲する。

語彙の量に影響を及ぼす要因として、プロトタイプ効果や基礎レベルカテゴリーなどを取り上げた。そして、

語彙の獲得＝語彙の量×語彙の質（創造的思考をいざなう語彙運用能力）

図10－1　語彙の獲得モデル（再掲）

語彙の質に関係するトピックについては、アドホック・カテゴリー、類似性判断の特徴対照モデル、アナロジーなどを取り上げた。例えば、アナロジーや比喩は、主語と述語の間で新たな共通点を発見するはたらきを持つことから、創造的思考のベースになっていることは間違いない。語彙は人間の知能・知性の源泉であるとともに、人間の知能・知性が語彙の獲得や誕生を支えているといえよう。

最後に、「理解語彙」と「使用語彙」の違いのほか、幼児の語彙発達における「語彙爆発」現象について、ごく簡単に述べる。

語彙は理解語彙と使用語彙に区分することができる。理解語彙というのは個人が聞いたり読んだりするときに理解できる語の集合で、使用語彙というのは個人が話したり書いたりするときに使うことができる語の集合だと定義できる（荻原 二〇一四）。日本語を母語とする成人の語彙量（理解語彙、使用語彙）に関する先行研究は多くない。とりわけ使用語彙については、幼児対象の調査を除くと、ほとんど存在しない。そのこともあって、本章は、理解語彙と使用語彙を明確に分けないで議論を進めた。理解語彙と使用語彙をめぐる先行研究・調査がどのように実施され、いかなる問題が存在するかについては荻原（二〇一四・二〇一六）に詳しく述べられており参考になる。

また、幼児期の語彙習得においては「語彙爆発」という現象が観察されることが発達心理学の分野で広く知られている。赤ちゃんは一歳前後で初語を発し、その後の半年間ぐらいは使用語彙が徐々に増えていく。そして一歳半から二歳を過ぎたあたりから、使用語彙が大きく増加する。このような幼児期の急速な語彙習得現象を語彙爆発と呼ぶ。本章は幼児期よりも後に生じる語彙獲得を取り上げたため、語彙爆発の実態や原因については触れなかった。この点に関する詳細な検討は別の機会に譲りたい。

文　献

石黒圭（二〇一六）『語彙力を鍛える―量と質を高めるトレーニング』光文社新書

太田信夫編（一九八八）『エピソード記憶論』誠信書房

荻原廣（二〇一四）「日本人の語彙量（理解語彙、使用語彙）調査を行うにあたっての基礎的研究」『京都語文』二一、佛教大学

国語国文学会
荻原廣（二〇一六）「大学4年生の日本語の使用語彙は平均約三万語、理解語彙は平均約4万5千語」『京都語文』二三、佛教大学国語国文学会
国立国語研究所編（一九八一）『幼児・児童の連想語彙表（国立国語研究所報告六九）』東京書籍
サピア、E・ウォーフ、B. L. ほか著、池上嘉彦訳（一九七〇）『文化人類学と言語学』弘文堂
橋爪大三郎（二〇〇三）『「心」はあるのか』ちくま新書
横山詔一・渡邊正孝（二〇〇七）『記憶・思考・脳』新曜社
Barsalou, L. W. (1983) Ad hoc categories. *Memory & Cognition*, 11.
Berlin, B and Kay, P. (1969) *Basic Colour Terms : Their Universality and Evolution*. Berkeley, California : University of California Press.
Davidoff, J. (2001) Language and perceptual categorization. *Trends in Cognitive Science*, 5.
Rosch, E. (1973) Natural categories. *Cognitive Psychology*, 4.
Rosch, E., Mervis, C., Gray, W., Johnson, D., and Boyes-Braem, P. (1976) Basic objects in natural categories. *Cognitive Psychology*, 8.
Tversky, A. (1977) Features of similarity. *Psychological Review*, 84.

付　記

本章は、横山・渡邊（二〇〇七）のうち横山が単独で執筆した章の一部をまとめ直した記述を含んでいる。

第一一章　語彙の教育

庵　功雄

語彙論の発展に比べて、語彙教育は必ずしも十分に研究されているとはいえない。本章では、国語教育、日本語教育双方における語彙教育に関する留意点を紹介する。

一．国語教育、日本語教育と語彙教育

本章では国語教育と日本語教育双方における語彙教育に関する留意点を考えるが、その際、国語教育を「小中高校における日本語母語話者に対する日本語の教育」、日本語教育を「非日本語母語話者に対する日本語の教育」と考える。すなわち、国語教育は年少者に対する母語の教育である。一方、日本語教育の中心は成人に対する第二言語の教育である（年少の非日本語母語話者に対する語彙教育は、文法教育、漢字教育と並んで重要であるが、本章では扱わない）。

このように国語教育と日本語教育を区別した場合、母語教育である国語教育の場合は、語彙の拡張（vocabulary building）が問題であるというよりは、既知の語彙をどのように体系的に理解するか（例えば、話しことばと書きことばの違いを理解する）が問題となる。これに対し、非母語教育である日本語教育の場合は、語彙の拡張、それも、後述のように、いかに効率的に語彙を増やすかが中心的な課題となる[1]。

二．文法と語彙の関係

語彙教育を行なううえで、文法と語彙の関係を押さえておくことは重要である。

よく知られているように、文法と語彙は、横糸と縦糸

のように織り合わさって文を作り出している。例えば、次の文を考えてみよう。

①男が店で紅茶を飲んでいた。

この文の構造は次のように考えることができる。

②男が（a）店で（b）紅茶を（c）飲んでいた（d）。

つまり、①は「男という動作主（a）が、店という場所（b）で、紅茶という対象（c）を飲むという動作を、過去の一時点において継続中だった（d）」という意味を表すが、[2] このうち、（a）～（d）の□で囲んだ部分は傍線を付した部分の意味（文法的意味）を表している。こうした「文法」が表す関係は統合的関係（syntagmatic relation）と呼ばれる。[3] 統合的関係は「横の関係」とも呼ばれ、一文中に共存することが可能である（これを「both-and の関係」という）。

一方、（a）～（d）の□で囲んだ部分の前接部には、意味的制限（選択制限）を満たすものならどのような語でも来ることができる。こうした「語彙」が表す関係は範列的関係（paradigmatic relation）と呼ばれる。つまり、①という文は、動作主になりうるものの中から「男」が選ばれ、場所になりうるものの中から「店」が選ばれ、というように、様々な選択肢の中から、たまたまそれぞれ1つの要素が選択された結果作られたものであり、②の矢印はこのことを表している。範列的関係は「縦の関係」とも呼ばれ、範列的関係にある語のうち実際の文中で使われるのは一語だけである（これを「either-or の関係」という）。

このことを例えて言うと次のようになる（庵 二〇一七b）。すなわち、「文法」はクッキーやゼリーの「型」のようなもので、その違いによって、どのような形のクッキーやゼリーができるかが決まる。一方、「語彙」はクッキーやゼリーの材料に相当し、その違いによって、実際のクッキーやゼリーの色や味が決まるのである。したがって、例えば、①は③のような文と同じ「型」から作られており、①と③の違いは「材料」の違い（男―花子、店―レストラン、紅茶―ステーキ、飲む―食べる）によるものである。[4]

③花子がレストランでステーキを食べていた。

このように、「語彙」が表す関係は「潜在的な（co-vert）」ものであるが、この点は語彙教育にとっても重要な意味を持っている。

三．国語教育における語彙教育

本節では、国語教育における語彙教育にとっての留意点を述べる。本節の記述は、基本的に学校教育における語彙教育の実践書である教科研東京国語部会・言語教育研究サークル（一九六四）（以下、教科研（一九六四）と略する）の記述に基づく。

なお、本節で述べる内容は日本語教育においても重要であるが、成人の第二言語話者の場合は、母語の知識を援用できる可能性があるため[5]、ここでは、取り上げる内容を一義的には国語教育における留意点と見なすこととする。

（1）品詞

第一の留意点は、品詞である。

品詞に関して重要なのは、品詞は文法的性質による区別であるという点である。例えば、「ある」と「ない」は反対語だが、「ある」は終止形が「-u」で終わるので動詞、「ない」は終止形が「-i」で終わるので形容詞（イ形容詞[6]）である。また、「元気」と「病気」も反対語だが、「元気な人」と言えるのに対し、「*病気な人」とは言えず[7]「病気の人」と言わなければならないので、「元気」は形容動詞（ナ形容詞[8]）（の語幹）、「病気」は名詞である[9]。

（2）体系性

第二の留意点は、語彙の体系性である。

語彙論の基本的な事項であるが、語は単独で存在するわけではなく、他の語との関係性の中で存在している。

例えば、「重要、大切、大事」はすべて形容動詞の語幹であり、意味的にも似た類義語であるが、「重要課題」のような複合語になれるのは「重要」に限られ、名詞化する際に「重要さ、大切さ」は使いやすいが「?大事さ」は使いにくいといった異なりがある。

一方、「おいしい―まずい」「貸す―借りる」などは意味的に反対の概念を指す反対語である。ここで、形容詞における反対語は、一方の語の否定形とは意味が異なることに注意が必要である。例えば、「あの店の料理はおいしくはないが、まずくもない。」といった表現が可能である。[10] また、動詞の反対語の場合、「太郎が花子に本を貸した。」「花子は太郎に本を借りた。」のように、主語と目的語を入れ替えて意味的に等価な文を作れる場合がある。こうした関係を語彙的ボイスと呼ぶことがある（野田 一九九一、庵 二〇一二）。

（3）位相差

第三の留意点は、位相差である。

位相差にはいくつかの種類があるが、特に、文体差は重要である。文体差には、「易しい―容易な」のような話しことばか書きことばかという対立があるが、話しことば、書きことばそれぞれにフォーマル―インフォーマルの違いがあり、両者の関係は連続的である。

これ以外に、教科研（一九六四）では専門語（専門用語）の問題も取り上げられている。

（4）語種

第四の留意点は、語種である。

語種には、和語、漢語、外来語があるが、これらは、基本的には表記と結びついている。すなわち、漢語は漢字で書き、外来語はカタカナで書くのが普通であり、和語は「山、馬、家」のような基本語は漢字で書くのが普通である一方、「もみじ、コオロギ」のような動植物名はひらがなやカタカナで書くのが普通である。なお、漢語の中でも、「あいさつ、いす」のように日常語に深く入ったものはひらがなで書くことも多い。また、外来語の中でも「たばこ、かるた」のように古い時期に入ったものはひらがなで書かれることも多い。

（5）語構成

第五の留意点は、語構成である。

語には、単純語と合成語があり、合成語には「春風、白黒」のように単純語同士が結合した複合語と、「不自然（不―）、魚屋（―屋）、面白さ（―さ）」のように接辞（接頭辞、接尾辞）がついた派生語がある。

（6）意味の拡張

最後の留意点は、意味の拡張である。

例えば、「{明るい／暗い}部屋」と「{明るい／暗い}性格」を比べると、後者の「明るい／暗い」は前者のそれよりも抽象的である。このように、意味の拡張は、「具体→抽象」の方向で進むことが多い。また、「家は学校に近い」と「近い将来」のように「空間→時間」の方向で進むこともある。

四．日本語教育における語彙教育

前節では日本語母語話者である子どもを対象とする国語教育における語彙教育で考慮すべき点について述べた。これらの点は、成人の非日本語母語話者を対象とする日本語教育でも問題となることではあるが、上述のように、日本語教育では語彙の拡張が不可欠である点で、国語教育とは語彙教育における力点の置かれ方がやや異なる。具体的には語彙シラバスが重要な意味を持つが、本節ではこの点について述べる[11]。

語彙シラバスというのは、単なる「語彙リスト」とは異なり、その教授科目の内容（話題、場面など）にそくして、頻度などを考慮したうえで作成されたものである（森 二〇一六）。語彙シラバスは、文法シラバスと並んで、適切で段階的な言語習得を可能にする教材を目指すうえで不可欠のものである。

（1）語彙シラバスに関連する概念

ここでは、語彙シラバスに関連する概念のうち、重要なものを紹介する。

①難易度と親密度

最初に取り上げるのは、難易度と親密度である。

言語教育（特に、外国語教育）を考えるうえでは、学習者のレベルごとに必要とされる語彙を決めるのが一般的である。これは、林（一九七一）の「基本語彙」に当たるが、日本語教育でこの範囲を示したものは『日本語能力試験出題基準』（国際交流基金・日本国際教育協会編著 一九九四）である。ここでは、当時の一級〜四級（一級が最上級）の各級で習得されるべき語がリスト化されている[12]。日本語教育における語彙の難易度を考える際にはこのリストが参照されることが多い。

次に、親密度というのは、ある語について、どの程度なじみがあるかを数値化したものである（天野・近藤 一九九九、佐久間・伊集院ほか編 二〇〇八）。親密度と難易度の間には一定の相関があるので、語彙リストを作る際に親密度を考慮することは有効であると考えられる。

②領域特徴語

一方、学習者の学習目的は様々であるので、中級以降は、学習者のニーズにそくした教育を行なっていく必要がある。その際に、特に重要になるのが語彙（専門語彙）であるが、これに関しては、領域特徴語という概念が重要である。

領域特徴語は、その領域に特に多く出現する語であるが、これを調べるには、その領域のコーパス（対象コーパス）を調べるだけでは十分ではなく、それ以外のより一般的な領域を含むコーパス（参照コーパス）との比較を行なう必要がある。[13] 両者を比較したうえで、対象コーパスにおける出現率が際立って多いものはその領域に特徴的な語であると考えられる（松下 二〇一六）。

③語彙密度

次の二文を比較してみよう。

④アルコールをたくさん飲んで、運転すると、事故を起こす。

⑤過度のアルコール摂取は、自動車事故の原因だ。

④と⑤はほぼ同じ内容を表しているが、受ける印象はかなり異なる。この点を明らかにするのが語彙密度(lexical density)という概念である。[14]

今、④と⑤をそれぞれ形態素に区切り、節単位にも区切ってみると、次のようになる（〈 〉は節の区切り、｜は形態素の区切りを表し、傍線を引いたものは実質語、引いていないものは機能語である）。

④′〈アルコール｜を｜たくさん｜飲ん｜で｜〉、〈運転｜する｜と｜〉、〈事故｜を｜起こす｜〉。

⑤′〈過度｜の｜アルコール｜摂取｜は｜、自動｜車｜事故｜の｜原因｜だ｜〉。

④′⑤′から、この二文に含まれる実質語の数は同じ六だが、[15] 節の数は④が三なのに対し、⑤は一で異なることがわかる。ここで、語彙密度を次のように定義する。

語彙密度＝テキストに含まれる実質語の数／テキストの節の数

そうすると、④と⑤の語彙密度はそれぞれ、二と六となり、⑤の方が語彙密度が高いことがわかる。一般に、語彙密度が高いものは、一つの節に情報が多く詰め込まれているといえるが、Hallidayはこのことを、話しことばと書きことばを分ける重要なポイントであると考えている（佐野 二〇一六、Halliday 1990）。

（2）読む活動と語彙シラバス

語彙シラバスは特定の目的にそくして編まれるべきものである（森 二〇一六）。本章では、このうち、「読む」「話す」という活動にそくしたものを紹介するが、まず、読む活動にそくした語彙シラバスについて考える。

松下（二〇一六）は、読解力と語彙力の関係を様々な観点から論じている。それによると、日本語と英語を比べると、日本語の方が語彙力が読解に与える影響が大きく、読解力の五〇％程度は語彙力で説明できるとされている。

さて、読むための語彙シラバスを考えるうえで重要なのは、「より少ない語彙学習でより多くのテキストを理解できる」ことであると考えられる。

ここで、語彙学習の負担に関わるのは異なり語数であり、テキストの理解に関わるのは既知語（理解語）の延べ語数である。そうすると、上の命題は、「より少ない異なり語数の学習で、より既知語の延べ語数を増やせるか」というように言い換えられる。[16]

松下（二〇一六）は、この基準から初級、中級、上級を次のように区別している。[17]

⑥初級：上位一三〇〇語がおおむね確実で、総語数が三〇〇〇語程度になるまで
中級：上位七〇〇〇語がおおむね確実で、総語数が一二〇〇〇語程度になるまで
上級：上位七〇〇〇語がおおむね確実で、総語数が一二〇〇〇語以上になるまで

この基準は一般的な読解能力を考えるうえで有効である。ただし、中級以上になると、学習者の専門分野などによるニーズの違いが重要になる場合も多い。その場合には、前述の領域特徴語が重要になってくる。

（3）話す活動と語彙シラバス
―『実践日本語教育スタンダード』を例に

「読む」活動は理解レベルのものであるが、「話す」という産出レベルの活動を考える際の語彙シラバスとしてはどのようなものが必要なのだろうか。この観点から作られた最も包括的なものは『実践日本語教育スタンダード』（山内編 二〇一三）（以下、「スタンダード」と呼ぶ）である。

①「スタンダード」の内容

「スタンダード」は、学習者の生活に必要な「言語活

表11－1　「スタンダード」における言語活動のリスト（ロールカード）（抜粋）

【1.1　食】

	職業的領域	私的領域（場所）	私的領域（人）
単語	あなたはレストランの店員です。お客さんにある料理の値段を聞かれました。答えてください。	レストランの案内係が人数やたばこを吸うかどうかなどについて尋ねています。答えてください。	昨日あなたは餃子をたくさん食べました。友達に何個食べたか聞かれました。答えてください。
～			
複段落	あなたは貿易会社の社員です。あなたの国の珍しい食べ物を日本に輸出したいです。その食べ物の魅力や価格を説明し、交渉してください。	あなたが食べた食品に農薬が混入しており、健康面で被害を受けました。その食品を作った会社のサービスセンターに行って、どのような被害を受けたのかを説明し、治療費・慰謝料などを要求してください。	農業技術の発展や輸入食品の増加によって、季節を問うことなく何でも食べられるようになりました。その功罪について友達と話し合ってください。

動」と、日本語の「言語素材」とを有機的に結びつけることによって、学習者の言語運用につなげることを目的として作られており、その発想はACTFL（全米外国語教育協会）で開発された言語運用能力基準やCEFR（ヨーロッパ言語共通参照枠）に類似したものであるが、これらが（汎言語的な適用を前提に）具体的な言語形式を規定していないのに対し、「スタンダード」は、「日本語」においてそれぞれの能力遂行に必要な具体的な形式（特に語彙）を規定したものである。

「スタンダード」では、言語活動として「サバイバル、ポストサバイバル」の二タイプ四領域（生活、人文、社会、自然）、その下に一六分野、一〇〇話題が設定されている。

まず、言語活動は、話題ごとに、表11－1のように、縦に五つのレベル（単語、単文、複文、単段落、複段落[18]）、横に三つの領域からなるロールカードとして記述されている。

一方、個々の語は、具体物に関しては、表11－2のA～Cにあるような親密度（四.（1）①参照）に基づいて配列されている。[19]

ここで、表11－2に関して重要なことは、ここに挙げ

表11－2 「1.1.1.1　食名詞：具体物」の【料理名：固体】

意味分類	A	B	C
【料理名：固体】	カレー、パン、ごはん、サラダ、うどん、そば	サンドイッチ、ステーキ、ハンバーグ、刺身	ライス、粥、実、麺、漬物、～漬け

表11－3　1.1.3.1　調理構文：叙述（抜粋）

名詞群	助詞	述語		
		A	B	C
【食べ物】【食事】【料理名：固体】【料理名：液体】【菓子・デザート】【飲み物】【食材】	を	作る	調理する	こしらえる

表11－4　1.1.3.1　調理構文：修飾（抜粋）

修飾語			名詞群
A	B	C	
	粉（の）、塊（の）、粒（の）	丸ごと（の）、粉末（の）、微塵切り（の）、切れ目（のある）、薄切り（の）	【食べ物】【食事】【料理名：固体】【料理名：液体】【菓子・デザート】【飲み物】【食材】

られていない語があったとしても、その語は、表11－2のA～Cのいずれかと範列的関係にあるので、それに基づいて、その語が表11－2に占めるべき位置が決められるということである。そして、これにより、「語彙」という「開いた」体系を包括的に扱うことが可能になっているのである。

一方、動詞と形容（動）詞は、表11－3、表11－4のように「構文」として扱われている。

このように、語彙を意味ごとに分類したシソーラスの代表的なものに『分類語彙表　増補改訂版』（国立国語研究所 二〇〇四）があるが、同書では意味分類のみを行なっており、「スタンダード」のように、親密度や難易度を基準とした分類は行なわれていない。これは、前者が主に日本語母語話者向けのものとして作られていることによるものと思われる。

②文法と語彙の関係（二）

以上見た「スタンダード」の特徴を踏まえ、文法と語彙の関係を改めて考えてみる。二で見たように、文法と語彙は「横」と「縦」の関係にある。この点はスタンダードにおいても変わらない。しかし、日本語教育としては、それだけでは不十分で、ある名詞がどのような構文で使われるのかといったことがわかっていなければならない。

「スタンダード」では、「話題」を単位とすることによって、ある名詞がどのような文型（格枠組みcase frame）の中で使われるかということを表示している。例えば、「自動車」という語は、「2.3 交通」という話題では、「車、乗用車、タクシー、バス」などとともに【車】という名詞群を形成し、「乗る」のニ格や「運転する」のヲ格を占める一方、「10.7 国際経済・金融」という話題では、「米、原料、資源、食糧、石油」などとともに【輸入品・輸出品】という名詞群を形成し、「輸出する・輸入する」のヲ格を占める。このように、ある語がどのような語と範列的な関係を形成するかは話題によって決まる（橋本 二〇一六）。

五．まとめ

本章では、国語教育、日本語教育における語彙教育における留意点について述べた。ここでは便宜上、両者を分けて記述したが、この区別は絶対的なものではない。また、文法と語彙が織り合わさって文を形成していることからもわかるように、文法と語彙は相互に強く影響し合う存在であり、この点の認識は語彙教育においても重要である。

注

(1) 文法教育の場合は、文法的知識の大部分は生得的であると考えられるため、母語話者である子どもに対する文法教育の位置づけは難しい。林（一九六〇）はこの問題を正面から捉えて論じたものである（庵 二〇一七c）。一方、語彙教育の場合は、知識の生得性が文法ほど著しくはないため、子どもに対する教育においても動機づけを高めることは文法教育に比べれば容易であると考えられる。

(2) 厳密には、「てい」と「た」はそれぞれ、アスペクト（継続相imperfective）とテンス（過去past）を表し、両者の間にも統合的関係が存在する。

(3) 統合的関係と範列的関係について詳しくは仁田（一九九七）を参照されたい。

(4) オーディオリンガル法における代入ドリルはこの考え方に基づいていると見なせる。

(5) 例えば、「―性」をつけた名詞化は、英語の「-ce」による派生に相当することがある（例：「重要な→重要性」「important→importance」）。

(6) 学校文法でいう形容詞を日本語学や日本語教育では「イ形容詞」と呼ぶことが多い。

(7) 以下、文法的に正しくない表現に*、文法的に座りが悪い表現に?を付す。

(8)学校文法でいう形容動詞を日本語学や日本語教育では「ナ形容詞」と呼ぶことが多い。

(9)このような品詞間の連続性について詳しくは寺村（一九八二）を参照されたい。

(10)イ形容詞では、こうした場合、「おいしくはない」のように否定形に「は」がつく（庵二〇一七ａ）。

(11)語彙シラバスに関する最新の研究成果は森編（二〇一六）である。

(12)二〇一〇年から実施されている現行の試験では、レベルがＮ１～Ｎ５（Ｎ１が最上級）の五段階に改められたほか、語彙を含むすべてのシラバスおよび試験問題が非公開となっている。

(13)この比較には対数尤度比（log-likelihood ratio）が使われることが多い（松下二〇一六）。

(14)語彙密度はHalliday, M.A.K.の理論で用いられる概念である（佐野二〇一六）。

(15)「車」は「自動車」の一部であるため、ここでは実質語としては数えない。

(16)「既知語の延べ語数」が読もうとするテキスト全体の延べ語数に占める割合を「既知語によるテキストカバー率」という。

(17)ここでいう「語」は接辞を含むものである。

(18)このレベルは、基本的にOPI（Oral Proficiency Interview）のレベル分けに沿っている。

(19)これに対し、抽象概念を表す語に関しては、「親密度」とは異なり、「必要度」のような概念でＡ～Ｃが区別されている（この点について詳しくは山内（二〇一二）を参照）。

文献

天野成昭・近藤公久編著、ＮＴＴコミュニケーション科学基礎研究所監修（一九九九）『日本語の語彙特性　第一期』三省堂

庵功雄（二〇一二）『新しい日本語学入門—ことばのしくみを考える　第二版』スリーエーネットワーク

庵功雄（二〇一七ａ）『一歩進んだ日本語文法の教え方１』くろしお出版

庵功雄（二〇一七ｂ）「新しい留学生向け総合教科書作成のための予備的考察—初級文法項目を中心に」『言語文化』五四

庵功雄（二〇一七ｃ）「日本語教育から見た『基本文型の研究』」庵功雄・石黒圭・丸山岳彦編『時間の流れと文章の組み立て—林言語学の再解釈』ひつじ書房

教科研東京国語部会・言語教育研究サークル（一九六四）『語彙教育—その内容と方法』むぎ書房

国際交流基金・日本国際教育協会編著（一九九四）『日本語能力試験出題基準』凡人社

国立国語研究所編（二〇〇四）『分類語彙表　増補改訂版』大日本図書

佐久間尚子・伊集院睦雄ほか編著、東京都老人総合研究所・ＮＴＴコミュニケーション科学基礎研究所監修（二〇〇八）『日本語の語彙特性　第三期（第八巻）』三省堂

佐野大樹（二〇一六）「語彙密度から見た語彙シラバス」［森編（二〇一六）所収］

寺村秀夫（一九八二）『日本語のシンタクスと意味Ｉ』くろしお出版

仁田義雄（一九九七）『日本語文法研究序説—日本語の記述文法を目指して』くろしお出版

野田尚史（一九九一）「文法的なヴォイスと語彙的なヴォイスの関

係」仁田義雄編『日本語のヴォイスと他動性』くろしお出版

橋本直幸（二〇一六）「話題から見た語彙シラバス」［森編（二〇一六）所収］

林四郎（一九六〇）『基本文型の研究』明治図書出版［ひつじ書房から復刊（二〇一三）］

林四郎（一九七一）「語彙調査と基本語彙」国立国語研究所『電子計算機による国語研究 三』秀英出版

松下達彦（二〇一六）「コーパス出現頻度から見た語彙シラバス」［森編（二〇一六）所収］

森篤嗣（二〇一六）「まえがき」［森編（二〇一六）所収］

森篤嗣編（二〇一六）『現場に役立つ日本語教育研究二　ニーズを踏まえた語彙シラバス』くろしお出版

山内博之（二〇一二）「非母語話者の日本語コミュニケーション能力」野田尚史編『日本語教育のためのコミュニケーション研究』くろしお出版

山内博之編（二〇一三）『実践日本語教育スタンダード』ひつじ書房

Halliday, M.A.K.（1990）Some grammatical problems in scientific English. *Annual Review of Applied Linguistics*. 6

第一二章　語彙の流通

大谷鉄平

平成二九年（二〇一七）上旬、朝日新聞の二月九日の報道(1)を皮切りに、某学校法人による国有地買い下げ問題が大きく報道され、国会で当該問題に言及する議員の発言(2)、ならびに日本外国特派員協会の会見での、同法人当時理事長の発言に端を発し、「忖度《そんたく》」という一般には聞き慣れない語が話題となった。この潮流はマス・メディアにとどまらず、ｗｅｂ上でもＳＮＳや個人ブログ、ｗｅｂ掲示板などへ波及した。BuzzFeed News Japanの配信記事(3)によれば、「忖度」が「Twitterでもたびたびトレンド入り」し、「「goo辞書」の検索ランキングでは1位（3月29日）にランクイン」したという。情報化・国際化が成熟して久しい現代では、日常では聞き慣れないような語彙であれ、一瞬のうちに拡散し日常でもてはやされる事例は、枚挙に暇がない。

本章では、いわゆる「流行語」となった専門語の、流行前後の過程での意味内容の推移、ならびにそこへのメディアの作用性を中心に、語彙の流通の原理的な側面についての（試行的な）検討を行ないたい。

一．前提的議論

―概念ならびに論点の整理を中心に―

(1) 専門語研究とメディアとの接点

国立国語研究所（一九八一、一〇頁(4)）では、専門語を「現代語のなかでももっとも現代的な部分」とし、「情報量の爆発的な増加にともなう新語の急増は現代語の特徴だが、その大部分は、いうまでもなく専門語である」と指摘する。これには、科学技術の発達と国際化に伴う新たな概念や現象の創出・導入が背景的に認められることが、多くの先行研究において指摘されている。また、佐竹（一九八二）には、情報化社会の到来により、「専門用語が一般大衆の中で日常語化してくる」（二一〇頁）とあるが、ｗｅｂメディアが浸透した現在では、その度合いがますます色濃くなっている。同論では、「専門用語が一般に理解されることは、必ずしも容易ではない」（二〇八頁）と指摘しているが、二一世紀を生きる我々にとっては、知識の有無や位相にかかわらず、スマホさえあれば、瞬時に検索し、意味内容を把握できてしまう。つまり、ｗｅｂメディアの登場「前／後」では、後者において①非専門家が専門語の意味内容を把握するために必要な要素が、「興味・関心」のみになった、②専門語の日常語化が常態化した、との差異が認められよう。このように、専門語をはじめ、ある語彙範疇にある語（句）の流通範囲を検討する際には、メディア環境を加味した考察が求められる。

事実、言語研究におけるメディアへの注目は、先行研究においても、随所に確認される。例えば、マス・メディアでの語彙の流通実態に関する調査・研究としては、国立国語研究所の新聞（一九七〇・一九七一・一九七二・一九七三年『電子計算機による新聞の語彙調査Ⅰ・Ⅱ・Ⅲ・Ⅳ』）、雑誌（一九五三年『婦人雑誌の用語』、一九五八・一九五九年『総合雑誌の用語 前・後編』、一九六二・一九六三・一九六四年『現代雑誌九十種の用語用字　第一分冊〜第三分冊』、一九八七年『雑誌用語の変遷』、二〇〇五年『現代雑誌の語彙調査　一九九四年発行七〇誌』、二〇〇六年『現代雑誌の表記　一九九四年発行七〇誌』）、ＴＶ（一九九五・一九九七・一九九九年『テレビ放送の語彙調査１・２・３』）の報告が第一に挙げられる。[5] また、特にＴＶメディアについては、ことばのみならず映像（視覚）の効果も兼ねており、これを包括したコーパス作りとしては、石井（二〇〇九）、石井・孫（二〇一三）をはじめとした成果がある。現代では、ビッグデータを利用した調査・研究も盛んであり、今後、語彙のメディアでの流通実態の把握は、より精緻化してゆくものと思われる。

（２）流行語研究・新語研究

次に、現代日本語における流行語研究と新語研究に関し、概略的に整理したい。

稲垣（一九八三）は、流行語の定義を「誇張の中に娯楽性を含んだ表現でそのときどきの世相・風俗を風刺したり、その発音が新鮮・奇抜であったりして、人びとの耳目を引きつけ、一時期ひろく使われたり印象づけられたりする言葉」（一六一頁）とする。また、その特徴を「硬（「社会風俗や時代・世相に対応して、これに批判的意味をもつもの」（一六三頁））／軟（「芸能タレントのギャグやコマーシャルなどに発するナンセンス流行語」（同上））」の観点から分類している点は、現今の「新語・流行語大賞」に選出される語（句）の分類にも通用しよう。また、同時に、「硬／軟」いずれの場合も、「事物そのものの流行」と「ことば自体の流行」とを区別しなければいけない（同上）との警鐘もまた、的を射たものと考える。

一方、流行語は、毎年、直前の「新語・流行語大賞」が催されることもあり、大衆からの注目度は高いものの、吉田（一九九九）には、「国語学の研究者による集積は、多いとは言えない」（一四五頁）とある。確かに、『国文学』（学燈社）一九九七年一二月号「特集　流行語」、『日本語学』（明治書院）二〇〇二年一一月号「特集　経済・世相・ことば」などより、一定の学界における注目は認められる。反面、論文検索ツール CiNii（http://ci.nii.ac.jp/）にて「流行語」で検索したところ（検索日：二〇一七年六月五日）、一九四八年九月～二〇一七年三月の計三九〇件がヒットしたが[6]、「語彙」での同日検索結果が一二七〇〇件であったことと比べても、その少なさが目立つ。理由としては、流行が例外なく一過性であり、定着するにせよ、廃退するにせよ、時が経てば「流行」語ではなくなる、との根本的問題（図12-1）、ないし稲垣（一九八三）の「第二種（軟）」に認められる「俗的・諧謔的」との印象に起因する学問的関心事としての不適格性、などが推察される。なお、流行語を「日本語と社会情勢・状況」の観点から捉えた論考には、平林（一九九八）、小矢野（二〇〇二）、佐藤（二〇〇三）、木村・谷川ほか（二〇〇五）などがある。これらに共通する主張は、「ことばの創造や、ことばの意味内容の変化の背景に、社会情勢・状況の影響がある」こと、ないし「流行語は、社会のありようを如実に映し出す鏡としての機能を有する」こと、である。いずれも、ことばに対する「外的要因の作用性」の観点からは重要な指摘であるが、ごく当たり前の結論でしかない、との批判も免れない。

他方、新語には、大別して「語（句）構成」からのアプローチ（米川（一九八九）、窪薗（二〇〇二）など）と、「（外来語を含む）起源」（樺島ほか編（一九九六）、飛田（二〇〇二）など）からのアプローチが認められ、

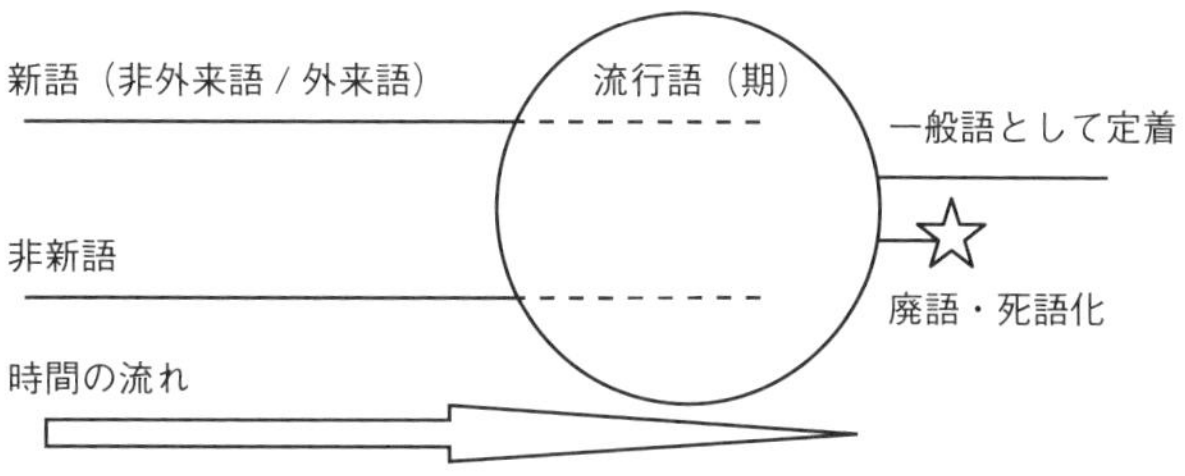

図 12－1　ことばの流行語化とその後に関するモデル図

流行語に比し、通時・共時両観点からの豊富な研究の蓄積があり、種々の辞典・事典（web版を含む）もある。[7] また、外来語表記や和製英語をはじめ、日本語教育の分野からの要請の多さもまた、流行語研究と新語研究との大きな差といえよう。

以上より、本章では、新語・非新語の「（メディアへの）顕現」から「流行語としての流通（期）」、そして「その後」までの過程を、概略的に、図12－1のように捉えることとする。

二　専門語「ファジィ」の流行語化・その後までの過程に関する小調査

さて、以下では、「新語・流行語大賞」平成二年（一九九〇）金賞受賞の「ファジィ」に注目し、雑誌記事タイトル上での同語の意味づけと流通の実態に関し、用例観察を中心に検討する。本章で当該語を扱う理由としては、まず、明らかな専門語であること、そして、流行語として流通する際、意味内容に派生が認められること、さらに、流行「後」の様相までの過程を網羅的に追跡できることが挙げられる。また、媒体を「雑誌」としたことは、前掲の国立国語研究所による調査での手法（特に雑誌の分類枠）を援用できること、および、以下に紹介する大規模な雑誌記事コーパスが存在することによる。なお、記事内容ではなく「タイトル」に限定したのは、個々の事例の字数の多寡を抑える、との目的による。

（1）調査対象、分析ツールについて

調査に用いる資料は、「Web OYA-bunko（https://web.oya-bunko.com（公益財団法人大宅壮一文庫）以下、OYA）[8]」であり、雑誌記事タイトルでの「ファジィ」

表12－1　OYA収録雑誌記事タイトルにおける「ファジィ（等）」の出現[9]

	文芸	庶民	実用	婦人	趣味
1985			1		
1986					
1987		2	2		
1988	6	6	6		3
1989	1	9	4		
1990	3	36	14	11	
1991	11	44	9	17	2
1992	1	17	3	1	2
1993	2	10			1
1994	1	12	2		
1995		3	1		
1996	1		1		1
1997	1	1			
1998		1	4		
1999	1			2	
2000			1		
2001	1				
2002		1			2
2003					
2004					1
2005	1	3	1		
2006		1			
2007				1	2
2008					
2009		1			
小計	30	147	49	32	14
合計					272

の出現例を収集した（検索対象：一九八五年一月〜二〇一五年六月）。結果、「ファジィ」四〇例、「ファジー」二二八例、「ファジイ」四例、以上三つの表記で、合計二七二例が確認された（以下、便宜上、一括する際は「ファジィ（等）」と記す）。また、分類枠は、便宜上、『現代雑誌九十種の用語用字』の五層分類に倣う。すなわち、「第一層：文芸評論誌（『新潮』『中央公論』など）／第二層：庶民雑誌（『週刊朝日』『サンデー毎日』など）／第三層：実用通俗科学雑誌（『実業の日本』『農業世界』など）／第四層：婦人雑誌（『主婦之友』『婦人公論』など）／第五層：趣味娯楽雑誌（『映画之友』『旅』『野球界』など）」である。調査に際しては、二七二の用例を逐一目視し、タイトルの表記や雑誌名から分類した。結果は、表12－1のとおりである。

一方、専門語からの流行語化、そしてその後までの過程において、「ファジィ（等）」がどのような意味内容にて流通したかを把握するには、タイトル上の他の語句との関連性や共起関係を把握することが必要である。したがって、分析ツールとしては、樋口耕一氏によるテキストマイニングソフト「KH Coder（http://khc.sourceforge.net/）」を用いる。以下では特に、搭載機能の「頻出語」「共起ネットワーク」「関連語検索[10]」を用い、「ファジィ（等）」の、雑誌メディア上での意味づけならびに流通の実態に関する粗描を行なう。

（2）雑誌記事タイトルにおける「ファジィ（等）」の推移

「ファジィ（等）」は、自由国民社（二〇一三）『流行語大賞の30年』（以下、『30年』）に掲載された「流行語大賞」受賞語句の一つである。起源的には、専門語として、昭和四〇年（一九六五）、米カリフォルニア大学のL.A.Zadeh教授が提唱した「ファジー集合[11]」理論に遡る。当該理論が学界を中心に流通しはじめたのは、浅居ほか編著（一九七八）や西田・竹田（一九七八）の出版より、おおよそ、七〇年代末かと思われる。一方、ＯＹＡでの初出は、以下の昭和六〇年（一九八五）である。

【例1】〔不確定性〕神はサイコロをもてあそぶか？　ファジー論理とその数学
（執筆者：菅野道夫、雑誌名：科学朝日、発行日：一九八五年九月、八～一二頁）

【例1】の「ファジー」は、文面や媒体からして、専門語として扱われているものと判断されよう。なお、表12－1より、昭和六三年（一九八八）までは、「庶民」と「実用」とに差異は無く、「庶民」の雑誌記事タイトルでも、専門語のニュアンスを保っていると思われる。ただし、「ファジー＝あいまい」との意味づけを行なっている点は、その後の流通において重要である。

【例2】曖昧をメカニズムするファジィ・コンピュータ
（執筆者：橋本典明、雑誌名：BRUTUS、発行日：一九八八年一一月一五日、二六～二七頁）

一方、「ファジィ」が平成二年（一九九〇）に流行語大賞を受賞した背景には、いわゆる「ファジィ家電」の登場、殊にPanasonicの洗濯機「愛妻号Ｄａｙファジィ」の発売が指摘される[12]。事実、KH Coderによる分析結果として、ＯＹＡに収集された一九九〇年の雑誌記事タイトルでの頻出語（ファジィ（等）を除く）には、家電にまつわる語が上位を占めている。

結果、前掲の稲垣（一九八三）の議論を援用すれば、当時は「事物そのものの流行」と「ことば自体の流行」とが区別「されていない」状態で流通する傾向にあるこ

表12－2　1990年におけるOYA収集データの頻出語（上位15語）

	抽出語	出現回数		抽出語	出現回数		抽出語	出現回数
1	家電	32	6	商品	13	11	制御	7
2	電気	24	7	世代	11	12	登場	7
3	製品	23	8	理論	11	13	テクニック	5
4	家庭	20	9	洗濯	8	14	時代	5
5	電化	19	10	人間	7	15	超える	5

とがわかる。

ところで、表12－2に「人間」があることに注目されたい。これは、「ファジー」全出現例における、関連語との共起ネットワーク[13]からも確認される。しかし一方で、『30年』掲載語である「ファジィ」の場合、同分析の結果、「人間」との共起関係は見いだせなかった[14]。

ここで、「ファジィ」と「ファジー」との流通上の差異については、次の指摘ができる。つまり、流行語大賞を受賞したのは「ファジィ」であったが、用例数の多寡より、（雑誌メディア上では）異表記の「ファジー」が浸透していた。これは、各々の最新例が、前者（【例3】）が平成一〇年（一九九八）なのに対し、後者（【例4】）が平成二一年（二〇〇九）であったことからもわかる。なお、文脈より、【例3】は「専門語」としての使用、【例4】は「流行語」としての使用、との差異が認められるが、これには掲載雑誌ジャンルの特性が影響していよう。

【例3】感性革命「快」のテクノロジー　第3回「ファジィ」の進化　電脳と人をつなぐ世界語の「KANSEI」だれでも芸術家になれる時代に
（執筆者：東嶋和子、雑誌名：サイアス、発行日：一九九八年二月二〇日、二三～二七頁）

【例4】大川豊のシネマ道『ロフト』秘密の情事部屋で起きた殺人事件　ゆるっゆるファジーなサスペンス映画。不倫カップルで観に行くことをオススメする！
（執筆者：大川豊、雑誌名：週刊実話、発行日：二〇〇九年一〇月二九日、一六四頁）

さて、図12－2には、「ファジー」から直接のリンクがある「人間」を経由したネットワークがあるが、用例観察より、「事物そのものの流行」と無関係な使用が多数、確認された。

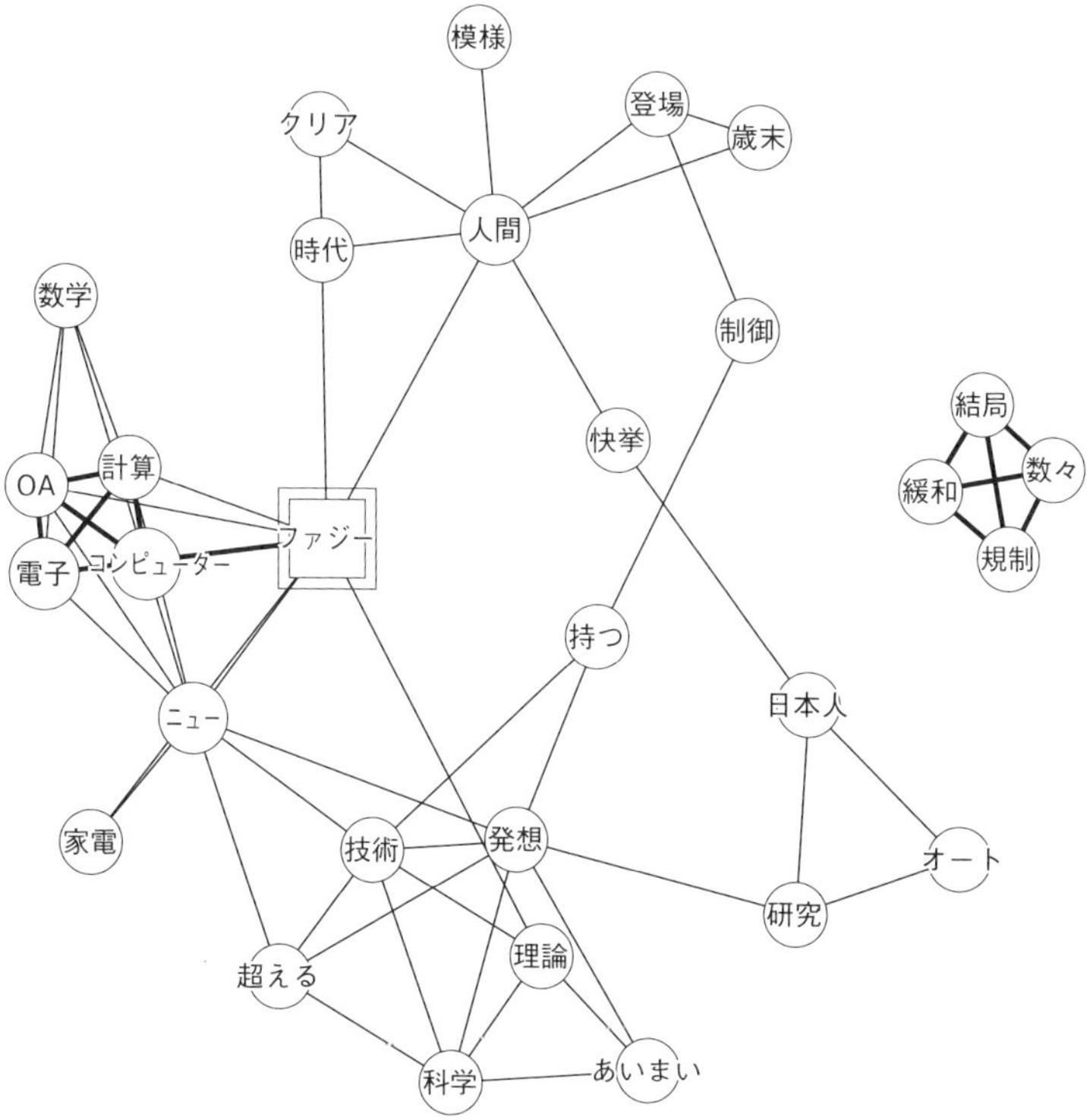

図12－2　「ファジー」関連語との共起ネットワーク

【例5】歳末ファジー人間総登場！「トリカブト毒死」と保険金の謎を解くか？
渦中のK氏「10年前の2億円」疑惑
（雑誌名：週刊ポスト、発行日：一九九〇年一二月一四日、四二～五〇頁）

【例5】では、「Zadeh教授提唱の理論」「家電に応用される新技術」ではなく、前掲【例2】の「曖昧（あいまい）」との側面のみに特化されている。この意味づけは、「庶民」のジャンルに多く確認されたが、一方で、【例6】のように、「婦人」雑誌でもしばしば観察された。

【例6】芸能レポーターに突撃逆取材67回：琴錦の人間性が疑われる女性騒動に対するファジーな精神
（雑誌名：週刊女性、発行日：一九九一年七月二日、一九三頁）

【例5】や【例6】では、人間の心理面や

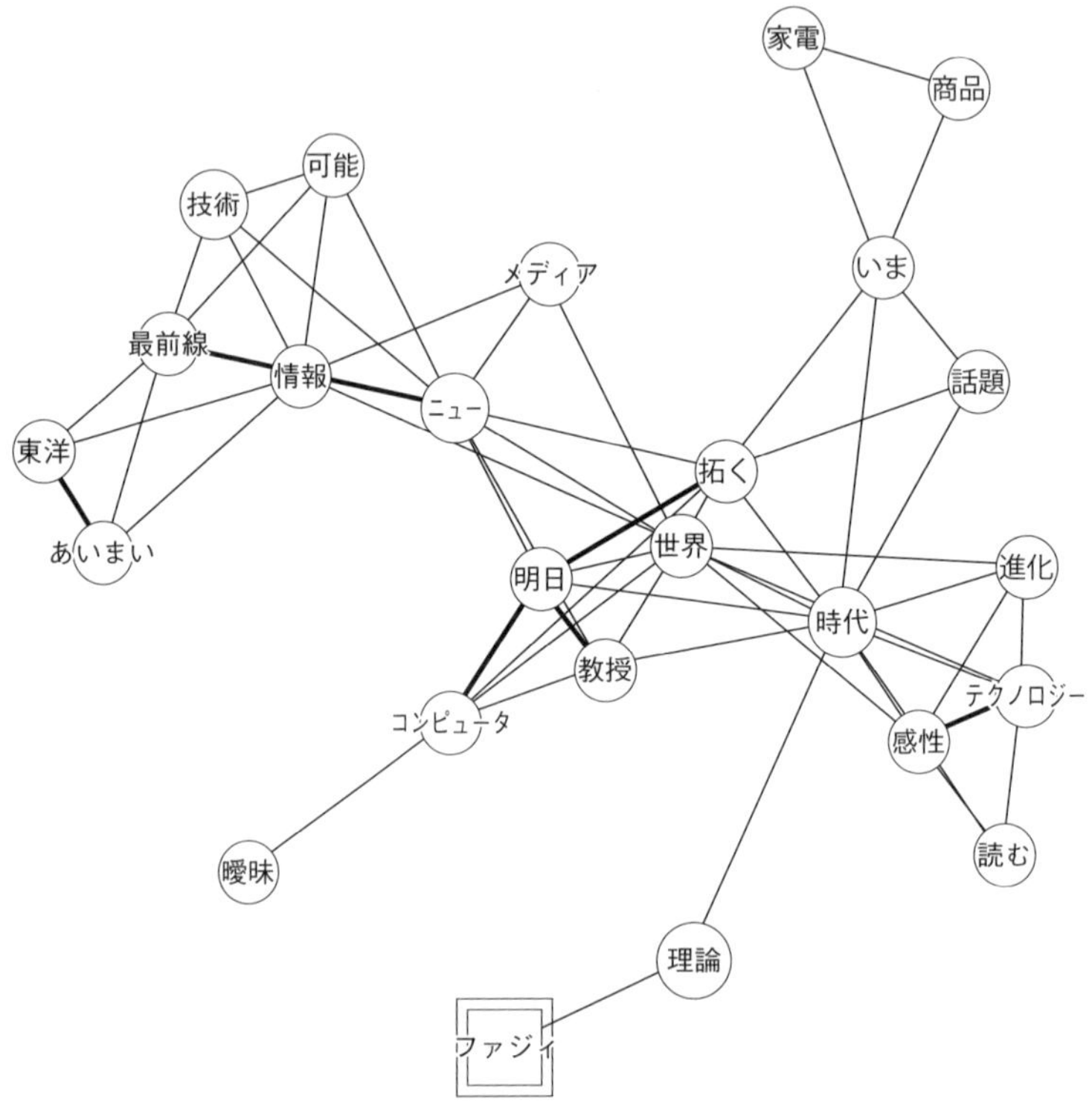

図12－3　同，「ファジィ」

性格面での「あいまいさ」を、「ファジー」との語で表している。これは当然、雑誌の販促のため、「大衆の目を惹く」ような記事タイトルが求められていることに起因しよう。すなわち、ここでの「ファジー」は、販促目的のキャッチコピーとして、（あくまで大衆ではなく）雑誌メディアに流通していたと考えられる。

同様の例は、図12－2の「規制」「緩和」などの語との共起からも確認される。

【例7】特集・規制緩和／数々あれど結局「ファジー」な緩和策
（執筆者：石井正、雑誌名：週刊時事、発行日：一九九四年一月二二日、二二～二九頁）

【例8】先週今週：「わいせつ」規制、実質的には解禁しかし建前崩せず「ヘア」ファジーに
（執筆者：佐柄木俊郎、雑誌名：AERA、発行日：一九九二年一一月一〇日、七四頁）

【例7】の「省庁の規制」、【例8】の「わいせつ物の規制」との差異はあれ、一九九〇年代初頭の日本では、「規制緩和」は一つの社会現象であった。ここでも、当該話題を取り上げるうえで、「規制の緩和＝あいまい化＝ファジー化」と、メディアが巧みに流行語を駆使し意味づけを行なうという、いわば商業的戦略としてのタイトルづくりが垣間見られる。

一方、一九九五年頃を境に、「ファジィ（等）」の雑誌記事タイトルでの使用は、急速に激減する。その中で、【例9】のように、流行を「過去の産物」と捉える記事も散見された。

【例9】TEMPO　サイエンス　何処へ消えたあの「ファジー」熱気
（雑誌名：週刊新潮、発行日：二〇〇五年一月一三日、四一頁）

結果、全体を通しての最新例である【例4】以降、（あくまで、今回OYAで調査対象とした範囲内で）専門語あるいは流行語としての「ファジィ（等）」の流通は、雑誌メディア上では途絶えた。図12－1に図示したとおり、流行語は時間の経過とともに、二つの方向のいずれかに至る。「ファジィ（等）」は、「廃語・死語化」に進んだといえよう[15]。ただし、これはあくまで「流行語」としての様相であり、「専門語」としては、図12－1の「流行語（期）」を経て、前掲注（13）の通り、今も当初の表記と内容を保つ。これを「再専門語化」と呼べるか否かは、今後の検討課題である。

三．まとめ

本章では、語彙の流通に関し、先行研究を概観したうえで、専門語「ファジィ」の流行語化、ならびにその後までの過程に関する小調査より、メディアからの作用・影響を検討した。

我々は日々、メディアを通じ、情報として数多くのことばに接する。その中には当然、「ファジィ」、あるいは冒頭の「忖度」など、専門語や新語も含まれる。これはつまり、世間一般における語彙の流通以前に、メディア上での流通があることを意味しよう。ただし、メディア上での語（句）の姿は、形式面、内容面ともに固定的ではない。それ以上に、「ファジー人間」「規制のファジー化」など、読者の目を惹くことを目的に、使用上あるいは共起上の制限が取り払われることもある。加えて、メディア上での当該語（句）の多用は、あたかも世間で人口に膾炙しているような印象を醸成しよう（逆に、使用数が減少すれば、「流行が去った」との印象を醸成する）。前掲の、複数の先行研究にも指摘されていたが、情報化や国際化が成熟した昨今、語彙の流通実態の把握には、メディアへの注視が必要である。

なお、語彙とメディアとの関わりに対する具体的議論は、第七巻第二部にて行なわれるため、参照されたい。本章を、その下ごしらえとして捉えていただければ幸甚である。

注

（1）「学校法人に大阪の国有地売却　価格非公表、近隣の1割か」朝日新聞DIGITAL 二〇一七年二月九日五時三分配信、吉村治彦・飯島健太。http://www.asahi.com/articles/ASK264H4YK26PPTB00J.html 検索日：二〇一七年五月三〇日。

（2）国会会議録検索システム（kokkai.ndl.go.jp/ 検索日：二〇一七年五月三〇日）による。「そんたく」の初出は平成二九年（二〇一七）三月六日参議院予算委員会での民進党、福山哲郎氏の発言。漢字の「忖度」は、同月二四日参議院予算委員会での民進党・新緑風会、大塚耕平氏の「忖度、漢字で書くとこういうふうらしいですが、そんたくがあるのではないか。」が初出。

（3）「「忖度」という言葉について、日本語学者に聞いてみた」BuzzFeed News Japan 二〇一七年三月二九日一七時〇〇分配信、籏智広太。https://www.buzzfeed.com/jp/kotahatachi/what-is-mizuhonokuni31 検索日：二〇一七年五月三〇日。

（4）国立国語研究所（一九八一）では、専門語の捉え方を「専門語と一般語を区別する」ものと、「観点の違いであり、程度問題とする」もの、に二分している。一方、本章では、佐竹（一九八二）の立場をとりたい。すなわち、同論一九四頁では、以上のふたつの立場を紹介したうえで、第三の「専門用語を機能や用法から見る立場」を提出した。これは「語を文脈や場面の中でとらえようとするもの」であり、「具体的な文脈や場面における個々の語を問題にする」。語形そのものが「専門語か一般語か」ではなく、「場面によって変わる」と捉える視座が、以下の事例検討でも十分に有効であると判断したためである。

（5）「国立国語研究所報告」ホームページ（https://www.ninjal.ac.jp/publication/catalogue/d_report/ 検索日：二〇一七年六月一五日）掲載分のみ。［現在は、国立国語研究所学術情報リポジトリで公開。］

（6）ただしこの中には、大衆誌記事も含まれており、これを論文と認めるか否かは判断が分かれるところかもしれない（例：「緊急アンケート「週刊文春版二〇一五流行語」はこれだ！」『週刊文春』五八－一、文藝春秋、六二～六五頁、二〇一六年一二月三一日）。

（7）平成以降の流行語辞典には、『明治・大正・昭和の新語・流行語辞典』（米川明彦編著 二〇〇二、三省堂）があるが、大衆向けの、『現代用語の基礎知識』（自由国民社）、『イミダス』（集英社）、『知恵蔵』（朝日新聞社）といった用語集の方が、広く流布している。

(8)ＯＹＡの最大の特徴は、「雑誌（学術・経済専門誌、評論集、生活雑誌、大衆誌）記事索引総目録」の存在である。その利点は、①新聞記事にはない通俗的な語句が観察される、②トレンドが記事となるため、新語・流行語を量的に収集でき、かつ、トレンド以降の使用との対照分析が可能、③市場クラスタごとの読者層との「ことばの認知・共有」調査を通じ、特定読者層へのことばの流通実態について調査が可能、との点である。

(9)目視による全用例観察より、「ファジーネーブル（カクテル）」、「ファジー・ゼラー（人名）」等は除外した。また、収集は「延べ語数」を基準とした。結果、雑誌記事タイトルのうち、コーナー化されたものもあり、結果的に、同一文脈が複数回繰り返されることもあるが、これらも個別にカウントしている。この判断には批判もあるだろうが、そもそも「コーナーの継続」が、読者からの注目度の高さと直結しているものと考える。

(10)関連語検索（特定の語と関連する語や、特定のコードと強く関連する語を調べるためのコマンド）、共起ネットワーク（KH Coderでは、類似した出現パターンの語どうしに対し『共起関係がある』といい、度合いはJaccardの類似性測度（Jaccard係数）によって計算される。これを前提に、共起の程度が強い語を線で結んだネットワークを描くコマンド。本章では、再現可能性を鑑み、当該ツールの基本的機能のみを用いた分析を行う。

(11)財団法人国際科学振興財団編（二〇〇五）『科学大辞典　第二版』（丸善）一二七八頁参照。

(12)同洗濯機の具体的な紹介は、近藤・木内（一九九〇）を参照されたい。なお、これを契機に、他の家電にもファジィ機能が搭載され（林　一九九三）、結果的に、表12－1にあるように、一九九〇年より、主婦をターゲットとした「婦人」雑誌での紹介記事も増加した。

(13)「ファジィ」との表記が専門語としての意味内容と直結している点は、「日本知能情報ファジィ学会（http://www.j-soft.org/）」、ならびにその前身の「日本ファジィ学会」（一九八九年設立）との名称からもうかがえるものと思われる。

(14)二.（1）に掲げた用例数差より、便宜的に、「ファジー」は上位五〇語、「ファジィ」は上位二五語のフィルタ設定を行なった。なお、「ファジイ」は四例のみなので、分析対象外とした。また、図12－2、図12－3（関連語との共起ネットワーク図）について補足を加える。図の円を「ノード（node）」といい、その大きさは検出された事例数の多寡を示す。一方、ノードをつなぐ線を「エッジ（edge）」といい、その太さは関連性の強弱を示す。そして、ノードAとBとがエッジにて結ばれている状態を「リンク（link）」という。当該図の特長は、林大がSemantic Fieldの考え方に基づいて考案した、有名な「星図になぞらえた語彙表」に認められる語彙的な結びつきの視覚化が、テキストマイニングを通じて構築できる点にある。

(15)なお、雑誌記事タイトルの観察の限り、「ファジィ（等）」の廃語・死語化が進んだ決定的な要因は見いだせなかった。ただし、家電紹介記事においては、「ファジィ」以降、「ニューロ」「カオス家電」「ＧＡ家電」など、新機能を搭載したものが取り上げられている。この状況を鑑みるに、機能としての「ファジィ」における真新しさの消失が推察されよう。しかしながら、これだけでは「あいまい」としての「ファジィ（等）」の使用頻度の減少までは説明できない。したがって、本章では単に雑誌メディア上の出現数の実態提示のみにとどめ、具体的な廃語・死語化の要因については、後の稿にて検討したい。

文献

浅居喜代治・田中英夫・奥田徹示・Negoita, C.V.・Ralescu, D.A. 編著（一九七八）『ファジィシステム理論入門』オーム社

石井正彦（二〇〇九）「テレビ放送のマルチメディア・コーパス—映像・音声を利用した計量的言語使用研究の可能性」『阪大日本語研究』二一

石井正彦・孫栄奭（二〇一三）『マルチメディア・コーパス言語学—テレビ放送の計量的表現行動研究』大阪大学出版会

稲垣吉彦（一九八三）「現代の新語・流行語」佐藤喜代治編（一九八三）『講座日本語の語彙　第七巻　現代の語彙』明治書院

小矢野哲夫（二〇〇二）「流行語に見る今の世相」『日本語学』二一－一三

樺島忠夫・飛田良文・米川明彦編（一九九六）『明治大正新語俗語辞典　新装版』東京堂出版

木村傳兵衛・谷川由布子ほか（二〇〇五）『新語・流行語大全—ことばの戦後史—1945–2005』自由国民社

窪薗晴夫（二〇〇二）『新語はこうして作られる』岩波書店

国立国語研究所（一九八一）『専門語の諸問題（国立国語研究所報告六八）』秀英出版

近藤信二・木内光幸（一九九〇）「全自動洗濯機「愛妻号Ｄａｙファジィ」（NA-F50Y5）の紹介」『日本ファジィ学会誌』二－三

佐竹秀雄（一九八二）「現代の専門用語」佐藤喜代治編（一九八三）『講座日本語の語彙　第七巻　現代の語彙』明治書院

佐藤和正（二〇〇三）「現代の表現—小説・マンガ・流行語から」『和歌山大学教育学部紀要』五三

真田真治（一九八六）「行動の中の語彙と表現」佐藤喜代治編『国語論究一　語彙の研究』明治書院

西田俊夫・竹田英二（一九七八）『ファジィ集合とその応用』森北出版

林勲（一九九三）「家電製品へのファジィ制御の応用状況」『電気学会論文誌C』一一三－七

飛田良文（二〇〇二）「現代日本語の起源」飛田良文・佐藤武義編『現代日本語講座　第四巻　語彙』明治書院

平林あゆこ（一九九八）「新語の生成と意味変容について—「地球にやさしい」、「環境にやさしい」のやさしいとは何か」『一橋研究』二二－四

吉田光浩（一九九九）「「流行語」研究の諸問題（上）」『大妻女子大学紀要　文系』三一

米川明彦（一九八九）『新語と流行語』南雲堂

米川明彦（二〇〇二）「現代日本語の位相」飛田良文・佐藤武義編『現代日本語講座　第四巻　語彙』明治書院

米田正人（一九九〇）「ことばと社会生活意識」国立国語研究所『場面と場面意識（国立国語研究所報告一〇二）』秀英出版

第一三章　語彙の批判

佐竹久仁子

一．語彙の政治的側面

語彙は、単なる言語表現の素材としてわたしたち人間の外に自然に存在するものではない。語彙の要素である語は自然物ではなく、人がつくりあげたもの、すなわち、人が世界を分類し切り取って名づけたものである。そして、語にはそれぞれの言語共同体で合意され共有されている意味や価値がはりついている。それは語に関する知識といってもいいだろう。この知識は、すでに行なわれた言説実践（ディスコース）の解釈の結果であり、わたしたちはこれを参照して話し手としてことばを発し、聞き手としてことばを理解する。コミュニケーションがおおむね無理なく行なわれるのはこのためである。

語や語の意味のこのようなあり方は、語の集まりである語彙に政治性、すなわち、権力関係との関わりをもたらす。語が人為的なものであるとはいっても、すべての人が名づけや意味の合意形成の過程に対等に力を発揮できるわけではないからである。名づけや意味の合意形成を主導する力は専門家を含む社会の支配集団にある。社会の支配集団の言説が主流のイデオロギー（考え方）として、語の成立や流通、語の意味づけや価値づけに大きく影響するのである。その結果、語彙は社会の主流の人々の世界観を表現するのに都合のよい「語の貯蔵庫」としての側面を持つことになる。

もちろん、名づけも意味の合意も絶対的なものではなく、時代や社会の状況によって変化していく。例えば差別語問題のように、時には、社会で従属的な地位にある人々によって、既存の名づけや意味づけに異議申し立てがなされたり、新しい名づけや意味づけが行なわれたりもする。また、その際、その承認をめぐって主流のイデオロギーとの間で争いが起こることもある。どのような名づけや意味の合意が維持されるのか、あるいは変革されるのかは、社会の権力関係や利害関係と深く関わっているのである。

ここでは、語彙のこうした政治的側面について、ジェンダーに関する語彙を取り上げて見ていくことにする。ジェンダーに関する語彙については、これまでフェミニズムの言語研究において、その政治性が批判的に分析されてきている。そこで、その知見に基づき、ジェンダーの力関係が語彙の様々な面に関わっている様相を概観する。

二．ジェンダーと語彙

「ジェンダー」はもとは文法用語であるが、この語に「社会的文化的性別」の意味を与えたのは一九七〇年代のフェミニズムである。わたしたちは人を「女」と「男」にカテゴリー化し、それぞれに異なる別の意味を与えている。フェミニズムは、それらの意味づけはその社会や文化の中で歴史的につくりあげられてきたものであるとし、それをジェンダーと名づけたのである。ジェンダーという概念によって、自然で不変のものとされてきた「性別」「性差」を社会的・文化的・歴史的産物として相対化することができるようになった。そしてまた、ジェンダーの概念は、一見対称的に見える女と男の二項が実は非対称的で、そこには男を中心、女を周縁とする両性の権力関係が組み込まれていることを明らかにした。

性別や性差は人の重要な関心事であることから、どの言語も性別や性差に関わる多くの語を持っている。それらの語の総体がジェンダーに関する語彙であり、それはその言語共同体のジェンダーに関する日常知のリストとして捉えることができる。したがって、このリストが誰の視点からどのように価値づけられた語によって構成されているのか、また、それぞれの語が互いにどのような関連を持ってリストの中に布置されているのかということと、その社会のジェンダー・イデオロギーとは深く関わっている。こうした視点から日本語のジェンダーに関する語彙について見てみると、男優位・男支配を支える性差別的なジェンダー・イデオロギーの強い影響のもとに多くの語が生み出され使われ続けてきたこと、語彙もそうしたジェンダー・イデオロギーに規定されて非対称的に性別化されていること—ジェンダー化されていること—がわかる。

以下では、ジェンダーに関する語彙の構造、語構成、語の意味、語の使用規範について、そのジェンダー化の様相を取り上げる。

（1）語彙構造のジェンダー化

ジェンダーに関する語彙の構造については、①形式と意味の非対称性と②量的なかたよりが指摘できる。

①形式と意味の非対称性

女を指す語と男を指す語には「女児／男児」「小女／小男」「実母／実父」「農婦／農夫」などのペアのように、形式も意味も女と男で対称的な組合せの語がある。しかし、女を指す語と男を指す語が常にこのような対をなすわけではない。例えば、「少女」に対応する「少男」という語はなく、「少女／少年」がペアとされる。そして、この「少年」は「少年法」などでは女も指示対象に含む。「少年」以外にも「王・僧・兄弟・父兄」などのように、文脈によって男のみの意味で用いられたり女をも含めた人の意味で用いられたりする語が存在する。これらの語について、宮島（一九七七、二三頁）は意味の対立が一定の条件のもとでなくなる「意味的中和」の例として挙げ、「性の区別もしばしば「中和」し、そのさい男性をあらわす単語が全体を代表する」とする。この、男が人全体を代表する（女が人全体を代表することはない）という語の意味のあり方は、決して偶然の産物ではない。

男が人の代表であること、すなわち、男が一般であり、人の基準であることを意味する言語現象は広く見られる。例えば、新聞記事の見出しで、男の場合は単に「中学生」「店員」であるのに、女の場合は「女子中学生」「女性店員」と性別を表示されることがよくある。田中（一九八四、一九三〜一九五頁）は、このような語法を「女性冠詞」と名づけ、「ニュースの対象が記述される際には、なにごとにつけ〝男が基準〟という暗黙の前提が支配する」「女性が〝男性＝人間〟から徴《しるし》づけられ（marked）、区別されていく」と述べる。また、国語辞書の語義説明でも、「兄弟子」が「自分より先に、同じ師についていた人」、「男衆」が「役者の身の回りの世話をする人」、「チョンガー」が「独身者のこと」など（いずれも『新選国語辞典　第九版』（小学館）より）、男を指示対象とする語では性別が示されないことがままある。しかし、女を指示対象とする語は必ず「女」であることが記述される。ことばの権威と思われている辞書でも、「男」を「人」として一般化することには無頓着で、人の基準を男とするイデオロギーが社会に深く浸透していることがうかがえる（佐竹二〇〇二）。

中村（一九九五、一一～四六頁）は、こうした「男が人間の基準であり、女は基準から逸脱した存在である」という考え方を「人間＝男観」と名づけ、「「人間＝男観」は、「性差別・家父長制・男支配」のイデオロギーを支え正当化する機能を果たしている重要な考え方のひとつである」とする。先の「少年」などの語は、まさに、この「人間＝男観」の語彙化の産物なのである。そして、これらの語に限らず、日本語の人を指し示す語彙は、人の基準を男とし、女を例外として周縁化する性差別イデオロギーに基づく次の二つの意味規則によって構造的にジェンダー化されているといえる。そして、これらの意味規則が、女を指す語と男を指す語の形式と意味の非対称性を生んでいるのである。

a. 〈人〉を意味する語の〈男〉への特称化

男は人一般を意味する語で表されるが、女は必ず女であることが示される。例えば、「少年」「青年」「若者」「王」「僧」などは両性を含む一般的な意味で用いられることもあるが、ふつうには男を指す。女の場合は「少女」「娘」「女王」「尼・尼僧」などと女であることが明示される。また、「医師」「学生」「幼児」「悪人」「聖人」などでは、特に女を指して「女医」「女学生」「幼女」「悪女」「聖女」という語があるが、これらに対応する男を指す語はない。男の場合は、単に「医師」「学生」「幼児」「悪人」「聖人」で表される。性差なく使われていた「彼」の指示対象を男に限定して、女は「彼女」と呼ぶようになったのは近代のことであるが、これもこの意味規則に従ってつくられた語といえる。そして、「女性冠詞」の使用によって、「女性議員」「女弁護士」「女子社員」「女流作家」など、この意味規則に基づく語が次々に生み出される。

b. 〈男〉を意味する語の〈人〉への総称化

男を意味する語は人一般を表しうるが、女を意味する語は女しか指示しない。例えば、「兄弟」「父兄」「オービー」「ヒーロー」などは男を指すはずの語であるが、総称的に女を含んで使われる。一方、それらの対語の「姉妹」「母姉」「オージー」「ヒロイン」は常に女しか意味しない。また、男を意味する語構成要素を持つ「英雄」「大食漢」「痴漢」「門外漢」などが女について使われることがあるのに対して、女を意味する語構成要素を持つ「保母」「看護婦」「主婦」などが男について使われることはない。これらでは男を指すために「保父」「看護士」「主夫」などの語がすぐに用意される[1]。男が人の基準であることから、女を男並みに扱うことは女の格上げとなり受け入れられるが（「女丈夫」もその例である）、男を女並みに扱うことは男の格下げとなり許容されないのである。

②量的なかたより

女に関する語彙と男に関する語彙では、その意味的なあり方に量的な差がある。以下にその差の目立つものを示す。なお、語数は、『新選国語辞典　第九版』（小学館）、『新明解国語辞典　第七版』（三省堂）、『三省堂国語辞典　第七版』（三省堂）のいずれかに見出し語として採録されている語数である。

a.「妻」は多く、「夫」は少ない

妻と夫を表す語の量的な差は大きく、圧倒的に妻に関する語が多い。妻としての地位に関わるもの（「正妻・本妻・内妻・後妻・めかけ・二号・囲い者」など二四語）や、どんな地位・身分の夫の妻か（「王妃・きさき・皇后・プリンセス・ファーストレディ」など二一語）を表す語はあるが、これに対応する夫としての地位に関わる語やどんな地位・身分の妻の夫かを表す語はない。夫と死別した妻を表す語は「後家・未亡人・寡婦・やもめ」など八語あるのに対して、妻と死別した夫については「やもお・（男）やもめ」のみである。また、「悪妻・姉女房・押しかけ女房・賢夫人・世話女房・良妻・若妻」など、どんな妻かを表す語は多いが（二四語）、どんな夫かを表す語は少ない（「愛妻家・恐妻家・亭主関白」など八語）。

b.「売春婦」は多く、「売春夫」はない

「街娼・コールガール・娼婦・売春婦・売女・遊女」など、男の買う性的商品としての女を意味する語は多いが（四四語）、女の買う性的商品としての男を指す語はない。「陰間・男娼」は性的商品としての男を指すが、買うのは男である。

c.女は容姿、男は人物

外見や容姿を評価する語は女についてのものが多く、男については少ない。例えば、「小町娘・美女・美人・べっぴん・おかめ・醜女・ぶす」のように美醜で女を定義した語は三六語あるのに対し、同様に男を定義する語は「いけメン・美男子・醜男」など八語しかない。ま

た、「あでやか・あだっぽい・清楚・花恥ずかしい・妖艶」など、女の美しさを形容する語は六〇語と多いが、男の場合は「男前・女殺し・紅顔・二枚目・ハンサム」の五語だけである。一方、男に多いのは「青二才・荒くれ者・偉丈夫・英雄・堅物・好男子・硬骨漢・スポーツマン・たぬきおやじ・タフガイ・風来坊」など、様々な人格や行動から人物を表す語である（二四七語）。女の場合、人物を表す語として「おてんば・キャリアウーマン・孝女・才媛・女丈夫・箱入り娘」などがあるが（四九語）、男の三分の一ほどにすぎない。

女に関する語彙と男に関する語彙に見られるこうした量的アンバランスは、次のように解釈できる。

妻に関する語が多いのは、女が夫すなわち男との関係で定義されてきたことによる。夫としての地位や誰の夫かを表す語がないのは、男は妻との関係で定義される必要がなかったためである。男は自分にとってどんな妻であるのかを先に挙げたように様々に名づけてきた。一方、どんな夫かをいう「恐妻家・愛妻家」などは、女が自分にとってどんな夫かをいったものというよりは、男が男を評した語だといえよう。しかも、これらの語は多分に揶揄的なニュアンスを帯びていて、男は妻との関係で定義される男に価値を認めなかったことがうかがえる。

売春婦を指す語も多いが、これもまた男との関係による名づけである。中村（一九九五、六八頁）は「女というジェンダーは「一人の男に所有された性の対象物」であるか「誰にも所有されない不特定多数の男の性の対象物」かで区別されている」とする。妻は一人の男のモノ、売春婦は不特定多数の男のモノと区別されるわけだが、妻も売春婦もいずれも男のモノ＝男の性的対象物として位置づけられる性的存在であるところは共通している。男が性的主体であり、女は性的存在として客体化されてきた両性の社会関係が、妻や売春婦に関する語の多さを生み出してきたといえる。男が性的存在として客体化されるのは例外的なことで、それは「男妾」「男娼」と呼ばれ、その男は女並みに格下げされて扱われることになる。

女の外見や容姿に関する語が多いことも、女が性的存在として外見や容姿の価値が重視されてきた結果と見ることができる。「容色」や「色香」のように女の容貌や性的魅力のみを意味する語もある。特に、男の視点による評価を直接的に示すのが「あだっぽい・妖しい・グラマー・なまめかしい・妖艶」など性的魅力を表す語で、女の美しさを形容する六〇語のうちの半数以上（三二語）を占める。一方、これに対応する女の側から男を評価する形容語はない。

人物に関しても、女には「節婦・貞女・貞婦・あばずれ・淫婦」など性的節操の有無から定義される語があり、またそれを形容する「貞潔・貞淑・淫奔・尻軽・不貞」などの語がある。いずれも男が自己の性的対象物としての女に性的節操を求めてプラス評価あるいはマイナス評価した語である。それに対して、男では性的節操は問題にされることはない。多くの女を性的対象とする男を指す語に「女たらし・色事師・好色漢・色魔」などがあるが、これらはマイナス評価語とはいえ、女の視点から男の性的節操のなさをとがめての名づけとはいえず、また、「艶福家」のようにプラス評価する語さえある。性規範のダブル・スタンダードがこうした非対称性を生んでいるのである。

結局、女も男も主に男の視点から名づけられ意味づけられてきたことによって、女に関する語彙と男に関する語彙の量的な差が生じてきたといえる。男は自分自身を定義し、また、自分との関係から女を定義したが、女は定義する主体ではなくされる側だった。名づけや意味の合意を主導してきたのは男なのである。

（2）語構成のジェンダー化

女を意味する語構成要素と男を意味する語構成要素が複合する場合、「男女・夫婦・夫妻・父母・弟妹・新郎新婦・少年少女」などのようにそのほとんどが男の要素が先で女の要素が後である。こうした語構成要素の複合の順序は男の価値の優位性を含意することになる。なぜなら、「上下・高低・優劣・主従・長幼・尊卑・貴賤・善悪・美醜・よしあし」といった価値に関わる意味を持つ複合語の多くが、前部要素にプラス価値を、後部要素にマイナス価値を配した語構成になっているからである。両性を並べた複合語における男の要素が先という語構成が、この価値の高低に重ね合わせて認識されるのは自然なことであろう。

また、男が先という順序は日常の社会生活で普通に見られることである。例えば、夫婦連名の手紙の宛名や差出人名、性別名簿、書類の性別チェック欄、図表の性別表示など、両性を並べて表記する場合、いずれも男が先で女が後という順序にすることが暗黙のルールとなっている。順序の先後が力関係を表し、上位者が先とされるのは常識といっていいだろう。したがって、男が先という順序は男の優位性を表すものであり、また逆に、男の優位性が「男が先」という順序で示されていることになる。男の要素が先で女の要素が後という語構成のあり方はジェンダーの力関係によるものと見ることができるのである。

(3) 語の意味的不均衡

和語の「女」「男」と漢語の「女性」「男性」を比べると、「女」「男」には卑俗感やマイナスイメージがある。犯罪報道で加害者は「女」「男」と呼ばれるのに対して、被害者は「女性」「男性」であるのはそのためである。ただし、同じ和語でも「女」の意味と「男」の意味とでは非対称的な点がある。「男」の場合は「女」とは異なり、マイナスイメージばかりではなく、プラスイメージでも用いられる。「男一匹」「男気」という語や、依頼するときに「君を男とみて頼む」と言い、選挙戦で男性立候補者が「私を男にしてください」と叫ぶのはその例である。「女」という語がこうした用い方をされることはない。「男」には「立派な人物」という意味があるのに対して、「女」には「酒、ばくち、女」と並べられるように男の性的対象物としての意味がつきまとうのである。漆田（一九九三、一三五頁）は「女の運命《さだめ》」「女の性《さが》」「女の操」「女の業」の例を挙げて「「女」という語は女を性的存在にはりつけておくことをやめなかった」と述べる。和語は民衆のことばとして古くから用いられてきただけに、その意味には日常的な差別意識も深く刻み込まれている。(2) 障害者を指す和語の「めくら・つんぼ・かたわ」などが、歴史的に築かれてきた障害者観によって「無価値・劣性・欠陥」といった差別的な意味を付与されてきたのと同様に、和語の「女」も男の性的対象物という性差別的な意味を与えられてきたのである。

語の意味的不均衡は、また、次の二点でも見られる。一つは、同じ語でも、女について使われるときと男について使われるときとでは意味が異なる場合である。例えば、「器量」は男では才能をいうが、女では顔立ちの意味になる。「玄人」「素人」は、男を指す場合は専門家とそうでない男を意味するが、女の場合は芸者や売春婦とそうでない女を意味する。「商売人」は単に商売をする人の意味で、男はこう呼ばれるが、「商売女」は芸者や売春婦を指す。女の「商売」は男へのサービスを意味するのである。こうした意味的不均衡は、女というジェンダーが男の性的対象物として位置づけられてきたことによって生まれているといえる。

いま一つは、「姦婦／姦夫」「女色／男色」のように、語構成が対称的であっても、意味的には非対称的な場合である。「姦婦」は「夫以外の男と肉体関係を持つ女」だが、「姦夫」は「妻以外の女と肉体関係を持つ男」ではなく「夫のある女と肉体関係を持つ男」を指す。「女色」は女を、「男色」は男を性的対象とするが、その主体はいずれも男である。これらの語はいずれも、男の視点からの名づけによるものである。

(4) 語の使用資格のジェンダー化

辞書には、「女性語」「男性語」あるいは「主に女性／男性が使う」といった注記がなされて、女用／男用としるしづけられたいくつかの語がある。語彙論で「位相語」の一種として扱われている語である。例えば、人称代名詞の「あたくし」「あたし」は女用、「ぼく」「おれ」は男用、感動詞の「あら」「まあ」は女用、「おい」「いや」は男用、日常生活語彙の「おかか」「おこた」「おつむ」は女用、「飯」「食う」「〜やがる」のような粗野なことばや卑罵語は男用とされる。これは、特定の語についてその使用資格を性という要因で規定する語の使用資格のジェンダー化と捉えることができる。

使用資格がジェンダー化された語彙の特徴として二つのことが指摘できる。一つは、女用とされる語彙には「丁寧・やさしい・上品・婉曲的」、男用とされる語彙には「ぞんざい・力強い・乱暴・直接的」といった特徴が付与されているということである。これは「女らしさ」「男らしさ」というジェンダーのステレオタイプそのものである。また一つは、女用とされる語彙には衣食住に関する語彙や育児語としての幼児語が含まれるという点である。家事・育児を女の領域とすることからこれらの語彙が女用とされるのだが、政治・経済・軍事など男の領域とされてきた分野の語彙が特に男用とされることはない。すなわち、男は無標、女は有標というわけで、すでに見た男を一般とし女を例外とする捉え方がここでも見られる。

ところで、現実のことばは地域・階層・職業・年齢などによって様々であり、また、一人の人がいつも同じことばを使うわけでもない。例えば、男用とされる「おれ」や「わし」は地域によっては両性が用いる語である。同じ女が場面によって「食べる」とも「食う」とも言うことがある。女用／男用のしるしづけは、現実に女のみ、あるいは、男のみが使っているというより、女あるいは男が使ってしかるべきだという規範を意味してい る。男用の語を女が使用したり、女用の語を男が使用したりすると、「女らしくない」「男らしくない」と非難されることがあるのはそのためで、語の使用資格のジェンダー化は人々の言語使用を制限し、女には女用の語彙、男には男用の語彙を使うようにしむけることになる。

日本社会では「日本語には女／男それぞれにふさわしい別々のことばづかいがある」「男はぞんざいなことばづかいをしてもよいが、女は丁寧でやさしいことばづかいをすべきだ」という言語使用に関するジェンダー規範が力を持っているが、語の使用資格のジェンダー化もこの規範の一つなのである。

三．まとめ

以上、「ジェンダー化」をキーワードに日本語の語彙について概観してきた。日本語の語彙のジェンダー化は、「女と男は本質的に異なる性格（「女らしさ／男らしさ」）を持つ」「人の基準は男で、女は例外である」「女と男では評価基準が異なる」「男が定義の主体である」「女は男との関係で定義される」といった性差別的なジェンダー・イデオロギーによって語が生み出され、語彙が性別化された結果として捉えることができる。

語彙に見られるこうしたジェンダー化は、その語彙を使用する人々のものの見方やふるまいに影響を与えずにはおかないであろう。さらに、女と男とではその影響の受け方に違いがある可能性があり、その結果、ものの見方やふるまいに差が生じるということも考えられる。例えば、「女性冠詞」を用いて専門職の女を称する語の存在は「専門職はもともと男のもの」という見方をするようにしむける。そしてそれによって、専門職を自分の領域と受けとめやすいのは女よりも男の方であるということになる。女を美醜で評価する語が多いということは、女を評価する際に容姿に注目しやすくさせ、したがって、多くの女はその評価を高めるために努力することになる。また、男の視点から定義された語が多いことは、男が世界を認識するのを容易にし、かつ、自分の世界観や経験を語りやすくするといえる。一方、女の場合はその逆である。ジェンダー化された語彙は、社会のジェンダー関係を反映するものであると同時に、ただそれだけではなく、人々のジェンダー意識とそれに基づくふるまい（その総体が社会のジェンダー関係である）をつくりだすものという側面も持っているのである。そしてまた、こうしてつくりだされた社会のジェンダー関係がジェンダー化された語彙の維持に役立つことになる。

だが、もちろん、語彙は固定的なものではなく、ジェンダーに関する語彙においても、使用の場を失っていく語もあれば、新しい名づけや意味づけが行なわれることもあり、常に流動し変化している。時には、女の視点からの新しい名づけや意味づけが、従来の男中心の世界観では見えなかった問題を提起することもある。「買春」や「セクシュアル・ハラスメント」はその例である。女には性的商品として多種多様に名づけられてきた長い歴史があり、売春はあたかも女の問題であるかのようであったが、「買春」という語の創造により、これまで問われてこなかった、買う側の男の責任が可視化されるようになった。また、職場や学校といった権力関係の中での性的言動を「セクシュアル・ハラスメント」と名づけることで、それは権力の問題として捉えるべきものであることが明確になった。ただし、主流の性差別的なジェンダー・イデオロギーに対抗してつくられたこうした語が、その後もずっと当初の意味を保って用いられるとは限らない。例えば、「セクシュアル・ハラスメント」は「セクハラ」と略されて広く用いられるようになったが、それと同時に、かなめである権力問題としての意味は希薄になり、性的からかい一般（それはそれで問題であるが）を指すようにもなっている。また、揶揄的に使用されることで、大した問題ではないという価値の引き下げも行なわれている。この語は、現在、その意味づけをめぐって主流のイデオロギーとそれに対抗するイデオロギーとのせめぎあいの中にある。

ジェンダーに関する語彙の中で、どのような語や意味が維持されるのか、使われなくなるのか、新しく生まれるのかは、ジェンダーの力関係と大きく関わっている。ジェンダーに関する語彙は、ジェンダーをめぐるイデオロギーの争いの場として捉えることができるのである。

注

(1) 現在は「保母・保父」は「保育士」（一九九九年より）、「看護婦・看護士」は「看護師」（二〇〇二年より）が正式名称である。

(2) 寿岳（一九八九、六一～六七頁）は、「時には和語のむごい力」として和語の持つ差別機能について述べている。

文献

漆田和代（一九九三）「「婦人」「女」「女性」……女の一般呼称考」れいのるず＝秋葉かつえ編『おんなと日本語』有信堂高文社
佐竹久仁子（二〇〇一）「国語辞書と性差別イデオロギー」『ことば』二二、現代日本語研究会
寿岳章子（一九八九）「和語」『講座日本語と日本語教育六　日本語の語彙・意味（上）』明治書院
田中和子（一九八四）「新聞にみる構造化された性差別表現」磯村英一・福岡安則編『マスコミと差別語問題』明石書店
中村桃子（一九九五）『ことばとフェミニズム』勁草書房
宮島達夫（一九七七）「語彙の体系」『岩波講座日本語九　語彙と意味』岩波書店

執筆者紹介

石井《いしい》正彦《まさひこ》
編集・第一章担当
詳細は奥付参照。

佐藤《さとう》武義《たけよし》
東北大学名誉教授
第二章担当　文学修士　日本語学専攻
単著に『今昔物語集の語彙と語法』（明治書院、一九八四）、共編に『日本語大事典』（朝倉書店、二〇一四）、編著に『概説日本語の歴史』（朝倉書店、一九九五）などがある。「倭語の意味」の吟味を基本に据えて、有史以来の日本語を再検討していく。

宮田《みやた》公治《こうじ》
日本大学工学部准教授
第三章担当　修士（文学）　日本語学専攻
論文に「評価文副詞「～ことに」の制約」（『日本語文法』一二―二、二〇一二）、「「にとって」の意味と構文的制約」（『日本語教育』一四一、二〇〇九）などがある。文法を手がかりとした語の意味分析、語彙体系の記述に取り組んでいる。

山崎《やまざき》誠《まこと》
国立国語研究所言語変化研究領域／コーパス開発センター（併任）教授
第四章担当　博士（学術）　日本語学専攻
著書に『テキストにおける語彙的結束性の計量的研究』（和泉書院、二〇一七）、編著に『書き言葉コーパス　設計と構築』（朝倉書店、二〇一四）などがある。単なる記述ではなく、語彙の計量的モデルの構築に取り組みたい。

金《きむ》愛《え》蘭《らん》
日本大学文理学部准教授
第五章担当　博士（文学）　日本語学・日本語教育専攻
単著に『二〇世紀後半の新聞語彙における外来語の基本語化』（阪大日本語研究別冊三、二〇一一）、論文に「外来語『トラブル』の基本語化―二〇世紀後半の新聞記事における」（『日本語の研究』二―二、二〇〇六）などがある。外来語の基本語化の研究を中心に、近現代日本語の基本語彙史の記述に取り組んでいる。

石《いし》黒《ぐろ》　圭《けい》

国立国語研究所日本語教育研究領域教授
第六章担当　博士（文学）　日本語学・日本語教育専攻
著書に『豊かな語彙力を育てる』（ココ出版、二〇一八）、『語彙力を鍛える』（光文社、二〇一六）などがある。日本語の四技能（読む・書く・聞く・話す）の処理過程全般に関心がある。

木《き》村《むら》義《よし》之《ゆき》

慶應義塾大学日本語・日本文化センター教授
第七章担当　文学修士　日本語学専攻
共著書に、『わかりやすい日本語』（くろしお出版、二〇一六）、『図解日本語』（三省堂、二〇〇六）、『隠語大辞典』（皓星社、二〇〇〇）などがある．主に一九～二〇世紀の辞書や語彙を対象とした研究を中心に行なっている。

池《いけ》上《がみ》　尚《なお》

埼玉大学教育学部准教授
第八章担当　博士（学術）　日本語学（日本語史・語彙論）専攻
共著に『新しい古典・言語文化の授業―コーパスを活用した実践と研究』（朝倉書店、二〇一九）、論文に「水クサイの意味変化―水ッポイとの共存過程から考える」（『日本語の研究』一〇‐二、二〇一四）などがある。感覚・感情語彙史の研究を進めている。

荒《あら》川《かわ》清《きよ》秀《ひで》

孔子学院学院長・地域政策学部教授
第九章担当　博士（文学）　中国語学・日中比較語学専攻
著書に『日中漢語の生成と交流・受容』（白帝社、二〇一八）、『中国語を歩くパート一～三』（東方書店、二〇〇九・二〇一四・二〇一八）『近代日中学術用語の形成と伝播』（白帝社、一九九七）などがある。日中の漢字・漢語の意味機能の違いに取り組む。

横《よこ》山《やま》詔《しょう》一《いち》

国立国語研究所言語変化研究領域教授
第一〇章担当　博士（心理学）　実験心理学・社会言語科学専攻
共著に『社会言語科学の源流を追う』（ひつじ書房、二〇一八）、『漢字字体史研究二字体と漢字情報』（勉誠出版、二〇一六）、『記憶・思考・脳』（新曜社、二〇〇七）などがある。言語資源の解析実習に基づく統計思考力の育成に関心がある。

庵《いおり》　功《いさ》雄《お》

一橋大学国際教育交流センター教授

第一一章担当　博士（文学）　日本語学・日本語教育専攻

著書に『やさしい日本語―多文化共生社会へ』（岩波新書、二〇一六）、『新しい日本語学入門　第二版』（スリーエーネットワーク、二〇一二）などがある。言語資源を用いた実時間内におけるテキストの処理の実態解明に興味がある。

大《おお》谷《たに》　鉄《てっ》平《ぺい》

長崎外国語大学特別任用講師

第一二章担当　修士（日本語日本文学）　社会言語学・日本語学・日本語教育専攻

共著に『동계올림픽일본어Ⅱ（冬季オリンピック日本語Ⅱ）』（책수레、二〇一五）、論文に「流行語「萌え」の意味拡張と「理屈づけ」」（『日本語文学』七五、二〇一七）などがある。関心分野は、ことばとメディア・マーケティングとの相互影響性。

佐《さ》竹《たけ》　久《く》仁《に》子《こ》

姫路獨協大学非常勤講師

第一三章担当　博士（文学）　社会言語学専攻

共編に『談話資料　日常生活のことば』（ひつじ書房、二〇一六）、論文に「フェミニズムと語彙」『これからの語彙論』（ひつじ書房、二〇一一）などがある。日本語のジェンダー規範について研究している。

索　　引

ア　行

カ　行

サ　行

タ　行

ナ　行

ハ　行

マ　行

ヤ　行

ラ　行

ワ　行

欧　文

編集者略歴

石《いし》井《い》正《まさ》彦《ひこ》

1958年　福島県に生まれる

1983年　東北大学大学院文学研究科博士後期課程退学

現　在　大阪大学大学院文学研究科教授

現代日本語学・計量言語学・コーパス言語学専攻

博士（文学）

著書・編集書に『日本語語彙へのアプローチ』（おうふう 2015，共編著），『マルチメディア・コーパス言語学』（大阪大学出版会 2013，共著），『これからの語彙論』（ひつじ書房 2011，共編著），『現代日本語の複合語形成論』（ひつじ書房 2007）などがある．国立国語研究所で教科書やテレビ放送の語彙調査に従事し，その後も現代語彙の計量的・データ主導的な研究に取り組んでいる．

シリーズ〈日本語の語彙〉1

語　彙　の　原　理

—先人たちが切り開いた言葉の沃野—　　定価はカバーに表示

2019年10月1日　初版第1刷

編集代表　飛　田　良　文

佐　藤　武　義

編 集 者　石　井　正　彦

発 行 者　朝　倉　誠　造

発 行 所　株式会社　朝　倉　書　店

東京都新宿区新小川町 6-29

郵 便 番 号　162-8707

電　話　03（3260）0141

FAX　03（3260）0180

http://www.asakura.co.jp

〈検印省略〉

教文堂・渡辺製本

ISBN 978-4-254-51661-6　C 3381　　Printed in Japan

前東北大 佐藤武義編著

概説 日本語の歴史

51019-5 C3081　A5判 264頁 本体2900円

日本語の歴史を学ぶ学生のための教科書であると共に，日本語の歴史に興味のある一般の方々の教養書としても最適。その変貌の諸相をダイナミックに捉える。〔内容〕概説／日本語史の中の資料／文字／音韻／文法／語彙／文体・文章／方言史

前東北大 佐藤武義編著

概説 現代日本のことば

51027-0 C3081　A5判 180頁 本体2800円

現代日本語は，欧米文明の受容に伴い，明治以降，語彙を中心に大きな変貌を遂げてきた。本書は現在までのことばの成長過程を概観する平易なテキストである。〔内容〕総説／和語／漢語／新漢語／外来語／漢字／辞書／方言／文体／現代語年表

前立大 沖森卓也編著　成城大 陳　力衛・東大 肥爪周二・白百合女大 山本真吾著

日本語ライブラリー

日本語史概説

51522-0 C3381　A5判 208頁 本体2600円

日本語の歴史をテーマごとに上代から現代まで概説。わかりやすい大型図表，年表，資料写真を豊富に収録し，これ1冊で十分に学べる読み応えあるテキスト。〔内容〕総説／音韻史／文字史／語彙史／文法史／文体史／待遇表現史／位相史／他

前立大 沖森卓也編著　拓殖大 阿久津智・東大 井島正博・東洋大 木村　一・慶大 木村義之・早大 笹原宏之著

日本語ライブラリー

日本語概説

51523-7 C3381　A5判 176頁 本体2300円

日本語学のさまざまな基礎的テーマを，見開き単位で豊富な図表を交え，やさしく簡潔に解説し，体系的にまとめたテキスト。〔内容〕言語とその働き／日本語の歴史／音韻・音声／文字・表記／語彙／文法／待遇表現・位相／文章・文体／研究

前立大 沖森卓也編著

東洋大 木村　一・日大 鈴木功眞・大妻女大 吉田光浩著

日本語ライブラリー

語と語彙

51528-2 C3381　A5判 192頁 本体2700円

日本語の語(ことば)を学問的に探究するための入門テキスト。〔内容〕語の構造と分類／さまざまな語彙(使用語彙・語彙調査・数詞・身体語彙，他)／ことばの歴史(語源・造語・語種，他)／ことばと社会(方言・集団語・敬語，他)

前筑波大 北原保雄監修　前大東文化大 早田輝洋編

朝倉日本語講座 1

世界の中の日本語(新装版)

51641-8 C3381　A5判 256頁 本体3400円

〔内容〕諸言語の音韻と日本語の音韻／諸言語の語彙・意味と日本語の語彙・意味／日本語の文構造／諸言語の文字と日本語の文字／諸言語の敬語と日本語の敬語／世界の方言と日本語の方言／日本語の系統／日本語教育／他

前筑波大 北原保雄監修　聖徳大 林　史典編

朝倉日本語講座 2

文字・書記(新装版)

51642-5 C3381　A5判 264頁 本体3400円

〔内容〕日本語の文字と書記／現代日本語の文字と書記法／漢字の日本語への適応／表語文字から表音文字へ／書記法の発達(1)(2)／仮名遣いの発生と歴史／漢字音と日本語(呉音系，漢音系，唐音系字音)／国字問題と文字・書記の教育／他

前筑波大 北原保雄監修　東北大 斎藤倫明編

朝倉日本語講座 4

語彙・意味(新装版)

51644-9 C3381　A5判 304頁 本体3400円

語彙・意味についての諸論を展開し，その研究成果を平易に論述。〔内容〕語彙研究の展開／語彙の量的性格／意味体系／語種／語構成／位相と位相語／語義の構造／語彙と文法／語彙と文章／対照語彙論／語彙史／語彙研究史

元宇都宮大 小池清治・県立島根女子短大 河原修一著

シリーズ〈日本語探究法〉4

語彙探究法

51504-6 C3381　A5判 192頁 本体2800円

〔内容〕「綺麗」と「美しい」はどう違うか／「男」の否定形は「女」か／「副食物」はフクショクブツか，フクショクモツか／『吾輩は猫である』の猫はなぜ名無しの猫なのか／「薫」は男か女か／なぜ笹の雪が燃え落ちるのか／他

東海大 小林千草著

シリーズ〈現代日本語の世界〉4

現代外来語の世界

51554-1 C3381　A5判 184頁 本体2900円

外来語をその受容の歴史から掘り起こし，日常にあふれる外来語の今を考える。〔内容〕規定と問題点／受容史からたどる現代／「和製英語」／若者語・流行語としての外来語／日常生活の中の外来語／外来語の「現在」／外来語研究の「現在」

山形大 Mark Irwin・山形大 Matthew Zisk著

The Japanese Language(英語で学ぶ日本語学) I

Japanese Linguistics（日本語学）

51681-4 C3381　A 5 判 304頁 本体4800円

全編英文の日本語学の教科書。〔内容〕Phonology & Phonetics／Grammar & Syntax／Orthography & Writing／Lexicon & Word Formation／Language & Society／Language Contact & Dialects／Education, Research & Policy

---

国立国語研 前川喜久雄監修　明大 田中牧郎編

講座 日本語コーパス 4

コーパスと国語教育

51604-3 C3381　A 5 判 216頁 本体3700円

日本語コーパスを基盤データーベースとして国語教育に活用するための研究。アプローチを概説。国語教育分野で用いられる各コーパスの特徴，語彙教育，作文教育，漢字教育，国語政策についての研究事例を紹介。付録に語彙表の作り方を収録。

国語研 前川喜久雄監修

千葉大 伝 康晴・日大 荻野綱男編

講座日本語コーパス 7

コーパスと辞書

51607-4 C3381　A 5 判 224頁 本体3800円

自然言語処理と日本語学における，コーパスと辞書の研究の最前線を詳しく解説する。〔内容〕言語研究のための電子化辞書／異なる粒度での語の解析／複合辞／コロケーションの辞書記述／コーパスを利用した辞書記述の試み／他

日大 荻野綱男著

ウェブ検索による日本語研究

51044-7 C3081　B 5 判 208頁 本体2900円

検索エンジンを駆使し，WWWの持つ膨大な情報をデータベースとして日本語学を計量的に捉える，初学者向け教科書。WWWの情報の性格，複合語の認識，各種の検索，ヒット数の意味などを解説し，レポートや研究での具体的な事例を紹介。

計量国語学会編集

データで学ぶ日本語学入門

51050-8 C3081　A 5 判 168頁 本体2600円

初学者のための「計る」日本語学入門。いまや現象を数量的に考えるのはあたりまえ。日本語も，まずは，数えてみよう。日本語学と統計，両方の初心者に，ことばをデータに置き換えるのは決して難しくないことを解説。

大正大 伊藤雅光著

Jポップの日本語研究

—創作型人工知能のために—

51054-6 C3081　A 5 判 216頁 本体3200円

Jポップの歌詞を「ことば」として計量的な分析にかけていくことで，その変遷や様々な特徴を明らかにしつつ，研究の仕方を示し，その成果をもとに人工知能にラブソングを作らせることを試みる。AIは一人で恋の歌を歌えるのか？

京大 定延利之編著　京都外大 森 篤嗣・

熊本大 茂木俊伸・民博 金田純平著

私たちの日本語

51041-6 C3081　A 5 判 160頁 本体2300円

意外なまでに身近に潜む，日本語学の今日的な研究テーマを楽しむ入門テキスト。街中の看板や，量販店のテーマソングなど，どこにでもある事例を引き合いにして，日本語や日本社会の特徴からコーパスなど最新の研究まで解説を試みる。

梅花女子大 米川明彦著

俗語入門

—俗語はおもしろい！—

51053-9 C3081　A 5 判 192頁 本体2500円

改まった場では使ってはいけない，軽く，粗く，汚く，ときに品がなく，それでいてリズミカルで流行もする話しことば，「俗語」。いつ，どこで，だれが何のために生み出すのか，各ジャンルの楽しい俗語とともにわかりやすく解説する。

梅花女子大 米川明彦著

ことばが消えたワケ

—時代を読み解く俗語の世界—

51059-1 C3081　A 5 判 192頁 本体2500円

ことばは次々に生まれる一方で，次々に消えていく。流行語やことば遊びから生まれた語などの「俗語」を中心に，どうして消えていったのか具体例を挙げながら，歴史・社会・心理・言語・感覚との関係から死語化を解説する。

日本ことわざ文化学会 時田昌瑞著

ことわざのタマゴ

—当世コトワザ読本—

51056-0 C3581　A 5 判 248頁 本体2300円

メディアを調査した著者が，新しく生まれるコトワザ800余を八つの視点から紹介。ことばと人の織りなす世相を読み解く 1 冊。〔分野〕訓戒・道しるべ／人と神様／人と人／世の中／気象・地理など／衣食住・道具など／動植物／ことばの戯れ

前東北大 佐藤武義・前阪大 前田富祺編集代表

日本語大事典

【上・下巻：2分冊】

51034-8 C3581　B5判 2456頁 本体75000円

現在の日本語をとりまく環境の変化を敏感にとらえ，孤立した日本語，あるいは等質的な日本語というとらえ方ではなく，可能な限りグローバルで複合的な視点に基づいた新しい日本語学の事典。言語学の関連用語や人物，資料，研究文献なども広く取り入れた約3500項目をわかりやすく丁寧に解説。読者対象は，大学学部生・大学院生，日本語学の研究者，中学・高校の日本語学関連の教師，日本語教育・国語教育関係の人々，日本語学に関心を持つ一般読者などである。

前早大 中村　明・前早大 佐久間まゆみ・
お茶女大 髙崎みどり・早大 十重田裕一・
共立女大 半沢幹一・早大 宗像和重編

日本語 文章・文体・表現事典（新装版）

51057-7 C3581　B5判 848頁 本体16000円

文章・文体・表現にその技術的な成果としてのレトリック，さらには文学的に結晶した言語芸術も対象に加え，日本語の幅広い関連分野の知見を総合的に解説。気鋭の執筆者230名余の参画により実現した，研究分野の幅および収録規模において類を見ないわが国初の事典。〔内容〕文章・文体・表現・レトリックの用語解説／ジャンル別文体／文章表現の基礎知識／目的・用途別文章作法／近代作家の文体概説・表現鑑賞／名詩・名歌・名句の表現鑑賞／文章論・文体論・表現論の文献解題

元宇都宮大 小池清治・元早大 小林賢次・
前早大 細川英雄・前十文字女短大 山口佳也編

日本語表現・文型事典

51024-9 C3581　A5判 520頁 本体16000円

本事典は日本語における各種表現をとりあげ，それらの表現に多用される単語をキーワードとして提示し，かつ，それらの表現について記述する際に必要な術語を術語キーワードとして示した後，おもにその表現を特徴づける文型を中心に解説。日本語には文生成に役立つ有効な文法が存在しないと指摘されて久しい。本書は日本語の文法の枠組み，核心を提示しようとするものである。学部学生(留学生を含む)，院生，国語・日本語教育従事者および研究者のための必携書。

前東北大 加藤正信編集代表

方言学大事典

51060-7 C3581　B5判 1000頁〔近　刊〕

方言は各地域に歴史的に根ざしてきた言葉であり，ふるさとの言葉として，その地域の社会・文化に密着した生活語である。本書は従来の知見・研究を集大成するとともに，現代における地域言語の諸課題や将来的な方向，展望をも視野に入れた総合的な事典を企図した。〔内容〕基礎的な事項から共通語との関連，方言の歴史・変容，新しい方言，外国の方言の研究，隣接分野での関連事項などを五十音順の事項編900項目余，都道府県別の地域編(47項目)に分け，方言学を網羅する。

前阪大 前田富祺・前京大 阿辻哲次編

漢字キーワード事典

51028-7 C3581　B5判 544頁 本体18000円

漢字に関するキーワード約400項目を精選し，各項目について基礎的な知識をページ単位でルビを多用し簡潔にわかりやすく解説(五十音順配列)。内容は字体・書体，音韻，文字改革，国語政策，人名，書名，書道，印刷，パソコン等の観点から項目をとりあげ，必要に応じて研究の指針，教育の実際化に役立つ最新情報を入れるようにした。また各項目の文末に参考文献を掲げ読者の便宜をはかった。漢字・日本語に興味をもつ人々，国語教育，日本語教育に携わる人々のための必読書。

シリーズ〈日本語の語彙〉

国立国語研究所名誉所員 飛田良文・東北大学名誉教授 佐藤武義 編集代表

A5判　全8巻

◎ 日本語の語彙の変遷を歴史的・地理的に辿る ◎

第1巻 **語彙の原理** —先人たちが切り開いた言葉の沃野—
大阪大学教授：石井正彦　編　208頁　本体3700円

第2巻 **古代の語彙** —大陸人・貴族の時代—
東北大学名誉教授：佐藤武義　編

第3巻 **中世の語彙** —武士と和漢混淆の時代—
学習院大学教授：安部清哉　編

第4巻 **近世の語彙** —士農工商の時代—
明治大学教授：小野正弘　編

第5巻 **近代の語彙（1）** —四民平等の時代—
成城大学教授：陳　力衛　編

第6巻 **近代の語彙（2）** —日本語の規範ができる時代—
国立国語研究所名誉所員：飛田良文　編

第7巻 **現代の語彙** —男女平等の時代—
明治大学教授：田中牧郎　編　208頁　本体3700円

第8巻 **方言の語彙** —日本語を彩る地域語の世界—
東北大学教授：小林　隆　編　216頁　本体3700円